Update Your Listening and Therapy with Focusing
The Fundamentals of Sensing, Speaking and Listening

傾聴・心理臨床学アップデートとフォーカシング

● 感じる・話す・聴くの基本

池見 陽 編著 Akira Ikemi

ナカニシヤ出版

はじめに

　カウンセリングや心理療法の中で話を聴くことを「傾聴」と言います。それは「心理臨床学」という学問領域の実践，理論や研究によって裏づけられています。そして「フォーカシング」は人の体験から意味が見出されてくる意識のはたらきです。「傾聴・カウンセリング」「心理臨床学・臨床心理学」そして「フォーカシング」──これらのどれについても，今日，大量の出版物が世に溢れています。たしかに，本書もまた，世に溢れる一冊の「カウンセリング本」に過ぎないのかもしれません。

　しかし，本書にはいくつかの特色があります。その1つは「傾聴」(A)，「心理臨床学」(B)，そして「フォーカシング」(C) という3つのテーマを並列に置いていない，という点です。ABCをそれぞれ解説するのではなく，CによってAとBが新しくなっている，アップデートされているのだという主張をもった一冊の本なのです。しかし，それでは，この領域の本をはじめて読む人には，何がどうアップデートされているのかがわかりにくいと思われるでしょう。心配無用です。「更新されているのは，これです」そして「以前のものは，これです」といったように，従来理論についてもちゃんと解説されているので，本書をたとえば心理臨床学・臨床心理学の教科書として読んでいただくこともできます。

　もう1つの特色は副題にある「感じる・話す・聴くの基本」です。フォーカシングを見出したのはアメリカの哲学者ユージン・ジェンドリン博士（Dr. Eugene Gendlin）ですが，彼の哲学を平易に表現してみるとするならば，それは「感じる」という入口から，人の体験や生きるというありさまがどのように成立しているのか，という問いと向き合ったものだと言ってみることができるでしょう（本書執筆中にジェンドリン哲学に関する詳しい書籍[1]が発行されましたので，ジェンドリン哲学に関心がある方には，初学者の方にも，その書

をお薦めします）。筆者の大学院時代の恩師であるジェンドリン博士は独自の現象学および現象学的方法を提唱しています。本書は哲学書ではないために，ジェンドリン哲学を直接取り上げるものではありません。そして，「現象学」といった専門用語も本文中には使っていません。現象学は，いろいろな思い込みや説明理論などをいったん保留して，現象そのものを観るという方法です。本書では「〈感じる〉とは如何にあるのか」といったことを観ていきます。「感じていることの奥には無意識がありますよ」などといった主張は「無意識がある」という思い込みにすでに影響されていますから，そのような思い込みを排除して，「感じるとは如何にあるのか」を素朴に観ていきます。「感じる」が本来もっている性質を理解してカウンセリングをすることが大切だからです。

　同じように，本書は問うていきます。人が話すとき，いったい何が起こっているのでしょうか？「言葉にする」とはどういうことなのでしょうか？そして，心理療法家（カウンセラー，セラピストなどとも表記）が「聴く」とき，いったい何をしているのでしょうか？聴覚刺激が脳にインプットされているだけではありません。心理療法家の体験の内に何が生起しているのでしょうか？このように，本書は「感じる・話す・聴く」の基本的な性質を明らかにしたうえで，傾聴や心理臨床学をアップデートしていくのです。そして，そのアップデートはフォーカシングを創始したジェンドリン博士の考え方に依拠していますから，フォーカシングによって傾聴や心理臨床がアップデートされていく，と題しているわけです。

　フォーカシングは「人の体験から意味が見出されてくる意識のはたらき」と冒頭に記しましたが，そのようなはたらきを促すための聴き方やかかわり方も「フォーカシング」と呼ばれています。つまり，それらは「方法としてのフォーカシング」です。本書ではジェンドリン博士が提示した「リスニング（傾聴）」の方法や「フォーカシング簡便法」を第5章で詳しく解説しています。第6章では，筆者が大学院生たちとともに工夫し，研究しているいくつかのフォーカシングの方法を提示しています。

　さらに，もう1つ本書の特色を挙げるとするならば，それは執筆スタイル

前ページ1）三村尚彦（2015）．初期ジェンドリン哲学と体験過程理論　体験を問い続ける哲学第1巻　ratic

にもヴァラエティーがある，ということになるでしょう。理論解説それ自体は，場合によっては単調になりがちで，頭脳を刺激するほかに読者が身近に感じることが少ない性質があるかもしれません。そこで，第1章では「エッセー」という表現スタイルを用いて，一人称で，つまり筆者の生きられた体験として理論を解説しています。また，本書には実際のクライアントとセラピストのやりとりが書き起こされた記録なども登場します。さらに，「架空の」クライアントとセラピストのやりとりも登場しています。このような工夫を通して，読者の方々が身近に体験できる表現スタイルを用いた点も本書の特色として挙げられるでしょう。

　カウンセリング初学者の方々には，カウンセラー（心理療法家）たちは，こんなふうに理解してかかわっているのか，ということを知っていただく機会になれば幸いです。そして心理臨床ベテランの方々には，感じる・話す・聴くの基本に立ち返ったときに，自身の臨床的な営みが新鮮に立ち現れてくれば誠に幸いです。

編著者　池見　陽

目　次

はじめに　*i*

第1章　古典的な心理療法理論 …………………………… 001
　1．心理療法の種類と人間観　*001*
　2．心理療法，精神分析，そして人間性心理学　*004*
　3．行動療法の3世代　*030*

第2章　「感じる」とは如何にあるのか ………………… 039
　1．心理療法と「感じ」　*039*
　2．フェルトセンスと感情　*040*
　3．感じるとは如何にあるのか？　*043*

第3章　「感じ」を話すとき何が起こるのか …………… 053
　1．感じと言葉　*053*
　2．心理臨床とメタファー　*059*
　3．体験過程様式という視点（EXPスケールを通して）　*066*

第4章　セラピストが聴くとき何が起こるのか ………… 075
　1．セラピストが傾聴するとき何が起こっているのか　*076*
　2．リフレクション　*082*
　3．追体験　*091*
　4．心理臨床諸概念のアップデート　*095*
　5．本章のまとめ　*097*

第5章　アップデートする傾聴とフォーカシング …………… 99
1．傾聴の中でのフォーカシング：ジェンドリンによる「リスニング（傾聴）の手引き」　*100*
2．教示法としてのフォーカシング　*112*
3．ロジャーズ＆ジェンドリン：アップデートしていく傾聴理論　*133*

第6章　更新し続けるフォーカシング諸方法 …………… *145*
1．マインドフルネスとフォーカシング：青空フォーカシング　*145*
2．逐語記録にみる青空フォーカシング　*153*
3．逐語記録へのコメント　*162*
4．フォーカシングと夢解釈　*170*
5．アートセラピーとフォーカシング　*180*
6．日本語とフォーカシングの交差：「漢字一字」と「なぞかけ」　*189*
7．心理臨床家のためのセラピスト・フォーカシング　*197*
8．フォーカシング的態度をめぐる質問紙研究　*207*

あとがき　*217*
参考文献　*221*
索　引　*241*

第Ⅰ章　古典的な心理療法理論

1．心理療法の種類と人間観

　「心理療法家の数だけ心理療法の種類がある」ということを耳にすることがある。確かに，それはそのとおりかもしれない。それは，「珈琲専門店の数だけ珈琲の味がある」という発言と類似するように思える。どの珈琲専門店にも，その店の「ブレンド・コーヒー」があり，ブラジル・コーヒーやキリマンジャロ・コーヒー，モカ・コーヒー，コナ・コーヒー，ブルーマウンテン・コーヒーなどをブレンド，つまり調合して，その店の個性を演出している。どんなブレンドをしても，コーヒーであることには間違いがないのだが，味はどの店でも同じというわけではない。心理療法もこれと同様である。確かに心理療法ではあるが，心理療法家が学んできた理論やメソッドの中から，自分の考えに合うもの，クライアント（来談者）の状況（珈琲店でいうとしたら"お客様の好みや要求"）に合うものを調合している，あるいは「統合している」という方がふさわしいだろう。そして，その「統合」こそが，そのセラピスト（心理療法家・カウンセラー）の個性として際立った印象をクライアントに残しているように思われる。

　一般的に名前がついている珈琲豆の種類は産地別に分類され，14種類程度のものがあるようだが，心理療法の数は，それよりもはるかに多いと思われがちである。しかし，もしかすると，そうでもないのかもしれない。たしかに，「ブラジル」という産地で分類されていても，ブラジルは世界で5番目に広大な国土をもっている。一口に「ブラジル」と言ってもさまざまな気象条件などがあるから，ブラジル・コーヒーの中にもさまざまな違った味のものがあるだろう。そう思ってみると，心理療法の種類は実はコーヒーの種類よりも少ない。クラシックあるいは「クラシカル」，つまり「古典的」な心理療法の基本学派

は3つと「その他」だからである。これは政党に喩えてみるとわかりやすいかもしれない。心理療法の学派を政党で表現すると，「3大政党」と「無所属」が存在する。中心的な3つの「オリエンテーション（学派）」とは，「精神分析」(psychoanalysis)「人間性心理学」(humanistic psychology) と「行動療法」(behavioral therapies) である。これらの3つが描き上げる人間観は大きく異なっているから，その臨床観も違っている。「精神分析」は人を動かしているのは幼少期に形成された無意識であると考えている。「人間性心理学」は無意識ではなく，「いま・ここ」の意識体験を重視して，人が自分らしく，本来的に生きていくことを援助していく。「行動療法」は無意識でも意識でもなく，行動に焦点を当て，行動をどのように変容していくかに取り組んでいる。さらに，これらオリエンテーションの内部にも，異なった考え方や異なった人間観がある。それは1つの政党の中にも「○○派」とか「○△派」などが多数存在するようなものである。そして，セラピストの中には，1つのオリエンテーション内の「○○派」と「○△派」と「△△派」の考え方や技を統合している者がいる。さらに，オリエンテーションの枠組みを飛び越えて精神分析学派の○○派と人間性心理学派の○△派の療法を統合しているセラピストもいる。これらの組み合わせは無数に存在していて，それがセラピストの個性となるのである。今日，あるオリエンテーションの創始者とまったく同じ考え方や技を，手を加えることなく行っているセラピストはきわめて少ないだろう。

　本章では，「3大オリエンテーション」について，その基本的な人間観をみていくことにしよう。心理療法の実際を習得するには何年にも及ぶトレーニングが必要であるから，本書を通して，これら「3大オリエンテーション」の実践ができるようになる，というのはしょせん無理なことである。そこで本章の狙いは，この3大オリエンテーションが人間をどのように観ていて，心理療法とはどのようなものと理解しているのか，ということを明らかにすることである。そして，読者は珈琲店のマスターのように，3つのオリエンテーションの代表的な豆をテイストしてみて，今後，どの方向に学びを進めていきたいのか，味わってみるといいだろう。

　ところで，上記で「人間観」が強調されていることを不思議に感じる読者もいるかもしれない。胃に激痛があって病院を受診したとき，医師は胃痛を訴

える患者という一人の人間をどのように観ているかは，まずは問題にならない。人間観よりも先に，その胃痛はどのような病気によって起こっているのかを正しく診断して，その病気のメカニズムに対して功を奏す治療を行わなければならないからである。身体疾患の「診断と治療」という考え方には人間観は通常は入る余地がない。この点では，同じ「療法」（セラピー）という言葉を使っていても，心理療法と身体医学的療法の考え方は大きく異なっている。

　しかし，精神医学や心身医学（心療内科学）では，患者という一人の人間が感じていること（情動），考え方（認知）や行動の仕方—いわゆる「こころ」—が治療の対象となることがある。胃痛を訴えているものの，どんなに検査をしても身体的な異常が見つからないような場合である。その場合，医師は従来の身体医学的な考え方に加えて，本書で解説する「人間観」が必要になってくるのである。本書で扱っている「心理療法」は精神医学では「精神療法」と呼ばれるが，それらは，"psychotherapy" の異なった訳語であり，同じものである。

　本書では，「不安障害の治療はどうするの？」といった実践ではなく，そもそも人が感じる不安とは何か，それはどんな意味をもっているのか，といった人間観を取り上げていく。心理療法の3大オリエンテーションの中でも「行動療法」では従来は人間観を取り上げていなかった。人間をどう観るか，ということよりも，行動をどう変容させるかが行動主義の重んじるところであった。しかし，本章第3節でみていくように，この考え方も最近では変化していて，行動の背景にある認知の仕方や，「マインドフルネス」という仏教瞑想の考え方などが取り入れられるようになってきている。マインドフルネスのように仏教をベースにしているものから，無意識にある幼児的性的欲動をベースにしたものや，無意識よりも意識の作用を基本とする考え方など，実にさまざまな人間観が心理療法にはある。

　本章では，3大オリエンテーションである「精神分析」，「人間性心理学」と「行動療法」を取り上げるが，精神分析と人間性心理学については，それらの代表的なパイオニア一人の理論に絞ってみていくことにする。それぞれのオリエンテーションには多くの重要な臨床家がいるが，それらを挙げていくと際限がないために，それぞれ一人に絞って彼らの人間観をみていくことにしよう。

また，それらを紹介するにあたっては，抽象的・哲学的な論考にならないように，そしてパーソナルで一人称的なフレーバーを保つために，筆者の大学時代を回想して綴ったエッセーを基に解説していく。また，人がどのような背景をもって心理臨床という領域に興味をもつのか，その背景も，その人の臨床観や人間観に大きく影響する。そのために，筆者が心理学，とくに心理療法論に興味を抱くようになった背景，筆者のいわゆる「生育歴」も記しておくことにしたい。そのため，次の第2節のエッセーは3つのフェイズに分かれている。それらは，2.-1. 心理学との出会い，2.-2. フロイト精神分析との出会い，そして2.-3. 人間性心理学のパイオニアの一人であるロジャーズの心理療法論との出会いである。

2. 心理療法，精神分析，そして人間性心理学

2.-1. 港の街から心理学へ

　僕が育っていくころの神戸の港街は，今の神戸とはかなり雰囲気が違うところでした。神戸港はアジア最大の貿易港だったから，外国船は港に入りきれないほど集まってきていました。神戸港に入りきれないときは，船は姫路港に入っていくのだ，そんな話を聞いたこともあります。とにかく外国船がたくさん碇泊していました。今のようにコンピューター制御されたクレーンなどで貨物の積み降ろしをするのではなく，マニュアル操作だったから，船は長く滞在していました。そして船そのものも，今のようなコンピューター制御された操縦システムはなかったから，たくさんの船乗りさんたちが乗務していました。入港した船からは貨物や船乗りさんたちが，神戸の街に溢れ出ていました。

　船乗りさんたちばかりではなく，海外の商社の駐在員やその家族たちも神戸に暮らしていました。神戸で生まれ育った外国人の子どもたちも多かったから，インターナショナル・スクール（国際学校）は6つもありました。たくさんの外国人が暮らしているのだから当然のことかもしれませんが，領事館もたくさんありました。当時は神戸に17もの国々の領事館がありました。領事館に務めるたくさんの関係者たちも暮らしていました。僕のクラスメートだけでも，覚えている限りでは6人ほど領事の子息がいました。彼らの親たちは「領

-○○○○」のナンバー・プレイトが付いた大きな自動車を運転し，買い物客で賑わう元町のあちらこちらに迷惑駐車をしていました。そんな光景を思い出します。でも，もうそんな光景を見ることはありません。現在では領事館は1つを残し，神戸から去ってしまったのです。

　僕たちはそんな時代とそんな場所の交差点に生まれたのでした。僕の家の裏の通りにはオランダ人，ドイツ人とアメリカ人が住んでいました。前の通りには香港人が住んでいました。家の周りの他の住宅には日本人が住んでいましたが，僕がどうしてオランダ人やドイツ人やアメリカ人や香港人の家々を覚えているのかというと，それらの家々には僕とほぼ同じ歳の子どもたちがいたからでした。とりわけオランダ人のロビーとはいろいろなエピソードがありました。要は，僕たちはあまりにも「やんちゃ」だったのです。二人で日本の幼稚園に通いだしたものの，そこをすぐに辞めています。幼稚園にも「退所処分」というものがあるのでしょうか。きっと退園になったわけではなく，「お引き取りいただく」ことになったのかもしれません。よく覚えていません。でも，気がついてみると，僕とロビーはインターナショナル・スクールの幼稚園に転入していました。そしてある意味では，そこで僕の苦悩が始まったといえるかもしれません。僕の中に，喩えてみるならば，英語チャンネルと日本語チャンネルという，2つのテレビ・チャンネルのようなものができてしまったのです。そして時として，その2つのチャンネルは違う世界を映し出してしまうのでした。

　小学校にあがったころでしょうか。学校で毛虫の動き方がとても面白いことに気づいた僕は毛虫を手にとり，長い間，毛虫を観察していました。そしてその動き方があまりにも面白いので，僕は家に帰って母親にそれを伝えようとしました。ところが僕は「毛虫」という日本語を知らなかったのです。英語環境の学校では，それはcaterpillar（キャタピラー）と呼ばれていました。僕は，それはcaterpillarという生き物だという以外に呼称を知りません。そして母親にcaterpillarと遊んでいた，とても面白いと興奮気味に伝えたのを覚えています。すると母親は，こう言いました。

　「キャタピラー？　なんそれ？」（両親は博多弁でした）

　「虫」

「どげな虫？」

「足がいっぱいある虫」

　結局，伝わらないので僕はそれを絵に描いて見せたのでした。絵を書くのは自慢できるほど下手でした。自分で描いていて何か違うとは思っていました。できあがった絵を母親に見せると，母親は叫び出しました。

「それ！それと遊んどったと？！」

大騒ぎになりました。

「二度と触ったらいかんよ！これは毒をもっとうけんね，ムカデやけん」

　僕はなんだか怖くなってしまいました。でも，どこかでムカデという恐ろしいものではないだろうと僕は薄々感じていました。英語チャンネルに映し出された面白い生き物が，日本語チャンネルでは映っていないのです。あるいはそれは恐ろしい生き物として映っているのです。だから日本語チャンネルで見ている母親には，僕が英語チャンネルで見ている世界は見えていないのです。

　虫だの動物だのといった具体的な生き物ならば，話はそう複雑ではありません。だけどティーンエージになって，人との付き合い方だの恋愛だのといった象徴的なこととなると，英語チャンネルと日本語チャンネルはますます乖離していく様相を呈していきました。僕自身もどっちのチャンネルが「本当の自分」なのか，よくわからないようになっていきました。

　8年生か9年生（日本の制度でいう中学2年・3年）のころには「本当の自分」はどっちの言語チャンネルにいるのだろうと考えるようになっていました。チャンネルが違うと，僕自身が変わっている，〈からだ〉（第2章参照）も違っている，そんなことに気づいていたのです。つまり，言語によって，動作や身振りや気分が違っていることに僕は気づいていました。英語チャンネルのときの感覚を日本語チャンネルに戻って観察すると，「態度がでかい」感じがするし，日本語チャンネルの自分は「お行儀良く」なっている気がするのです。

　初対面の人に「はじめまして」と言うとき，軽くお辞儀をするように，からだが自然に頭を下げる動作をします。しかし，同じ状況が英語チャンネル上にあるのならば"How do you do"という言葉と連動して，からだが相手に向かっていくような感じで，右腕を握手のために自然に差し出します。日本語だと，少し頭を下げるからでしょうか，ちょっとシャイな対人不安のような感じ

があります。英語では，そのような不安はありません。「本当の自分」はシャイで内向的な性格？それとも外向的？どっち？こんなことをよく考えていました。そして，何となく心理学とは，こういったことを学ぶ分野なんだろうな，と思っていました。いま，振り返ってみると，それが心理学に僕が進むことになる1つの要因のように思えます。

　もう1つ考えていたことは，「心理学は文系だから心理学を学ぼう」という思いでした。大学生になって，心理学でも数学が必要なのだ，ということを知りましたが，当時はそんなことは知りませんでしたし，知りたくなかったのでしょう。僕の数学嫌いには甚だしいものがありました。

　そもそも僕は数学嫌いなのではなく，算数に納得がいかなくて，臍を曲げてしまったのだと今では思っています。それは小学校のころに始まったことです。ゼロを巡る問題でした。何かにゼロを掛けたり割ったりするとゼロになる。何かをゼロで割ることはまかりならないそうですが，当時の僕はこれがわからないのです。今でも…。

　ここにコカコーラの瓶が1つあります。それをゼロで割ったらゼロになるはずなのに，目の前にはコカコーラの瓶は1つ残ります。つまり 1 ÷ 0 =？1 ではないのか？ だって目の前のコカコーラの瓶は消えていないから。

　まあ，理屈はどうでもよくて，一応そういう決まりになっているのだから，計算にゼロで割るとか，掛ける問題がでてきたら，とにかく0と書けばいい，みんなはそう思ったかもしれないけれど，僕はそういうことが気になってしまいました。意地を張って，割る前の数字を答えとして書いていました。256 × 0 = 256。そういうことだから数学なんて，とてもじゃないけど理解の範囲を超えていました。

　心理学に興味があった僕が最初に読んだこの分野の本は，S. フロイトとJ. ブロイヤーによって書かれた*Studies on Hysteria*（『ヒステリー研究』）でした。高校生のころでした。実は図書館で間違えて借り出してしまったのです。毎週，図書館で推理小説を一冊借り出していた僕は，ある日，どういうわけか違う本を持ち帰ってしまったのです。それはペーパーバック版の『ヒステリー研究』でした。フロイトという人の名前は知っていました，精神分析を始めた人だということを，授業かどこかで聞いたことがありました。もちろん高校生の僕が

完全にその本の内容を理解できたわけではありません。されど，まったく手が出ないほど難解な書物でもありませんでした。無意識的な動機が明らかになっていくにつれて，患者アンナ・Oの症状が消失していく実際の症例研究に僕は推理小説に共通するワクワク感を抱いたのでした。

　こういうことがしたい。これって心理学なの？精神医学なの？数学はダメなので，理系の医学部精神医学は僕の範疇にはなく，それは心理学であると自分で半ば決めつけて，僕は心理学に進むことにしました。

　Boston College（ボストン大学）の文理学部の心理学専攻の1年生として期待に胸を膨らませて，始めての心理学の授業に出席しました。Psychology 101です（心理学101　注：アメリカの大学の入門・概論科目は科目番号101となっている）。このときの心理学101は前期と後期に分かれていました。前期は「自然科学としての心理学概論」，後期は「社会科学としての心理学概論」。あるいはその逆順に履修することも可能でした。僕は自然科学が先でした。どうしてそうだったのかはよく覚えていません。とにかく授業に行って驚いたことは，僕が想像していたよりもはるかに心理学は科学だったということです。それは実証的な証明科学なのです。なので，実験をして証明するか，あるいはデーターを集めて統計を使って証明するのです。そういった科学的方法論を大切にする心理学は「行動の科学」あるいは「心の科学」と定義されていることを僕は最初の授業で知りました

　概論の教授は白衣を着て講義をしていました。「まるで科学者」という装いです。講義ではご自身の研究テーマを紹介してくれました─母性行動の研究─それを人間で実験するわけにはいかないから，マウス（ネズミ）で実験している，そんなことを講義していました。いろいろな専門用語が容赦なく登場した講義でした。神経伝達物質？　セロトニン？　エストロゲン？途中から意味不明になりました。そして次の学期には心理学専攻の学生は統計学を履修する必要もありました。ブックストアで「心理学のための統計学」の教科書を手に取ってみました。二度と見たくなかった数学でいっぱいでした。$\sqrt{n}$などとルート（平方根）がいたるところに登場しています。このころは今とは違ってパソコンのソフトウェアが計算をしてくれるわけではありません。当時，学生は電卓を使って手計算することになっていました。だけど，それ以前に，教科書を手に取っ

ただけでも僕は吐き気を覚えました。

　9月（新学期）のボストン郊外の美しく紅葉する並木通りを歩き，僕は公園のベンチに座って，風に揺られ散っていく落ち葉に思いを重ねていました。僕が高校生のころ考えていたことは，心理学ではなかったのだろうか。そう思うと，落ち葉のように僕の学習意欲は散っていきました。

2.-2. フロイト精神分析との出会い

(1) **無意識の発見**（the discovery of the unconscious）

　僕にとって救いになったのは哲学の授業でした。「フロイト思想」という授業が哲学科で開講されていました。ジークムント・フロイト（Sigmund Freud：1856-1939）は精神分析を築き上げたオーストリアの医師で，僕が高校生だったころに読んだことがある，あの『ヒステリー研究』を書いた人物です。そしてこの授業はその『ヒステリー研究』から講義が始まりました。この授業を担当していたドクター・リチャード・スティーヴンス（Richard Stevens）はフロイトが築き上げた精神分析にとても詳しい先生でした（英語では「ドクター」は博士という意味で医師という意味ではありません。アメリカの医学教育はすべて大学院博士課程で行われるので，それを修了した医師は全員が博士，つまり「ドクター」です。同様に，哲学でも心理学でも，博士は学問領域を問わず「ドクター」と呼ばれます）。本来の専門はフッサールやウィトゲンシュタインだと言っておられましたが，先生はフランスに留学していたころ，ポール・リクール（Paul Ricoeur：1913-2005）という有名な哲学者がフロイトについての著作を執筆していて（Ricoeur, 1977），そのとき助手を務めていたそうです。だけど先生はリクールの哲学には触れることはありませんでした。授業ではもっぱらフロイトの著作を講読していきました（後にドクター・スティーヴンスご自身もフロイトの研究書（Stevens, 2008）を出版しています）。僕はこの授業を通してフロイトの精神分析にのめり込んでいきました。

　オーストリアの医師ジークムント・フロイトが築き上げていった精神分析（psychoanalysis）について紹介しておきましょう。僕が読んだ『ヒステリー研究』にある症例アンナ・Oはフロイトの先輩にあたるブロイヤー（Josef

Breuer：1842-1925）が主治医として診ていた患者さんです。そしてその患者さんを後にフロイトが引き継いだと言われています。この症例の中で，ブロイヤーとフロイトは原因が医学的には見つからない，当時「転換性ヒステリー」と呼ばれていた麻痺などの身体症状の治療に取り組んでいました（現在では「転換性ヒステリー」は身体表現性障害や解離性障害と呼ばれます）。催眠を試みてみると，催眠下で本人が認めたくない記憶などが蘇ってきました。そしてそれについて話し尽くすと症状が消失していくことが観察されました。つまり，ヒステリー症状の背景にある要因は患者さんの意識では把握できず，それらの要因は無意識にあると彼らは考えるようになったのです。ヒステリーは「記憶に苦しんでいる」と彼らは記述しています。つまり苦しい過去の記憶を意識から忘却して，無意識に閉じ込めているのだと彼らは考えたのです。患者アンナ・Oは彼らの治療を「お話治癒」と呼んでいました。ブロイヤーはそれを「煙突掃除療法」と呼んでいましたが後に「カタルシス」と呼ぶようになりました。「カタルシス」は元々ギリシャ語で「浄化する」ことを意味します。ギリシャの哲学者アリストテレス（Aristotle：紀元前384-322）が観客にもたらされる悲劇の効用をいうのにこの語を使用したのが最初だと言われます。それはともかく，カタルシスあるいは「お話治癒」は最初の心理療法（カウンセリング）の記述だとみることができます。薬を使うのではなく，「お話」を通して治療を試みるのです。まさに心理療法のパイオニアだったと言えるでしょう。

　アンナ・Oの症例を体験して間もなくフロイトは無意識に迫っていくために催眠を本格的に勉強しようとフランスに留学します。そして後には催眠を諦めて自由連想法という連想法によって，無意識に閉じ込められている記憶を解放しようとしたのです。

　フロイトが偉大なのは，このような臨床例から人間の精神に関する理論を構築していったことです。無意識の捉え方がその中心にあります。私たちは普段「無意識に」と何気なくその言葉を使うかもしれませんが，フロイトにとっての無意識とは思い出してはいけない記憶が閉じ込められている精神の領域をいうのでした。そこには閉じ込める─「抑圧する」といいます─力が働くのです。抑圧されているものが現実世界に出てこないようにするためです。閉じ込められているのは危険なものなのです。その危険なものは閉じ込めていないと

現実世界に出てこようと機会をうかがっています。だから私たち人間のこころにはいつも「葛藤」が生じているのです。この葛藤は無意識の内容に関するものですから，その葛藤自体も無意識的で私たちは葛藤していることにさえ気がついていないのです。葛藤はすべての人に働いているのです。人間は無意識の世界に何かを閉じ込めているからです。それは何か？それは本能，あるいは本能的エネルギーです。

⑵ **リビドーとその発達段階**（libido and its development）

　フロイトはそれを「リビドー」と名付けました。要するに，それは本能的な性欲動です。フロイトが性欲動のことを「リビドー」と呼んだのは，リビドーはすべての快楽を含むからです。乳児のころからすでに本能的な快楽を求める欲動があるのです。そんなころから存在するので，それは普通の意味の「セックス」ではありません。だからフロイトは「リビドー」という名前をつけたのです。そのリビドーの性欲動ですが，それはやがて異性の親に向けられるようになります。近親姦願望です。それと，それに関する恐怖が生じます。その恐怖があまりにも強いために，そのような衝動があったことさえ忘れてしまいます。だから私たちの幼児期の記憶は鮮明ではないのです。

　リビドーには発達の段階があります。つまり，本能的エネルギーは発達の段階で違う身体部位に向けられます。生まれてすぐから1歳頃まで，リビドーは口の周りに集中します。だから，これは「口愛期」あるいは「口唇期」（oral phase）と呼ばれます。お母さんのおっぱいを吸うことへの快楽と同時に，甘えや信頼が育ちます。また，お母さんのおっぱいを噛んで，お母さんの反応を観る「口愛期的サディズム」もこの頃に芽生えます。口愛期，といったリビドーの発達段階は「性格元型」になります。無意識が口愛期の快楽に固着している場合は，キスをするのが好き，甘えた，依存的な性格の元になります。また，口愛期的サディズムは人に言葉で噛みついたり，安心して甘えることができない性格元型になります。

　1歳から3歳になるとリビドーのエネルギーは肛門に向けられます。肛門期（anal phase）です。子どもは，このころは肛門括約筋が自分で調整できるようになり，排便をコントロールすることができるようになります。おしめが

取れる時期です。そこで関心は肛門に向けられます。子どもは「おしり」「うんこ」や「おなら」の話題が好きです。肛門期に固着が残っている場合は，性格元型としては几帳面，強迫的，整理整頓が好き，また反対に，感情を爆発させたり，散らかしたり，人にプレゼントをあげるのが好きな性格の元になります。

　3歳から5-6歳は「男根期」(phallic phase) だとフロイトは考えていました。本能的エネルギーはこの時期にはペニスに向けられます。だから，ペニスに触れると気持ちがいいと男の子は感じるようになります。そして，ペニスがあることによって，自分が男であることを認識します。そこから空想を膨らませて，「お母さんと結婚したい」といった願望を抱くようになります。この願望は「エディプス・コンプレックス」(Oedipus complex) といわれます。ギリシャ悲劇のエディプス王は予言されていたとおり，父親を殺し，母親と結婚することになるのです。男の子の近親姦的願望は，その願望が父親に暴かれてしまう，という恐れを伴います。そして，父親がそれに気づいたときにはペニスを切り取られるのではないかという「去勢不安」(castration anxiety) を感じるようになります。そして，その不安のために，それ以前の性的な欲動については，忘れてしまう，つまり「幼児性健忘」(infantile amnesia) が起こるのです。5歳以前の記憶はあまりはっきりしないのはそのためだとフロイトは考えました。

　エディプス・コンプレックスがどのように解消（resolve）されるかによって，父親や権威に対して，とても従順な性格になったり，その反対に権威に対して反抗的な性格になっていきます。なお，女性については，フロイトはエディプス・コンプレックスの反対版である「エレクトラ・コンプレックス」(electra complex) を記述しています。しかし，フロイトは女性についてはあまりよくわからないと漏らしていたと言われています。

(3) **精神の構造**（the structure of the psyche）

　フロイトはリビドーの発達段階とは別の構造論を考えていました。精神には3つの部分からなる構造がある，というものです。本能的なエネルギーの「坩堝(るつぼ)」であるイド（英：id, 独：das es），現実的に思考することができる「自

我」（英：ego, 独：Ich ）と社会の道徳を内在化した「超自我」（英：super-ego, 独：Überich）です。イドは原語のドイツ語では"es"と表現されていて，「それ」という意味です。ですから，英語では"it"が正確な訳になりますが，普通のitと区別ができないために，"id"という造語になりました。そして，自我も原語では"Ich"，つまり「私」なのです。そして，超自我は原語ではÜberich つまり，「超私」です。「私（自我）」の一部だけが現実世界に生きています。意識は自我の働きです。フロイトは，自我は「現実原則」（reality principle）に生きているとしていました。つまり，自我は現実的に物事を考える精神の部分です。

　自我の一部以外の無意識の領域では本能的エネルギーがイドの坩堝から絶えず出てこようとしています。ですから，フロイトは，イドは「快楽原則」（pleasure principle）に支配されているとしていました。たとえば，セックスがしたいというエネルギーが常にイドから出てきています。これが現実の中に流入してしまうと，どうなるでしょうか？人は現実にセックスをする手立てを考えます。ほかのことはできません。常にイドからエネルギーが供給されているので，人は常にセックスをしようとしていることになります。そこで，現実的世界に本能的エネルギーが充当（discharge）されないように，制御する装置が必要です。その心的装置が超自我です。超自我は社会の道徳観を内在していますから，この場に適していないと判断すると，「待ったをかける」ことができたり，その欲動自体を無意識に閉じ込めたり，「良心」を基に状況を判断することができます。

　リビドーの発達段階とは別に，精神の部分のあり方がその人の性格の要因となります。「みんなでカリフォルニアに旅行しよう」と話し合っているときに「いくらかかるのか」をまず計算する人は自我が強いといえるでしょう。自我の働きが弱いと「行きたい！」という気持ちだけで行動してしまうことになります。また，超自我が強いと，「とにかく，お金を使うのはよくない」という禁止令を経験して，楽しいことから遠ざかろうとするでしょう。フロイトは，この3つの部分が1つの「心的装置」（psychic apparatus）をなしていると考えていました。

⑷ **防衛機制**（mechanisms of defense）

　イドの本能的なエネルギーが自我を通って現実世界に充当されるのを超自我がブロックする，ということをフロイトは詳しく観察しました。そして，いくつかのパターンのブロックの仕方があり，それを「防衛機制」としました。防衛は自我の無意識の部分で働いていますから，意識してすることではありません。たとえば，誰かを殴りたいという攻撃的なエネルギーがある場合，それを現実に自我が実行しないようにするために，「あの人が僕を殴ろうと思っているに違いない」というようにすり替える防衛を「投射」あるいは「投影」（projection）といいます。セックスについて実行するかわりに「動物の性行動を研究する」という場合は，「知性化」（intellectualization）が働いています。母親とセックスがしたいのに，それが別の人に置き換えられるといった防衛は「置き換え」あるいは「転位」（displacement）と呼ばれます。空想に耽ったり，幼稚な言葉遣いをすることは，現実を回避するためにすることで，その幼児帰りは「退行」（regression）と呼ばれます。防衛は他にもありますが，僕たちが知らないうちに，ある種の防衛が身についていて，それが性格の一部になっています。それは精神分析では「性格防衛」（characterological defense）と呼ばれています。性格はリビドーの発達段階や心的装置の動作具合や防衛機制によって幼いころからできあがっているとフロイトは考えたのでした。

⑸ **エロスとタナトス**（Eros and Thanatos）

　フロイトの考えでは，本能の正体は，実はリビドーそのものではないのです。もっと基本的なところに２つの本能があります。生きる本能である「エロス」があります。そして，その反対に，無機物に戻りたいという死の本能「タナトス」があるとフロイトは考えていました。タナトスは攻撃性という形をとります。性と攻撃性という２つの本能的なベクトルがあるのですが，本当はタナトスしかないのかもしれません。人はみんな死にたい。だけれども，そうすると人類は滅亡するから，エロスという防衛が作動する仕組みになっているのです。

⑹ 二重の時間 (temporality)

　僕が今，ある素敵な女性に惹かれたとしましょう。で，そもそもなぜ僕はその女性を素敵だと感じるのでしょうか。本当のところ，その理由はわかりません，意識では。でも無意識にはちゃんと理由があります。僕はその女性に母親をみているのです。そして母親に甘えたように，その女性に甘えたいのです。言葉遣いまで幼稚になるでしょう。僕の意識は現在の現実を生きているのですが，無意識は幼少期の親との関係を生き続けています。時間は二重になっています。一瞬の中に現在と過去があります。現在を生きる意識と過去を生きる無意識です。そして意識と無意識のどちらが優位なのでしょうか？それはもちろん無意識です。僕の無意識に宿る母親の記憶に基づいて，僕の意識は異性をみて心動かされるからです。もしも僕の無意識に違う母親像があれば，僕はきっと違うタイプの女性に惹かれるでしょう。

⑺ 治療の方法 (methods of analysis)

　無意識に隠されたクライアントの精神の力動 (dynamics) を突きとめていくために，フロイトは，最初は催眠を用いていました。しかし，催眠を使うことが少なくなり，夢分析と自由連想法 (free association) という方法を用いるようになりました。自由連想法では，アナリサンド（クライアント・精神分析を受ける者）はカウチ（長椅子）に横たわり，アナリスト（精神分析家）はアナリサンドから見えない位置に座り，アナリサンドに浮かんでくる連想に耳を傾け，ときに言い淀み，話したくない連想が浮かんだときや，何も浮かばないという「抵抗」(resistance)—何も浮かばないのは防衛であり，その不在には何か在るはずだとフロイトは考えます—が観察されたときに，とくに話を続けるように促します。こうして話は，徐々に幼児期の親子関係に行き着き，気がつくと，アナリサンドはアナリストに親を重ねていることに気づきます。たとえば，父親に気を遣っていたのと同じようにアナリストに気を遣っている，というようなことです。このように親と重なってくることを「転移」(transference) とフロイトは呼び，幼児期のさまざまな場面が転移の中で再体験され，アナリサンドの心の真相が「洞察」(insight) されるように徹底的に分析を続けます—フロイトはこれを「徹底操作」(working through) と呼

んでいました。
　フロイトの時代，自由連想は週に4-5回，カウチに1時間ほど横になり，分析が行われました。現在はこの方法をそのとおりに行っているところはほとんどありません。現在は椅子に座って対面して週に1回50分ほどの面接が行われるのが一般的です。ですから，現在の心理臨床では，精神分析的な方法を厳密に行うわけではなく，精神分析の理論や概念を用いてクライアントの状態を理解しようとするのが一般的です。

⑻ 精神病理について（psychopathology）

　精神の病気とは何なのでしょうか。フロイトの精神分析理論からはいろいろな精神病理についての考察ができます。フロイト自身は，主に「神経症レベル」の障害を診ていました。「神経症レベル」というのは思考の障害はなく，情緒の不安定などの障害で，その背景には不安が関与していると思われるものです。フロイトは，人は論理的，科学的な思考をするのが正常で，情緒は防衛されているべきものだと考えていました。宗教は幼児的万能観（幼児期に体験した「なんでもできるという感覚」）の投影であるし，音楽や踊りのように情緒に浸るのは退行的（幼児帰り）だと考えていました。後に，同じオーストリアの精神分析家，エルンスト・クリス（Ernst Kris：1900-1957）が「自我のための退行」（regression in the service of the ego）の概念を提唱して，芸術製作や音楽鑑賞などで情緒に浸るのは退行ではあっても，自我のためになることだとするまで，精神分析では〈感じる〉という非論理的なことは何の役にも立たず，幼稚なことだと思われていたのです。

　要するに，ガチガチに防衛されて，クールで論理的な人が正常だ，という人間観がそこにあったように僕には思えます。そこで，不安などの〈感じ〉を体験する，ということはどういうことなのでしょうか。それはガチガチに固められている防衛が崩れかけている，ということを示しています。ですから，不安障害などの「神経症レベル」の病気とは，「防衛の破綻」によって起こっているのです。そして防衛が破綻すれば，現実原則に従って生きる自我は，非論理的な情緒に圧倒されていくようになります。自我で考えても理解できない不安などが押し寄せてきて，仕事に集中できない，といったように社会適応がで

きなくなるのです。フロイト精神分析にはこんな人間観の一側面があるように僕には思えます。

(9) **無意識と決定論**（the unconscious and determinism）

　フロイトが提唱した精神分析理論は，無意識の働きに注目しています。「意識は氷山の一角」だと喩えられていました。つまり，海面に見えているのはごく一部で，氷山の多くは無意識なのです。氷山は見えているところだけを動かすわけにはいきません。氷山が動くときは，水面下にある部分が動くから，それに連動して海面に見えている部分も動くのです。ところで，フロイトは「前意識」（pre-conscious）という意識の領域も記述しています。前意識とは無意識と意識の中間領域で，思い出そうと思えば，思い出せる記憶が保存されているところです。氷山の喩えでは，前意識は海面ぎりぎりのところでしょうか。そこから下の無意識が動かないと意識は動きません。いくら意識で「不安を感じないようにしよう」と思っても無駄です。水面下にある不安の正体が洞察されなければなりません。

　とくに病気ではない健常者の判断を振り返ってみても，それらは論理的に考えた結論ではないことがわかります。僕はどうしてジーンズが好きなのか，どうしてジャズが好きなのか，どうして犬が好きなのか，どうしてこの仕事をしているのか，論理的な理由など見つかりません。でも理由はちゃんとあるのです，無意識に。そしてそれらは無意識だから，意識することを禁じられています。検閲（censor）が働くのだとフロイトは考えました。人の生は得体の知れない無意識によって動かされています。文明も宗教も無意識的な葛藤が投影したものです。キリスト教の神様はどうして「父」として恐れられるのか。それは，幼少期の父親に対する恐怖が無意識にあり，それが投影されるからです。で，どうして父親が怖いのか。それは，エディプス・コンプレックスを見破られる恐怖があるからです。こういった具合で人生はすべて無意識によって「決定されている」のです。これを「決定論」（determinism）といいます。幼少期からの葛藤のあり方や処理のされ方によって人がどのように生きていくかは決定されているのです。

　フロイトは現代文化が形成されるための思想史上の3番目の最終革命を起

こしたのでした。誇り高き人間たちは「我々こそが宇宙の中心だ」と思っていたのに，コペルニクスが地動説を唱えて人類が住む地球は宇宙の中心ではないことが明らかになりました。人間のプライドは傷つきました。それが最初の革命です。それでも誇り高き人間たちは「我々は下等動物とは違う」と信じていました。そこにダーウィンがやってきて進化論を唱え，人類は猿から進化した動物であることがわかりました。再び人間のプライドが傷つきました。それが2番目の革命です。それでも誇り高き人間たちは「我々には自由意志があるではないか」とプライドを捨てませんでした。そこにフロイトがやってきて自由意志などはない，すべては無意識によって決定されているのだと説いたのです。これによって人間のプライドは総崩れとなり，不安にかられる現代文明が登場したのだとステーヴンス教授は授業で熱弁していました。

　僕はフロイトの精神分析に嵌ってしまいました。フロイトを否定するという発想それ自体が，僕の無意識的葛藤の現れではないかと思ってしまったのです。もう出口がなくなってしまいました。そしてフロイトの著作を読みあさり，著作に登場するにショーペンハウアー（Arthur Schopenhauer：1788-1860）という哲学者や，フロイトと同時代のニーチェ（Friedrich Nietzsche：1844-1900）の哲学を読みました。ニーチェについては，当時，客員教授としてBoston Collegeに来ていた，ベルギー・リューヴェン大学教授，ドクター・ジャック・タミニオー（Jacque Taminiaux）の素晴らしい授業で手ほどきを受けました。ショーペンハウアー，ニーチェ，フロイト，この一連の思想家たちには共通するところが多いのに驚きました。性的欲動，つまり「リビドー」が人生を動かしているとしたのはフロイトの精神分析ですが，同じ考え方がショーペンハウアーにもニーチェにもあるのです。ショーペンハウアーの場合，それは「意志」だし，ニーチェの場合，それは「ディオニソス」なのです。この時代のドイツ哲学のひとつの発想パラダイムなのかなと思いました。僕はニーチェだったかフロイトだったかに登場する，やはり同時代の音楽家ワーグナーの楽曲Die Meistersingerやワーグナーがショーペンハウアーにインスピレーションを得て作曲したTristan und Isolde をスピーカーから大音量で流しながら読書を続けていました。それは充実しているように感じられると同時に，どこか陰鬱とした日々でもありました。人生が無意識に支配されていて，未来は自由

意志で選択できるものではない。そう思うとある種の重厚で陰鬱な香りが僕の精神に立ち込めるのでした。新しい出会いも過去の再現なのだから、新しい出会いには新しさがなく、それが僕の中に蘇らせている過去に目が向いてしまうのです。簡単にいうと、僕は過去回帰的なカプセルの中でワーグナーを響かせ、カプセルの外の世界がどのようにカプセル内の心的現実を表象しているのかと考えながらフロイトの著作を耽読する日々が続きました。

2.-3. カール・ロジャーズという衝撃
(1) 人間性心理学 (Humanistic Psychology)

「パーソナリティ（性格）心理学」の授業で、僕はアメリカ合衆国を代表する心理療法家カール・ロジャーズ（Carl Rogers：1902-1987）の著作と出会いました。ロジャーズは「クライアント中心療法」(Client-Centered Therapy)、後に「パーソン・センタード・アプローチ」(Person-Centered Approach) と呼ばれるようになった心理療法を築き上げた人物で「カウンセリングの元祖」とも目される心理学者です。

ロジャーズの心理療法へのアプローチは「人間性心理学」というオリエンテーションに属するもの、というよりも、ロジャーズが「人間性心理学」の代表格の一人です。このオリエンテーションの名称は日本語では「人間性心理学」「人間学的心理学」などと訳されていて、「人間性心理学」という訳語が定着しています。だけど、本当のところ、それは「人間らしい心理学」と訳す方が正確だと僕は思います。心理療法の歴史をみると、行動主義の学習理論（第3節）は動物実験で得られた理論で、人間を人間らしくしている性質、たとえば「愛」ということについては何も語られません。また、フロイト精神分析は人間にとって、最も大切な自由意志を否定しています。僕はアメリカに行くことを自由意志で選択したと思っているけれども、古典的精神分析では、それは自由に選んだのではなく、そうせざるを得ない事情が無意識にあって、それは無意識によって決定されていた、ということになります。どちらも、普通の人が体験している生とは、あまりにもかけ離れた理論になっています。歴史的には行動療法、精神分析の順で理論が成立していったので、人間性心理学は「第3勢力」(The Third Force) と自らを表現して、人間らしい心理学を構築していくことにな

りました。

　ところで，人間性心理学の誕生には歴史的な背景があります。人間性心理学はアメリカ合衆国の歴史と深い関係があると思います（池見，2012）。「愛と平和」といえば，ヒッピーたちのスローガンです。1960年代のアメリカには徴兵制度がありました。若者たちは，個人的な倫理観はどうであれ，ヴェトナムへと送り込まれ，戦場でヴェトコンと戦い，殺戮を繰り返すのが愛国心だと政府に強制されていたのです。徴兵を逃れるために，行方をくらませた若者たちがヒッピーとなったのでした。徴兵制はアメリカ合衆国の若者に暗い影を落としていました。そんな繊細な心の動きと，まったく現場を知らない無神経な政府（体制）の葛藤は，アメリカではお馴染みのテーマで，僕はスティーヴン・スピルバーグの映画にもそれがみられるように思います。このような体制に対する不信感と反体制的なエネルギーが60-70年代には満ちあふれていました。"Power to the People!"（民衆に権力を！）そんなスローガンもありました。1969年のウッドストック音楽祭は，その3日間に40万人もの若者が参加した反体制的な民衆の爆発だったと僕には思えます（池見，2012）。

　僕が大学に入学した年にヴェトナム戦争は終わりました。だけども，僕が入学したカトリックの大学，Boston College（ボストン大学）でも，デモはありました。一族がカトリックだったケネディ家は一族でボストン・カレッジに資金を寄付するベネファクター（サポーター）です。ボストン・カレッジでは卒業式の挨拶のことは"Jesuit Ivy"と呼ばれていますが，それは卒業式で挨拶したジョン・F・ケネディ（元大統領）がスピーチの中で言った言葉で，Jesuit（イエズス会）のアイヴィ・リーグというニュアンスでした。つまり，アメリカの有名大学の体育系リーグ「アイヴィ・リーグ」ではないけれども，今やBoston Collegeはアイヴィ・リーグの大学を追い越す勢いで，しかもカトリックだ，と持ち上げたらしい。ちなみに，ジョン・F・ケネディはアイヴィ・リーグで，同じボストン近郊にあるハーヴァード大学出身なので，僕はちょっと，これはどうかな…って感じですが…。

　それはともかく，ケネディ一族がヴェトナム戦争で使用された化学兵器を製造している会社の株をもっていた，という事実に抗議するデモが，理事のエドワード・ケネディ（元上院議員）が出席する理事会の日に合わせて行われま

した。僕たちは「愛と平和」のスローガンなどを叫んでいました。命を大切にする，という基本的な価値に反して，化学兵器会社の株を所有しているとはなにごとか！というわけ。だけども，どうやら僕たちのデモは「なまぬるい」と，当時インストラクター（助教）になっていた元本物のヒッピーたちに叱られていました。反体制的なフレーヴァーが根付いてはいましたが，僕たちは，本物のヒッピーだった先輩たちに憧憬の眼差しをおくる世代でした。

　ヴェトナム戦争以前には人権運動がありました。白人と黒人が結婚できなかったり，バスの入口が分けられていたり，黒人の入居お断りのアパートがあったりしました。ここでも，黒人だ，白人だ，といった差別的な偏見ではなく，人間として人を尊重することが運動の中心的なテーマでした。

　人権運動とヴェトナム戦争は人間としての存在価値，自由，愛，人間尊重，平和，それに社会や体制に適応するのではなく，自分らしく生きること，これらのテーマをアメリカ合衆国に投げかけたのでした。そして，これらの運動と時期を同じくして，同じテーマを掲げた心理学の運動体として人間性心理学が出現したのです。人間性心理学は精神分析のように，一人の創始者がいて，その人を中心に発展したのではなく，基本的な人間観を共有する多くの心理学者たちの緩やかな連合体です。

(2) 自己（self）

　ロジャーズの著作からは，人間尊重の臭いがプンプンしてきます。僕が初めてロジャーズを読んだときには不思議なさざ波が僕の心身の深部を揺さぶるような感覚を覚えました。ワーグナーが鳴り響く過去回帰的なカプセルの中の僕は，最初はロジャーズが書いていることを真剣に受け止めることができませんでした。ロジャーズの著作には「自由」という言葉や「自己実現」という言葉が多く登場します。「そんなことはあるものか。自由意志なんてないのに！自己実現？でも，『本当の自己』なんて幻じゃないか，本当の自己があるとしたら，それは抑圧された衝動とそれらを覆い隠すための防衛が作り上げた幻想ではないのか」。そんなふうに，斜に構えた読み方をしていました。「ロジャーズは軽い」，そんな印象をもったことを今でもよく覚えています。ワーグナーの重厚な響きを聴きながら耽読するのとは違って，ピッザパイとペプシコーラ

みたいなノリで，サラサラとページが進むではありませんか。

　なのに，カール・ロジャーズの*On Becoming a Person*（Rogers, 1960）という著作は僕に不思議な影響を及ぼしていることに気づきました。僕はロジャーズの文にある「自己（self）」という文字に妙な親和性を感じていることに気づいたのです。僕は内心，動揺しているのでした。カプセルに穴が開いて，外から新鮮な空気が入ってくるような感じがしました。カプセルが崩れていく不安もありました。カール・ロジャーズのこの一冊の著作ごときに，どうして僕のカプセルは崩されていくのか，納得のいかない自分がいました。

　SELF（自己），この文字を僕は凝視するのでした。そして高校生のころに考えていたテーマを思い出すのでした。「本当の自分は何だろう？」「本当の僕は英語チャンネルの中にいるのか，それとも日本語チャンネルの中にいるのか，あるいはそのどちらにもいるのだろうか？」。僕が心理学に求めていたのはSELFではなかったのか？ ロジャーズの著作はそんな僕にストレートに入ってきているのでした。フロイトの理論に登場する「検閲」などといったややこしいことではありません，直球でした。ロジャーズが投じている直球が僕のカプセルに穴を開けているのです。

　リビドーといった性的本能を中核に据えたフロイトとは打って変わって，ロジャーズは（自己）実現傾向（actualizing tendency）を中心に据えています。どんな人も本当の自己に成長しようと動いていると彼は考えます。それはひまわりの種が成長してひまわりの花を咲かせようとするように…生きとし生けるもの（organism：「有機体」とも訳される）は本来の「自己」になっていこうとするのです。だから，僕がしていることは過去の再現ではなく，僕らしい僕になっていこうとする生成の過程（process of becoming）なのだとロジャーズは説きます。僕のカプセルは何だったの？という疑問は湧いてきますが，どこかで，これはしっくりくる主張だと僕には思えました。

　ロジャーズの自己実現という発想は，ポテトの芽を見ていて着想したのだと彼は後に別の文献で回想しています（Rogers, 1977）。寒いアメリカ合衆国中西部の冬を過ごすためにロジャーズのお宅でも地下室に大量の芋を貯蔵していたのです。その地下室には小さな明かり取りの窓が天井近くの壁面にありました。そこから入ってくるわずかな太陽の光に向かってポテトは芽を生やして

いきます。色白で弱々しい芽です。それでも芽は光の方に向かって伸びていくのです。ある時，そのポテトの芽がロジャーズの目にとまりました。彼が精神科の病院で診ていた患者さんたちの姿と重なりました。いろいろな困難の中で患者さんたちも生きてきたのです。厳しい条件下でも太陽に向かって，弱々しい芽を伸ばしているポテトを見たロジャーズの中では，その姿が患者さんたちと重なって，生命の実現傾向の営みを着想したのだとロジャーズは回想しています。

(3) **病理**（psychopathology）

そうはいっても，なかなか本当に自分らしく生きられなかったり，本当の自己が見つからなかったり，本当の自己を生きることを許容しない自分や状況があったりします。それが人間にとっての苦悩となるのです。本来の姿になれないこと，本来の姿に向かって成長していないこと，そういったことが苦悩の本質だとロジャーズはみたのです。例を挙げて考えてみましょう。

たとえば，会社に行くことに不安を感じて出勤拒否状態に陥ってしまったとしましょう。ロジャーズの基本的なスタンスは次のようなものとなるでしょう。「会社に行きたくない気持ちがあってもいいのですよ，それが本当にあなたらしいのならば」。人間性心理学は必ずしも「社会適応」が治療のゴールだとは考えていません。実は，カール・ロジャーズ自身も，学生紛争がピークの年に大学を去ってカリフォルニアに移住して自分の研究所を設立しています。会社や組織に勤めることが必ずしも，その人にとって善きことかどうかはわかりません。

さて，このように接してもらえると，会社に行けないのが「不適応だ」「症状だ」「病気だ」，そんな否定的な観念がなくなります。そして「本当に私らしい」生き方とは何なのか，「私は会社に何を求めているのだろうか」「私はどのように生きていきたいのか」「私は何に価値を見出そうとしているのだろうか」，そんな問いが生じてきます。このとき，自己実現への探究が始まるのです。

「自分らしく生きなさい」——それがロジャーズのメッセージだといえるでしょう。ところで，会社に行きたくない上記の例の場合，自分らしく生きることは，直ちに会社を辞めることにはならないでしょう。「会社人間 vs. 本当の

自己」，こんなに単純な二律背反にはなっていないからです。会社で生きている自分も，ある意味では本当の自己なのですから。

　僕はロジャーズの考え方に大きな衝撃を受けていました。それは僕が好きだったフロイト精神分析とはあまりにも違っていたからです。この二人の考え方の違いを，別の例を空想しながら考えてみましょう。

　彼女となかなかうまくいかない。そんな状況があったとしましょう。フロイト精神分析の考え方では，うまくいかない理由は彼女に母親を求めているからです。あるいは彼女はこちらに父親を求めているのかもしれません。そしてお互いが無意識的に求めているあり方が，実際の相手とは違っているのでうまくいかないのです。あるいは，このうまくいかないありさまは，両親の不仲を自分が，あるいは彼女が，無意識のうちに再現しているのかもしれません。こんな見方になるでしょう。これはもちろん治療者側の推理――心理臨床では「見立て」といいます――に過ぎません。実際には，長い時間をかけて自由連想や夢分析の中で，幼少期の親子関係が再体験され，アナリストへ向けられた転移が解釈され，洞察が得られなければなりません。

　今度はロジャーズの視点で同じ状況を考えてみましょう。彼女とうまくいかないのは，彼女といると本当の自己を生きられないからです。のびのびと安心して「自分らしく」いることができないから，彼女に合わせるための「仮面」（mask）をいつの間にか身につけるようになった。この「仮面」は彼女に合わせるために意図的に演技しているのではなく，知らず知らずのうちに身につけるようになった偽りの自己です。そのために，仮面をかぶっていることに気づくのは自分一人では難しいことです。そして仮面をかぶっていると，その仮面と本当の自己との間にギャップがあるから苦しんでいるのです。そして，きっと彼女も気づかないうちに仮面をかぶっているのです。二人が仮面の下の本当の自分を発見していくことが大切です。本当の自分を相手に見せるのは怖いことかもしれませんが，本当の二人が「出会って」（encounter）いくことが互いにとって，より誠実（genuine）に生きていくことになるのです。もちろん，これも「見立て」です。このようなことは，心理療法家が誠実に傾聴するなかで，本人自身によって語られ，気づかれなければなりません。そして，その過程で，この見立てとは別の理解が生じるかもしれません。その都度，見立ては

修正されていきます。クライアントが中心で理解が進んでいくから、ロジャーズのアプローチは「クライアント中心療法」なのです。

　この2つの見立てにみるように、心理療法では、人間の性質をどう観るかによって、クライアントの状況に対しての理解が大きく異なるのです。

(4) (**本当の自己に**) なっていくこと (the process of becoming)

　ロジャーズの視点では本当の自分になっていくためには、人が〈感じる〉ことを信頼することが大切です。「あ、怒ってしまった。僕は感情をコントロールできないダメ人間だ」などと自分を責めるのではありません。まずは「僕は怒っている」ということを受け入れることです。そして、その怒りになってみる。そして、その怒りから浮かんでくる、その本当の意味を知ることです。どんな感情も、それらは自分であるし、貴重なものだというように、「体験に開かれる」(openness to experience) ことが大切なのです。

　ロジャーズはこのように、〈感じる〉ことを強調しました。しかし、〈感じるとは何か、如何にあるのか〉ということを記述していません（第2章参照）。そのために、人に危害を与えたいという感情も信頼するのか、といった疑問が起こって、ロジャーズは楽観主義だと誤解されることもありました。

(5) **自己の構造** (the structure of self)

　人が〈感じ〉を信頼できないようになったのは、育ってくるなかで「条件的な眼差し（関心）」が向けられてきたからです。「男の子は泣いたらだめ」といった両親のかかわりは条件的です。それは「泣かないならいい子だよ、関心を向けてあげる」、だけど「泣くのなら肯定的に関心を向けないよ」といった条件です。この環境下では、男の子は泣きたい気持ちを我慢して、感じないようにしようとします。そうしているうちに、ある種の感情は感じないような「自己の構造」ができあがってしまうのです。自己の構造は親の養育態度によって形成されるばかりではなく、友人や、本人にとって「意味ある他者」(significant others) との関係の中でできあがっていくのです。運動部で「強気で」物事に挑むことを身につけると、「弱気」な部分は感じてはいけないものになり、その部分は信頼できないものとなっていきます。

本人が自分についてどう思っているか，といった自己の概念（concept of self）もまた自己の構造を形成していきます。たとえば，小学生が学習塾で「自分は文系だ」といった自己概念を形成させると，それに価値過程（valuing process）が伴います。「文系であることはいいことだ」「理系よりもいいものがたくさんある」「文系は楽しい」といった価値です。そうすると，その子は積極的に文系科目に注意を向け，理系科目は「どうでもいい」と思ってしまいがちです。そうなると，算数のテストで仮に100点をとったとしても，「あれは偶然だった」「たまたま予習していたところが出ただけ」といったように，体験が歪曲（distortion）されることになります。本当は理数能力も高いのかもしれませんが，その能力は信頼されず，その方向に伸びていくことができなくなります。自己の概念がフィルターのようになって，そのフィルターを通して僕たちは状況を体験するのです。

⑹ 治療関係（the therapeutic relationship）

　「意味ある他者」との関係によって自己の構造ができる，という理論にあるように，ロジャーズは人の性格を形づくるのは人間関係だと考えていました。だから，人が変わるとしたら，それに必要となってくるのは，人が変わるような人間関係なのだ，ということになります。ですから，ロジャーズによると，心理療法は「関係のあり方」なのです。

　もちろん，僕たちは，いつも人と何らかの関係をもっていて，人の「影響を受ける」わけです。心理療法もそのように影響力のある関係なのですが，特殊な関係でもあります。なぜならば，その関係によって，人が本当のその人自身になっていくような変わり方をするからです。バリバリ仕事をするような人たちと仕事をしていたら，「影響を受けて」僕もバリバリ仕事をするようになるかもしれません。だけど，この変わり方では，僕が本当に僕らしい方向に変わったと感じられるでしょうか？本当に僕らしい生き方，仕事の仕方とはなにか？そんなことは考える余裕もないかもしれません。でも心理療法の関係は，本当に僕らしい生き方を探索し，育てていくようなものなのです。

　その関係には特徴があります。ロジャーズは有名な論文（Rogers, 1957）の中でそれを解説しています。その関係では心理療法家（やカウンセラー）は

次の3つの態度をもって、クライアントに接します。①自己一致というか、誠実さ[1]：②無条件の肯定的な眼差し[2]、というか、認めること：③共感的理解。ロジャーズは頻繁に自身が作った術語のあとに、"or"でつないで平易な表現で言い換えています。"Congruence（自己一致）or genuineness（誠実さ）"という具合に。だから僕は、ロジャーズの"or"は「または」ではなく、「というか」と訳すといいと思います（池見, 2015）。これらの3つの態度はその後、繰り返し研究され、心理療法の成功と関係があることが明らかになってきました。それらは、今では「心理療法の中核条件」（core conditions）といわれ、どのオリエンテーションでも重要視されるようになりました。これらの中核3条件をみていきましょう。

①「自己一致」というか「誠実さ」（congruence or genuineness）

自己一致という術語をロジャーズは数学の集合にあるヴェン図から発想していました。体験という円と自己概念の円が重なる面積が一致の範囲です。僕が泣きたいと体験しているのに、「僕は強い男だから泣かない」という自己概念があった場合、2つの円はまったく重ならないので、「不一致」状態に陥っているといえます。この場合、自身の多くの気持ちに気づかない状態が存在します。あるいは、それらは歪曲された形で意識に現れます。たとえば、泣きたい気持ちが喉の異物感として体験され、耳鼻咽喉科的な症状として体験される、といったような歪曲です。

だけど、自己概念が「僕には強い面も、弱い面もあって、泣きたくなるときもある」という柔軟なものだと、2つの円は大きく重なります。この重なりが大きいほど、僕たちは素直に体験していることを意識上に認めることができます。面接の中で心理療法家が「心理療法家らしく振る舞おう」としていると、不一致に陥ります。その瞬間瞬間で一人の人間として誠実であること、これが

1）福島伸康（2015）による訳語を採用した。福島伸康（2015）．Genuinenessと純粋性を巡る一考察：Genuineなセラピストは人格者なのか Psychologist：関西大学臨床心理専門職大学院紀要, 5, 119-128.
2）中田行重（2013）による訳語を採用した。中田行重（2013）．Rogersの中核条件に向けてのセラピストの内的努力：共感的理解を中心に 心理臨床学研究, 30(6), 865-876.

第一の条件です。クライアントが誠実に自分の気持ちと向き合おうとしているのに，心理療法家が「治療者」という仮面をかぶっていたら，それはかえって足を引っ張ることになります。「私はあなたの話を聴いていて，私も悲しくなってきました」ということを誠実に発言できる心理療法家がいるからこそ，クライアントも自身の悲しさと向き合うことができるし，人間的な繋がりが感じられるのです。

②**無条件の肯定的な眼差し，というか，認めること**（unconditional positive regard or acceptance）

　日本語では頻繁に「受容」と訳されています。でも，僕はこの訳語は好きではありません。ニュアンスが違っているように思います。ヨチヨチ歩きの子どもが何度も転けては起きあがり，ヨチヨチ歩く姿を親は「無条件」でかつ「肯定的」な「眼差し」で見ています。こんな態度が「無条件の肯定的な眼差し」です。これは，子どもがヨチヨチ歩きを試みていることを「認める」ことでもあります。でも，「ヨチヨチ歩きを受容する」となると，ちょっとニュアンスが違うと思いませんか？

　上記の(5)にあるように，私たちの周りの人間関係が「条件的」だから，ある種の気持ちは信頼できなくなります。だから，どんな気持ちであれ，それを自分のものとして認めることができるようになるためには，どんな気持ちであれ，それを無条件に認めてくれる相手が必要なのです。そして，心理療法家こそが，その相手なのです。

　「会社に行きたくないけれど，とても頑張って行こうとしているあなたもわかるし，どうしても行けそうに感じられない複雑な感じもわかります」というように，どちらも無条件に肯定されるからこそ，クライアントは安心してどちらの気持ちも自分のものとして認めることができるのです。心理療法家が仮に「頑張って会社に行きましょうね」と言ってしまうと，無条件ではなくなり，クライアントは会社に行けない複雑な気持ちを探究することをやめてしまい，それはいけない気持ちだと思ってしまいます。まして，「会社に行きましょうね」という発言は心理療法家「ぶりっこ」した役割上の発言に聞こえて，一人の誠実な人間の発言のようには聞こえません。そのために，人間的な繋がりもでき

ていきません。ロジャーズの人格形成論と人格変化理論は「条件つきの眼差し」と「無条件の肯定的な眼差し」という具合に対になっているのです（Ikemi, 2005）。

③共感的理解（empathic understanding）

　共感とは「相手の立場にたって物事を見る」という意味です。英語では「他人の靴を履いてみる」と説明されています。クライアントの目を通して世界を見てみるのです。「会社に行けない人は世の中に◯万人いますよ。その人たちは3つのパターンのどれかに陥っています。あなたはどのタイプですか？」などという応答は分類に過ぎません。それには治療的な効果は期待できません。むしろ、このクライアントの目を通して、会社や、生きていくという過程の複雑さを振り返ってみる必要があるのです。なお、ロジャーズは1975年に自ら共感の定義をアップデートしています。それについては第5章で紹介します。

④中核条件と面接技法

　世の中には、これら中核3条件は実際の面接の技法を指している、という解釈があります。「共感的な聴き方」とか「受容的な聴き方」といった聴き方の技法が存在するかのように解説されます。僕は、それは違うと思います。なぜならば、ロジャーズは同じ論文の中で、これらの条件は自分が創立したクライアント中心療法の条件ではない、と明言しているからです。ロジャーズによると、中核条件はどんな心理療法でも、治療的な人格変化が起こるときに存在すると仮説しています。そして、それは心理療法面接でなくても、親子関係にも、友人関係にも見られるとしています。友人関係や親子関係の会話には特別な面接技法はありません。だから、ロジャーズは明らかに中核条件＝面接技法だとは考えていなかったのです。

　ロジャーズは「傾聴」（listening）と呼ばれるようになった特別な聴き方をしていました（第5章参照）。そして、その聴き方は、このような中核条件に「特徴づけられている」（characterized by）としていました。「エンジンが力強い」「燃費がいい」「内装が綺麗」はある車を「特徴づけた」表現ですが、これだけでは車種を特定することはできません。ロジャーズはあまり傾聴の実

技については解説したくなかったのです。それは彼の傾聴が「オウム返しの技法」だと「馬鹿にされた」ことをずっと気にしていたからだ，と彼は晩年に回想しています（Rogers, 1987）。だから，傾聴という技法が世の中に普及すると，彼は「悲しくなる」とさえ述べています。しかし，今日になっても，ロジャーズの傾聴を解説している日本語の資料や書物で，傾聴を「オウム返しの技法」だと解説するものがあります。ロジャーズの思いに共感しながら，そのような表現に触れると，僕も複雑な気持ちになります。

2.-4. おわりに

　ボストンという街には読書が似合う。ボストン・コモンというアメリカ最古の公園にはベンチがいくつもあります。僕が住んでいたコモンウェルス・アヴェニューの中央分離帯には市電が走っています。線路の両側には公園のような広いスペースが帯のように線路に沿って緩やかな坂を登り，大学のキャンパスがあるチェスナット・ヒルまで伸びていきます。それは芝生に覆われ，並木が立ち並ぶスペースです。そして，そこにもベンチがあります。公園のベンチ，「パーク・ベンチ」と呼ばれるものです。パーク・ベンチに座って僕は本を取り出して読み始めます。ときどき市電が通ります。ときどきリスが様子を伺いにやってきます。爽やかな風が吹いています。僕はページをめくり，ときどき物思いに耽っていきます。港の街神戸に始まったジャーニーの一幕で，港の街ボストンのパーク・ベンチに座って自分に問うてみます。「本当の僕は英語チャンネルにいるのか？　日本語チャンネルにいるのか？　そのどちらにもいるのか？　どちらにもいないのか？　幻なのか？」僕は本を片手に，また考え続けます。そして今も，まだ考え続けています。

3. 行動療法の3世代

　本章で最後に取り上げる心理療法の「3大オリエンテーション」の1つは，行動主義（behaviorism）あるいは行動療法（behavior therapy）と呼ばれる学派である。最後に取り上げることになったが，実際には歴史的には3大オリエンテーションの中では最も歴史があるため，行動療法は「第一勢力」と呼ば

れることもある。精神分析とは異なり，行動療法も人間性心理学と同様に1人の卓越した創始者によって考案されたわけではなく，数多くの研究者や実践家によって形作られていった心理療法の体系である。それゆえ，何を行動療法と呼ぶのか明確に定義づけることが難しく，その発展経緯への考え方も研究者によって異なっているのが現状である。本節では，行動療法の大まかな発展経緯を解説するとともに，行動療法ではどのように人を捉え，心理療法をどのようなものと理解しているかを見ていくことにする。

　行動療法では，人間の行動は学習されたものと考える。つまり，不適応な行動や問題行動も何らかの形で学習された行動と考えるのである。それゆえ，新たな行動様式を学習する，あるいは学習された行動様式を消去するということが基本的な考え方となっている。

　行動療法は学習理論に基づいたアプローチであるが，その学習理論の源流を遡ると，ロシアの生理学者パヴロフ（Ivan P. Pavlov：1849-1936）の実験に行き着く。パヴロフがフロイトよりも7つほど年上だったことから，精神分析に先行して行動療法が研究されたと見ることもできる。パヴロフの研究については，この節の中で取り上げる。

　行動療法の発展は，大きく3つに分けられている。第一世代の行動療法は，1950年代から発展し，学習理論（行動理論）に基づいたアプローチである。レスポンデント条件づけ（respondent conditioning），オペラント条件づけ（operant conditioning）といった理論に基づき，行動の変容をはかる。1960年から1970年頃になると第二世代に入り，情報処理理論に基づき，認知の変容をはかる。行動の変容には認知がかかわっており，認知の変容をはかることで行動（結果）も変わると考えられたのである。たとえば，アルバート・エリス（Albert Ellis：1913-2007）は，出来事をABCモデルで捉えた。つまり，出来事にはきっかけ（activating event）があり，それに対するその人の解釈・信念（belief）があり，それに伴い結果（consequence）が変わってくるというものである。認知（解釈）を変えることで結果が変わってくることから，認知に働きかけるための方法として，論理療法（現在では，論理情動行動療法 rational emotive behavior therapy:REBT）を提唱した。他にもアーロン・ベック（Aaron Beck：1921-）の認知療法（cognitive therapy）が挙げられる。

コンピュータの発展が目覚ましい時代でもあり，行動療法においても情報処理モデルが急速に展開したことから，認知療法や論理療法の出現は，行動療法の「認知革命」と呼ばれることもある。1990年代頃からは，行動療法，認知療法ともに各々接近したアプローチが増えたこともあり，それらのくくりとして認知行動療法（cognitive behavioral therapy：CBT）が登場した。行動療法色が強い立場，認知療法色が強い立場，折衷派などに分けられることもある。

第三世代では，マインドフルネス（mindfulness）やアクセプタンス（acceptance）という新たな概念が導入され，マインドフルネス認知療法（mindfulness-based cognitive therapy：MBCT）やアクセプタンス＆コミットメントセラピー（acceptance & commitment therapy：ACT）として発展している。認知の内容ではなく，認知とのかかわり方の変容をはかるのが特徴的である。研究者によっては，認知行動療法からを第三世代の行動療法として呼んでいることもあるが，本節では，マインドフルネスやアクセプタンスが導入された以降を第三世代として扱う。

3.-1. 第一世代　行動療法／行動主義心理学

行動療法の中心となる行動理論や学習理論は1910年代からとくに注目されるようになった。1913年にアメリカの心理学者ジョン・ワトソン（John B. Watson：1878-1958）が「行動主義者のみた心理学」という題目で講演を行ったことから，行動主義 behaviorism は始まったとされている（心理臨床大事典，2004）。

1879年にドイツのライプチヒ大学で世界初となる心理学実験室を設置し，近代心理学の創始者とも称される，ヴィルヘルム・ヴント（Wilhelm Wundt：1832-1920）は，内観法という方法を考案した。ヴントは，意識を心的要素に分解できると考え，内観法と呼ばれる内省報告を主な方法として実験を行った。しかし，ワトソンは，ヴントの内観法を批判し，主観的なものではなく，「客観的に観察可能な行動」を対象にすべきであると主張した。人のすべての行動を刺激（stimulus）と反応（response）という図式で捉え，操作できるものと考えたのである。これを刺激−反応理論（S-R理論）という。S−R理論で説明できる例として有名なものに，ロシアの生理学者パヴロフの研究が挙げられる。

「パヴロフの犬」の実験として広く知られており，実験からは，肉粉と同時にメトロノームの音を提示することを繰り返すと，その後，肉粉を与えずにメトロノームだけでも生理反応（唾液）が現れることが明らかになった。これは，もともと生理反応（唾液）とは関係のなかったメトロノーム（中性刺激）が，肉粉（無条件刺激）と対提示されることで，生理反応（唾液）と結びつき，唾液を生じさせる刺激（条件刺激）となったことを示している。このような現象を，古典的条件づけ（classical conditioning），またはレスポンデント条件づけ（respondent conditioning）と呼ぶ。生理学者パヴロフの大きな功績は，唾液の分泌というように，通常は自律神経の働きとされる生理機能でも学習が起こることを示したことである。

　レスポンデント条件づけは，臨床的にも関連が深く，たとえば，1920年代に行われたワトソンとレイナーの研究（Watson & Rayner, 1920）では，恐怖反応に関する条件づけが紹介されている。「アルバート坊や」の実験として知られるもので，生後11ヵ月のアルバート坊やが白ネズミのおもちゃを触ろうとすると，後ろで大きな音を立てる。これを繰り返して行うと，アルバート坊やは，白ネズミのおもちゃを怖がるようになり，さらには白ウサギといった外見がよく似たものにまで恐がるようになったのである。つまり，白いものが恐怖をもたらす条件刺激として学習されたのである。

　しかし，S-R理論だけですべての行動を捉えることは難しかったことから，「刺激（stimulus）-有機体（organism）-反応（response）理論」（S-O-R理論）と呼ばれる理論がエドワード・トールマン（Edward C. Tolman：1886-1959）らによって提唱された。刺激-反応という単純なものではなく，有機体がどのように刺激を捉えているかによって反応が異なるということである。ワトソンの行動主義に対して，トールマンの立場は新行動主義と呼ばれる。また，バラス・スキナー（Burrhus Frederic Skinner：1904-1990）による「オペラント条件づけ（operant conditioning）」も新たな方向として提示された。オペラントoperantという言葉は，自発的という意味であり，オペラント条件づけとは，「生体の自発的な反応（または行動）の生起率に影響を与えるような刺激を操作的に生体の反応の生起直後に随伴させる手続き」（心理学辞典, 1999）である。たとえば，子どもが自発的にお手伝いをした直後に親が褒めてあげる

ことで,お手伝いという行動の頻度は増加される。つまり,オペラント条件づけ理論では,いかに自発的な行動を増やす(強化する)か,あるいは,増やされているのか(強化されているのか)に着目するのである。

　このような行動理論や学習理論を臨床場面に応用しているのが行動療法である。ジョセフ・ウォルピ(Joseph Wolpe：1915-1997)は,恐怖を喚起する刺激とそれと拮抗するリラックス状態を結びつけることで,恐怖反応を軽減しようと試み,系統的脱感作(systematic desensitization)と呼ばれる方法を開発した。また,同時代に,オペラント条件づけに基づく,応用行動分析(Applied Behavior Analysis：ABA)も発展した。代表的な技法として,トークンエコノミー(token economy)がある。トークンとは,代用貨幣のことであり,このトークンを用いて,行動の生起頻度を増やそうとするのがトークンエコノミーである。宿題をすればシールがもらえる,買い物をすればポイントが溜まる,CDを買えば歌手と握手ができるなど,日常場面においてもこの理論で説明できる現象はあり,それらによって,宿題をする,その店で買い物をする,CDを買う,といった行動の生起頻度が高くなることが推測されよう。

3.-2. 第二世代　認知療法／認知行動療法

　第一世代の行動療法においては,行動がすべてであったが,S-R理論といった行動理論だけでは説明がつきにくい事象が増えていき,気持ちや行動には認知がかかわっているということがさまざまな研究から指摘され始め,行動療法は第二世代へと移行していく。

　1960年代後半には,アルバート・バンデューラ(Albert Bandura：1925-)が社会的学習理論(social learning theory)を提唱し,認知のかかわりを指摘した。社会的学習理論では,学習は他者を観察することでも成立することが指摘され,認知が行動の媒介変数となっていることが示された。モデリング(観察学習)は,心理療法場面でも用いられており,不適切な言動や自分にとって困っている場面を,適切な言動をしているモデルを観察したり,自分にとって困っている場面を他人がどのように対処しているのかを観察することで,適応的な行動を学習していくのである。

　また,1950年代半ばにはすでに提唱されていたが,アルバート・エリス

による論理療法も第二世代に発展した行動療法として挙げられる。当初は，論理療法（rational therapy：RT）と呼んでいたが，1960年代には論理情動療法（rational emotive therapy：RET）に名称を変更し，現在では，論理情動行動療法（rational emotive behavior therapy：REBT）と呼ばれている。

　エリスは，気持ちや行動は出来事自体から喚起されるものではなく，その人が出来事をどのように解釈するのか，その解釈（認知）によって変化するものと考えた。出来事（activating event）に対して，その人の解釈・信念（belief）があり，それによって行動・結果（consequence）が生ずるというABCモデルを仮定した。そして信念（B）には，不合理な信念（イラショナル・ビリーフirrational belief）があり，その不合理な信念によって，不適切な行動や否定的な気持ちが生じ，クライアントは悩まされていると考えた。たとえば，アルバイトをしている時に先輩から注意をされた。自分のやり方がバカにされたように感じ，先輩に対してイライラして物にあたった。そして，さらに先輩から注意をされるという悪循環が起こったとする。この場合を考えてみると，注意されたこと（A）に対して，バカにされた（B）と解釈し，イライラして物にあたる（C）という流れになる。論理療法では，出来事に対して，論理的な信念（ラショナル・ビリーフrational belief）で捉え直すようアプローチ（論駁）するため，バカにされたという認知を，別のやり方を教えてくれていると考えたり，あるいは，自分と違う意見を言われた場合に，自分はバカにされたと感じるクセがある，ということに気づくなど，認知を変化させることで，イライラして物にあたるという結果をも変化させるのである。

　エリスの論理療法の他にも，第二世代の発展を担った人物としては，アーロン・ベックが挙げられるだろう。もともと精神分析のトレーニングを受けていたアーロン・ベック（Aaron Beck：1921-）は，精神分析に関する実験研究を行うなかで，フロイト理論とは異なる結果を得たことから，独自の理論を発展させ，1970年代に認知療法を提唱した（Weishaar, 1993／邦訳, 2009）。認知療法は，うつ病を抱えるクライアントとのセラピーやベック本人の自己観察から着想を得ており，うつ病を抱えるクライアントには，思考におけるネガティヴな偏りが特徴的であったことから，その思考（認知）に働きかけるアプローチを考案したのである。認知療法では，自動思考（automatic thought）

やスキーマ (schema) といった概念を仮定しており，自動思考とは，ある場面で自動的に浮かんでくる考えやイメージのことであり，スキーマとは，自動思考を生じさせる，その人がもっている独自の知識体系や信念のことである。たとえば，うつ病を抱える父親が，スーツ姿の男性を見て，「業績を上げるどころか，会社にも行けないダメな自分」と考えたり，子どもが遊びに行く姿を見て，「子どもと一緒に遊んであげることもできないダメな父親」など，ある場面において自動的に浮かんでくるものである。その背景には，「社会人はこうあるべきだ」「父親はこうあるべきだ」といった「～すべき，～すべきでない」といったスキーマがあることが予想される。この他にも，白か黒か思考（二分割思考），過度な一般化，自己関連づけなどのスキーマが挙げられる。認知療法では，このような自動思考に気づき，その認知の歪み（スキーマ）の是正を行っていくのである。

　1990年代頃からは，行動療法と認知療法を併用する実践家が増えたこともあり，それらの総称として認知行動療法（cognitive behavior therapy：CBT）と呼ばれるようになる。認知行動療法の定義が研究者によって異なっているため，行動療法の技法を多く用いる行動療法色の強い立場や，認知療法の技法を多く用いる認知療法色の強い立場，クライアントやセラピーの状況によって，その割合を変化させる折衷派など，認知行動療法の立場でもさまざまに分けられる場合もある。これまでの行動療法と同様に，環境とそれに対する個人の反応の相互作用として捉えている点は変化ないが，認知行動療法における「反応」の中には，認知（言語），身体（生理），行為（動作）といったものが含まれていることに注意しておきたい。また，認知行動療法の実際の進め方としては，ケースフォーミュレーション（Bruch & Bond, 1999／邦訳, 2006）と呼ばれるアプローチがあり，本節では紹介に留めておく。

3.-3. 第三世代　マインドフルネス認知療法／アクセプタンス & コミットメントセラピー／弁証法的行動療法

　すでに認知行動療法の時点で，「客観的に観測可能な行動」以外の，たとえば，意識（認知）や身体反応といったものが扱われるようになるなど，初期のものとは大きく変わってきた行動療法であるが，1990年代から2000年代に

かけて，さらに大きな波が押し寄せ，第三世代としての新たな行動療法が登場した。第三世代では，実証研究を基盤に，これまでの行動療法ではあまり強調されてこなかった「文脈」や「機能」が強調され，瞑想法を始めとする体験的な方法が用いられている。第三世代の代表的なアプローチは，境界性パーソナリティ障害を抱えるクライアントに焦点を当てた弁証法的行動療法（dialectical behavior therapy：DBT）や，うつ病の再発予防のために開発されたマインドフルネス認知療法（mindfulness-based cognitive therapy：MBCT），スキナーの応用行動分析にルーツを持つアクセプタンス&コミットメントセラピー（acceptance & commitment therapy：ACT）が挙げられ，それらに共通するのは，マインドフルネス（mindfulness）と呼ばれる実践である。マインドフルネス認知療法はマインドフルネス・トレーニングに基づいて開発されており，アクセプタンス&コミットメントセラピーや弁証法的行動療法では，マインドフルネス・トレーニングが組み込まれている。そもそもマイドフルネスとは，仏教の用語で古代インドのパーリ語「サティ（sati）」の英訳であり，漢訳経典では「念」と訳され，「意図的に，その瞬間に，判断をせずに」（Kabat-Zinn, 1990；1994／邦訳，それぞれ，2007，2012）注意を払うことを意味する（詳しくは，第6章参照）。行動療法において，どのようにマインドフルネスが取り入れられたのか，本節では，マインドフルネス・トレーニングに基づいて開発されたマインドフルネス認知療法を取り上げて，その経緯をみていこう。

　マインドフルネス認知療法（Segal, Williams, & Teasdale 2002／邦訳，2007）は，うつ病の再発予防のために開発された方法である。開発者のティーズデール（J. D. Teasdale）らは，うつ病の再発予防を検討するなかで，ネガティヴな思考と距離を置くようにクライアントを教育する方法を模索していた。そして，ジョン・カバット=ジン（Jon Kabat-Zinn）によるマインドフルネスストレス低減法（mindfulness-based stress reduction：MBSR）（Kabat-Zinn, 1990／邦訳，2007）の効果に着目したのである。マインドフルネスストレス低減法は，呼吸法，静座瞑想法，からだに注意を向けるボディスキャン，ヨーガ瞑想法，歩行瞑想法といった生活瞑想法を実践する8週間のプログラムである。カバット=ジンはこの8週間プログラムによって，内科疾患の病態改善，

術後の状態改善，傷病予後の改善など，精神的な状態に限定されない治療効果を見出している。ティーズデールらは，このマインドフルネス瞑想法の効果に着目し，ネガティヴな認知の内容を変えるのではなく，問題の認知から一定の距離を置いてながめる，つまり，マインドフルに自分を眺めることで，ネガティヴな思考パターンや気持ちに悩まされる程度も小さくなると考え，その実証研究を行い，マインドフルネス認知療法を開発したのである。この発想は第5章で取り上げるフォーカシングの「クリアリング・ア・スペース」と多くの共通点がみられる。マインドフルネス認知療法も，カバット＝ジンのストレス低減法と同様に，トレーニング・プログラムであり，うつ病を予防するスキルを学習することを目的に，8週間実施する。参加者は，瞬間瞬間を意識せず過ごしている状態，つまり自動操縦状態に気づき，この自動操縦状態がどのように自分に影響しているかを自覚する。そして，今この瞬間につながることで，思考や気持ちに囚われないよう，距離を置き，うつ病の再発を予防するのである。

　本節では詳述しなかったが，アクセプタンス&コミットメントセラピーにおいては，本書で紹介しているフォーカシングや，その他ゲシュタルト療法に似た技法も用いられており，また，その関連も示唆されている（たとえば，武藤，2011）。異なる発展をたどってきた行動療法と人間性心理学の心理療法であるが，現在においてはその接近を垣間見ることができる。

第 2 章　「感じる」とは如何にあるのか

I．心理療法と「感じ」

　前章でみてきたように，古典的な心理療法理論は人が感じていることを治療の対象としてきた。そのため，心理療法は「情緒障害」，つまり身体の障害などではなく，情緒の障害を対象とした治療であると考えられている。クライアント（来談者）は，たとえば，「不安」を感じていて，それを主訴として心理療法家を訪ねるのである。精神分析では，その不安の背後にあるとされる無意識的動機をクライアントが洞察することが大切だと考える。一方，クライアント中心療法では，その不安は自己構造のあり方によって，自分らしく生きていくことができないために起こっていると考える。認知行動療法では，不合理な信念や認知によって不安が起こっていると考えるだろう。このように，不安といった，人が「感じる」ことが心理療法の対象となっているのだが，それを理解する理論はさまざまである。
　臨床心理学に関心がある方は，多かれ少なかれ，「感じる」ということに興味があるだろう。自分が何を感じているのかを知りたい，他者が何を感じているのかを理解したい。だからカウンセリングや心理臨床に興味をいだくようになった人は少なくない。心理臨床にとって「感じる」ということは中心的な課題であると言えるだろう。
　しかし，心理療法の歴史の中では，「感じるとは如何にあるのか」，といったように「感じる」ことの性質を正面から探究した人は意外と少ない。そしてそれを表す言葉すら厳密な定義を欠いている。それは「気持ち」と表現されたり，「感情」（feeling），「情動・情緒」（emotion），「気分」（moods）などと表現されている。本書では，まず「感じる」ことの性質を先に明らかにして，その性質に合うような心理療法の実践や理論を解説していきたい。

2. フェルトセンスと感情

2.-1. フェルトセンス

　「感情」「情動」「気分」などの用語が整理されずに用いられるなか，アメリカ合衆国の哲学者，ユージン・ジェンドリン（Eugene Gendlin）は「フェルトセンス」(felt sense) あるいは「フェルトミーニング」(felt meaning) という術語を用いて，人が「感じる」と呼んでいる体験の仕方を明らかにしていった（Gendlin 1962/1997）。フェルトセンスははっきりした感情ではなく，「なんとなく」感じられていて，そこには意味が含まれている。「この映画，好きだな」と言う人に，「どんなふうに好きなの？」と問うと，はっきりした言葉で答えられないだろう。「なんとなくね」みたいな答えになるだろう。そこに感じられているのは，「怒り」や「不安」のようなはっきりした感情ではなく，「なんとなく」という感覚である。にもかかわらず，「なんとなく」にはちゃんと意味が含まれている。意味もなく，「この映画，好きだな」などと人は言わない。「どのように好きなのか」という意味は「なんとなく」感じられていて，明確な言葉にまだなっていないのである。そこで，「なんとなく」は意味を「含意している」(implies) と言うことができる。

　「スリルがあるからこの映画が好きなんだ」といったように，含意された意味は，それを適切に表現することができる言葉によって明らかになる。明らかになった意味は「明在的」(explicit) な意味の側面と呼ばれる。この場合,「なんとなく好きだ」から「スリル」という側面が明在的になってきた。もしも，さらに，「どんなスリル？」と問うてみると，どうなるだろう。つまり，ホラー映画にはスリルがあるし，アクション映画にもスリルがあるし，ある意味では，恋愛映画にもスリルがある。このように異なった文脈では「スリル」という言葉は違った〈感じ〉を指している。つまり，この場合の「スリル」という言葉にも含意された意味がある。含意された意味の側面は「暗在的」(implicit) な側面と表現されている。この例文の場合，「なんとなく好きだ」という明在的表現には「スリル」といった暗在的だった側面が含意されていたことがわかったが，その「スリル」の暗在的側面をさらに言い表して (explicate) いくこと

ができる。人が感じることは言葉によって明在的にすることができるが,「感じ」はいつも言葉から溢れ落ちていく,ということも言えるだろう。

　人がフェルトセンスを感じるとき,含意された意味の感覚はあるが,それが何なのかをすぐに明在的な言葉で表すことができない。「このお店,いい雰囲気だね」と言う場合も,「雰囲気」という言葉にはどんな意味が込められているのだろうか？「落ち着く」「活気がある」「内装が綺麗」など,「いい雰囲気」は語り手にとって,何らかの暗在的な意味を含んでいる。同じように,「この曲いいね」と楽曲のことを言うとき,「いいね」には何らかの意味が含意されている。語り手は「いいね」という言葉によって,彼が感じているフェルトセンス（あるいはフェルトミーニング）を表現しているのである。池見（Ikemi, 2013）によると,フェルトセンスは「なんとなく感じる」という感覚を言う用語であり,フェルトミーニングは「なんとなく伝わっている意味」を言うものである。

2.-2. 感情

　他方,「私は怒っている」と言う場合,「怒っている」という明在的な側面だけが語られている。「どんなふうに怒っているの？」と尋ねても「とにかく,怒ってるのよ！」と答える語り手は「怒っている」の暗在的な意味に触れようとしない。明在的な側面だけが際立っている「感じ」のことを「感情」と本書では呼ぶこととする。感情の特徴は,それが単一焦点的だということである（Gendlin, 1973a, 1973b）。つまり,この例の場合は「怒っている」という1つの焦点しか感じられないのである。ここが,多くの暗在的側面を含意するフェルトセンスと感情のはっきりした違いである。

　往々にして,感情には強度がある。あるいは,「距離が近い」という表現も可能だろう。「怒っている」という感情は強力なものだ。「なんとなく」感じられているフェルトセンスとは,この点でも異なる。また,「距離が近い」というのは,次のような例で表現するとわかりやすいだろう。花子さんが太郎さんに対して「怒っている」という場合,花子さんは太郎さんのことを「近く」感じていて,少し距離をおいて太郎さんのことを冷静にみることができない,と言えるだろう。もしも,少し「距離をおいて」太郎さんのことをみることが

できれば、「怒っている」感じは同じような強度では感じられないだろう。そして、「怒っている」感情から溢れ落ち、その周りを取り巻くフェルトセンスも感じられてくるかもしれない。

　感情には強度があるから、それは自律神経系の身体反応を引き起こしやすい。怒りを感じていると、心臓がドキドキしたり、筋肉に力が入ったりして、全身の自律神経系の働きが影響される。そのために、強い感情が持続的に存在していると、心身症など身体疾患や身体の不調をきたすこともあるから、心理療法では感情がとくに注目されてきた。

　しかし、実際のところ、心理療法では感情よりもフェルトセンスの方が重要なのである。フェルトセンスに含意される意味を明在的に言い表していくことによって変化が生じるからである。つまり、「怒っている」という感情をいくら語っても、「怒っている」には変化は生じない。しかし、「どんなふうに怒っているの？」という具合に、「怒っている」が含意している暗在的な意味に触れていくと、フェルトセンスそれ自体が変化するのである。「どんなふうに怒っているか？そうね、怒っているというよりも…傷ついているのかもしれない、うん、あの人と話していて傷ついたんだわ…」。この例文の場合は「怒っている」に含意されている感覚に語り手が「…」で表された沈黙の間に触れて、そこにあるフェルトセンスを「傷ついた」という新しい言葉で言い表している。ここで、「怒っている」感情は変容し、「傷ついた」感じに変化しているのである。このように、フェルトセンスを言葉にしていく過程については第3章でより詳細に解説していく。

　どんな感情にも、その背景にはフェルトセンスがある。「不安」という感情の場合、「試験を受けるのが不安」「夜中に悪夢を見るのが不安」「猫にひっかかれるのが不安」というように、各文脈で実際の「不安」の感じ方は異なるはずである。すなわち、「不安」という言葉は同じでも、それが意味している感覚はそれぞれに存在していて、それぞれに異なるフェルトセンスとして体験されているのである。本書で解説していくアップデートする心理臨床では、感情そのものではなく、それを取り囲んでいる「感じ」すなわち、フェルトセンスに触れていく具体的な方法を第5章以降に解説していく。

　フェルトセンスは、これからの章でみていくように、心理臨床にとっては

重要なものであるが，従来の心理療法は「感情」の方に注目する傾向があった。また，基礎心理学の研究でも，フェルトセンスは頻繁に見落とされてきた。もしも500人を対象に調査をして「あなたは不安を感じることがありますか」といった設問を立てると，「不安」という明在的な感情を測定することになる。当然，500人の人たちはそれぞれに違った不安のフェルトセンス，しかもそれぞれの500人が状況によって異なった不安のフェルトセンスを感じているのであるが，そのフェルトセンスを問うと，あまりにも個別的な回答になってしまい，調査が成り立たない。そこで，従来の心理学の調査研究などでも，把握することが比較的容易な感情が注目され，フェルトセンスはあまり取り上げられなかった。第6章第8節にあるように，最近はフェルトセンスとのかかわり方に注目する質問紙尺度も登場しており，〈感じ〉に触れて生きることの健康上のメリットも徐々に明らかになってきている。

3. 感じるとは如何にあるのか？

3.-1.「コンテンツとプロセス」

　「怒りとは何か？」「不安とは何か？」「劣等感とは何か？」といった特定の感じられた内容（コンテンツ）についての考察は頻繁に目にすることがある。しかし，本書がここで問うているのは，特定のコンテンツではなく，そもそも「感じるとは如何にあるのか」である。そして，これからみていくように，「感じる」とは1つのコンテンツに限定されない。感じに触れているうちにコンテンツは変化していく。そこで，この問いは「感じる」という過程（プロセス）を明らかにしようとするものである。「不安を感じていると思っていたけれど，それは不安じゃなくて，自信のなさだったんだ」といった例にあるように，「感じる」というプロセスにおいて，「不安」というコンテンツは「自信のなさ」というコンテンツに動いていった。そこで，特定のコンテンツよりも感じるというプロセスの方が優位なのである。

　この問いをテレビの放送局が発信している「電波信号とは如何にあるのか」といった問いに喩えてみることができる。テレビ局は電波信号の上にいろいろな番組といったコンテンツを乗せて放送している。番組の中にはニュースやド

キュメンタリーやドラマやスポーツ中継など，いろいろなコンテンツがある。しかし，特定の番組（コンテンツ）の中身を分析しても，そのコンテンツがどうやって放送局から自宅のテレビまで運ばれてきたのかはわからない。テレビ放送の仕組みを理解しよう思えば，個別の番組を分析するのではなく，そもそも「電波信号にはどのような性質があるのか」ということを問わなければならない。そして，信号が送られてくる過程，すなわちそのプロセスを解明する必要がある。

これ以降，本章では「感じる」というプロセスが如何にあるのかをめぐるいくつかの側面を解説していく。それはフェルトセンスのいくつかの側面についての記述である。それを通して，「感じる」とはどういうことなのかを明らかにしていきたい。また，本章で解説するフェルトセンスの特徴は基礎的なものであるから，本章以降の内容を理解するには不可欠なものである。

3.-2. からだに感じられる

「いま，何を感じていますか？」。この問いに答えようとするとき，読者はどのようなことをするだろうか。「今，何を感じているか？」これはいくらアタマで考えても答えがでない。

「電車が速く目的地の駅に着かないかな，と感じています」。

こんな答えになるかもしれない。しかし，これは「感じている」ことを表現したものではない。それは「考えている」とか「思っている」ことなのである。「電車が速く目的地の駅に着かないかな，と考えていました（と思っていました）」の方が正確な答えになるだろう。それでは，「いま，何を感じていますか？」という問いには，どうやって答えたらいいのだろうか。

感じていることに触れようと思うと，〈からだ〉に注意を向けなければならない。とくに喉，胸，お腹，といった「からだの真ん中」と呼ばれているところである。約束に遅れそうなので，「電車が速く目的地の駅に着かないかな」と思っているときに〈からだ〉に注意を向けると，そこには「イライラした感じ」や「落ち着かない感じ」「ソワソワした感じ」あるいは下腹の辺りに圧迫のようなものを感じるかもしれない。〈からだ〉に注意を向けていると，「いま，何を感じていますか？」という問いに対しては次のような答えが可能であろう。

「イライラした感じがあります」
「落ち着かない感じがあります」
「ソワソワした感じがあります」
「お腹に圧迫を感じています」

　このように,「感じる」という過程は〈からだ〉に感じられるものである。これを反対に言えば,からだに何も感じないのであれば,それは「感じている」とは言えない。「不安で,不安で」と言うものの,からだには何も感じられず,むしろすっきりした感じがあるのであれば,「不安を感じている」とは言えないだろう。
　フェルトセンスの1つの特徴は,それは〈からだ〉に感じられるというものである。本書で,ひらがなで〈からだ〉と表現しているのは,「身体」という表現では医学的・生理学的・解剖学的な身体を想像させてしまうからである。約束に遅れそうで「お腹に圧迫を感じる」とき,腹部のレントゲンを撮っても何も圧迫するような物体は存在しないことがわかるだろう。「あの人の言葉が胸に刺さっていて」などというフェルトセンスの表現についても同様に,胸部に物理的に何かが刺さっているわけではない。フェルトセンスは〈からだ〉に感じられているが,それは局所的な解剖学的・生理学的事象ではないために,本書では〈からだ〉というひらがな表現に統一する。

3.-3.「考える」と「感じる」

　アタマで考えたこととからだで感じたことは対立しているように一般的に考えられているが,実は「考える」の内には〈からだ〉が機能しているのである。冷蔵庫に入っているものを見ながら,「今夜何を作って食べようかと考えている」というのは,どんなプロセスなのだろうか。冷蔵庫にある食材からはカレーライスが作れることがわかったとしよう。そのとき,一度,〈からだの感じ〉に照会して「カレーライスが食べたいのか」と問うているのである。そして仮にカレーライスを想像してみると,なんだか胃に重そうな〈からだの感じ〉があったとしたら,「他に作れるものは何かないか」と別の可能性を探すことになる。この場合の「今夜何を作って食べようかと考えている」という「考える」作用には〈からだの感じ〉が機能していることがわかる。

このことは抽象度が高い「考え」でも同じである。数学の問題を解いているときに，行き詰まって，「これでは解けないよ」と〈なんとなく感じる〉ものである。この問題を解くには別の考え方が必要なのではないかと探り始める。そして，「あ，そうか！」とある解き方を思い付いたときは，〈からだ〉にすっきりした感じがあるし，反対に考え方が間違っていると薄々気づいているときには〈からだ〉もムシャクシャしてすっきりしないものである。

　「野性vs理性」のように，頻繁に「感じること」と「考え」や「論理」は対立するように描かれているが，良質な思考では「感じる」と「考える」は融合しているのである。「深く考える」とはアタマだけで考えるのではなく，〈からだの感じ〉と照合しながら思考するということではないだろうか。「理屈はあっている，だけど何だかすっきりしない」といった場合，「すっきりしない」という感じと「理屈」が対立していると捉えるのではなく，「より深く考えてみる」ようにして，すっきりしない〈からだの感じ〉に含意された意味を探りながら論理を検証するような思考過程が求められるのである。

3.-4. 感じるは「前概念的」

　「感じる」と「感情」の違いについては上記でも触れたが，感情は「単一焦点的」である。これを別の言い方で解説すると，感情は「概念的」（conceptual）だ，と言うことができる。つまり，感情は「不安」や「怒り」などとはっきり言葉やコンセプト（概念）で表すことができる。一方，フェルトセンスとして「感じる」ものは，はっきりと言葉で言えない，前概念的（pre-conceptual）なものである。〈感じる〉は前概念的であるから，それはまだ「意味」になっていない。この音楽を聴いていると「悲しくなる」というときには，「悲しみ」の感情があり，「悲しい」という意味や概念が見出せる。一方，その楽曲を「なんとなく好き」と言うときには，フェルトセンスとして複雑で未形成の意味が「なんとなく好き」に含意されている。この場合，「なんとなく好き」には意味がないのではなく，その「なんとなく」を言い表すと，多くの意味が現れてくるだろう。それは概念として形成される前の状態だから，「前概念的」と表現される。

　心理療法では，その「なんとなく」を言い表すことによって，「悲しみ」

といった概念よりも豊かな体験が生起し，それによって，新しい理解の成立が可能となる。そうでなければ，いつまでも「悲しい」という感情が反復し，新しい意味の創造が得られない。

　人が「私は悲しい」と概念的に決めつけているときには，「悲しい」という概念のフィルターを通して世界を体験してしまう。そうすると，何を見ても悲しい感情が起こってくる。これは「凍結された全体」(frozen wholes) と専門用語では呼ばれている（Gendlin, 1964）。しかし，実際に生きている現実は一瞬一瞬で異なり，新鮮である。悲しみ一色だとアタマで思っていたとしても，テレビを見て微笑んでいる瞬間があるかもしれないし，パフェを食べると晴れやかな気持ちになるだろうと感じる瞬間もあるだろう。これらに気づくためには，瞬間瞬間に「何を感じているのか」に目を向けなければならない。すると，そこには「悲しみ」以外にも豊かに体験されている状況があることが感じられてくるのである。その意味でも，概念形成される以前の瞬間瞬間の「感じ」に触れることが心理療法では重要なのである。

3.-5. 感じるは「前言語的」

　「前概念的」とよく似ているが，「感じる」の性質の1つはその「前言語性」(pre-verbal) である。「あなたは今，何を感じていますか？」と聞かれると，咄嗟に答えられないことがわかるだろう。〈からだ〉を感じてみると，胸に何かが詰まったようなスッキリしない感じがあることがわかったとしても，それがなんだかよくわからない。「何か」を感じているのだけど，それは「何か」とか，「それ」とか「あれ」としか言えない（第3章1節参照）。次のような会話を考えてみよう。

　　A:「今日は，ご機嫌いかがですか？」
　　B:「ええ，まあ，元気ですよ」
　　A:「まあ，元気なのね？」
　　B:「ええ，まあ，というか…何だろう…」

　この例では，最初Bさんは「まあ，元気」という言葉・概念で話していたが，「まあ」とはどういう意味なのかをAさんが問うと，「まあ，元気」という概念は覆り，「何だろう」と本当に感じていることを探しに行くのである。つまり，

人は多くの場合，自分が何を感じているのかをわかっていない，と言えるだろう。「何か」を感じているのだけど，それが何なのかは，言葉になっていないためにわからない。これは「感じる」の性質が前言語的・前概念的であるからで，「何だろう」と，本当は自分は何を感じているのだろうと探しに行く方が素直な心の動きなのである。無理に「はい，元気です」と答えるのは，一見はっきりしているようで，社会的に好ましいかもしれないが，実際の「感じ」には触れずに言葉だけで話していることになる。人が感じていることをはっきり言えずに言い淀むのは，何かを我慢しているからとか，何かを防衛しているからではなく，人の「感じる」という体験がそもそももっている「前言語的」性質によるのである。

3.-6. 感じるのは状況

人は頻繁に「感じる」のはその人の「こころ」であるとか，「こころの現れ」「性格」だと考えがちである。しかし，実際に人が「感じる」という作用を観察してみると，それはいつも状況や関係を志向（intend）しているということがわかるだろう。ここでいう「志向性」（intentionality）とは，現象学哲学を創始したドイツの哲学者エドモンド・フッサール（Edmund Husserl：1859-1938）の用語で，意識はいつも何かについての意識である，という実態を表す用語である。つまり，対象がない意識はあり得ないということである。筆者の意識は今，庭を見ていたり，雨音を聞いていたり，というように，意識はいつも「生活世界」とひっついている。

人はある状況に「悲しみ」を覚えたり，ある関係に「ワクワク」する。それら「悲しみ」や「ワクワク」は人の「内面」や「性格」の顕われではなく，それらは状況なのである。本書が立脚している立場では，人が感じるのは内的世界の表象（representation）とは考えない。人は内的世界を介在して現実世界にかかわるのではなく，ダイレクトに現実世界を生きているのである。「感じ」は「いま，ここの現実世界を私が生きている」という生の感覚であり，それは哲学者マルティン・ハイデガー（Martin Heidegger：1889-1976）の用語で言うと「世界−内−存在の一様式」（a mode of being-in-the-world）である。ハイデガーの哲学では人と世界は分けることができない。人が世界のうちに生きて

いる，ということではなく，人と世界が分けられない，という意味で世界と存在が「-」で繋がっているのである。いま，ここで，筆者が大学教授である（大学教授という存在）ということは，筆者に内在した大学教授としての本質があるからではない。むしろ，それは目の前の講義室に大学生たちが座っていて，講義を聴いているからである。そして，大学生を前に雄弁に講義することができるのは，筆者に内在する性質ではなく，そこに熱心に聴いてくれる学生たちが大勢いるからである。このように，筆者を雄弁に講義することができる大学教授にしているのは，学生たちであり，講義という状況であり，大学という社会の仕組みであり，世界であって，筆者に内在している性質ではない。その意味で，大学教授としての私は，私に内在する性質ではなく，世界-内-存在なのである。それ故に，世界-内-存在として感じることは，私に内在する性質ではなく，世界（状況や関係）についてなのである。

3.-7.「感じる」は未来志向

　〈感じる〉は，いつも未来を志向している。たとえば，空腹な「感じ」は次にくるべき「食する」という方向性を含意している。しかも，これを精密に指し示しているのである。今の空腹感は「なんでもいいから食すること」を指し示しているのではなく，ある特定のお店の「天ぷらそば」を指し示している。さらに，この料理にどれくらいの量の七味を入れるかまでもが指し示されている。「お腹が空いているな」と気づいて，その「空腹の感じ」に触れていると，「授業が終わったら，あのそば屋に行こう」などという空想が始まっていることに気づくだろう。このように，「感じる」は未来志向なのである。

　〈感じる〉の未来に向かう性質は複雑な〈感じ〉についても同じである。人間関係の「気まずい感じ」は，なんとかしてその関係を「修復すること」を含意している。そして，修復する策を考えてみては，〈感じ〉がその策で納得しているかを確かめるような作業を行っていることがわかるだろう。納得のいかない方法だと，〈感じ〉は変化しない。一方，「あ！これだ！これがいい！」と感じられるような策を思いつくと，「気まずい感じ」は変化していることが観察されるだろう。〈感じる〉はいつも精密な未来への方向性をもっている。

　しかし，一般的に人は〈感じ〉の原因は過去にあると考えがちである。確

かに，過去はすべての体験に暗在的に作用している。「この講義室，広くて気持ちいいね」と筆者が体験できるのは，これよりも狭い講義室で講義した過去があるからである。しかし，この広い講義室に入ってワクワクを感じている筆者は過去を思い出しているのではなく，これから，この講義室で行おうとしている講義や学生たちとのかかわりといった未来に向かってワクワクしているのである。

　〈感じる〉は未来に向かっているのに，一般的な発想や多くの心理臨床学理論は〈感じる〉の根源を過去に求めてしまう傾向がある。つまり，〈感じる〉には「過去の原因」があると考えてしまうのである。「この講義室，広くて気持ちいいね」と筆者が体験しているのには，確かに「これよりも狭い講義室で講義した」という過去の原因があったと考えることができるだろう。しかし，過去の原因は「この講義室，広くて気持ちいいね」という〈感じ〉をなぜ体験しているのかを説明しようとしたときに現れるものである。すなわち，「過去の原因」は説明するための概念であって，その〈感じ〉そのものの記述ではないのである。どうして今，天ぷらそばが食べたいのかという「なぜ」を考えたときに，「過去の原因」は立ち現れるのである。しかし，そこで思いつく「原因」は，「いま，空腹で天ぷらそばが食べたい」といった空腹感それ自体を言い表したものではないのである。

　多くの心理臨床学の概念は「原因」を求める説明概念であり，「感じ」そのものには触れていない。筆者のところに来談した数人のクライアントは次のような苦情を訴えていたことを思い出す。いずれの場合も会社員で性別は男性も女性もいた。職場での人間関係をきっかけに不安やうつ感情が出現して，それぞれ別の大学の臨床心理センターに来談した。ところが，それら数例のクライアントを面接した臨床心理士たちは，初回面接で彼らの幼少期のころのこと（生育歴）を質問し，その話題に終始した。クライアントたちは，自分たちが感じていた職場の人間関係の悩みについて適切に対応してもらえなかったと感じた。つまり，小学校のころどうであったかは，今，彼らが悩んでいることとは関係がない，かけ離れたことのように感じ，臨床心理士に不信感を抱き，大学の臨床心理センターの継続面接は断り，別の相談機関を探して筆者のところに来たのである。

このような場合，面接した臨床心理士は「過去の原因」があるはずだと仮定していて，それは幼少期にあるはずだと思っている。しかし，その原因は「どうして今，職場の人間関係で不安を感じるのか」の説明概念に過ぎないし，まして，臨床心理士側の自己満足のための説明概念である。それは，実際にクライアントが「感じていること」とは遠いことであり，来談者たちは不信に感じてしまったのである。

人は自分が感じていることの「原因」を探すことが多いが，感じていることそれ自体は過去の原因によってできているのではなく，むしろ未来の生き方を示す「心のメッセージ」（池見，1995）なのである。不満を訴えてきたクライアントたちは，原因ではなく，人間関係をどのように生きていけばよいのか，未来に向けてのメッセージを求めて来談したのである。このように，「過去の原因を探す」という発想は実際の「感じ」から離れていき，カウンセリングの弊害になることもある。

「感じ」は未来を志向しているが，未来には何が起こるかわからない。今の空腹感は天ぷらそばを志向していたとしても，そば屋に行く途中でラーメン屋の前を通ったときに，ラーメンが食べたくなるかもしれない。あるいは，そば屋に行ってみると，その日は店休日かもしれない。そのとき，さまざまな状況が感じられてくるだろう。お昼休みの残り時間，一緒に居る人は何を食べたそうにしているか，いま，財布の中のお金はいくらかといった経済的制約，自分の〈からだ〉はどのような食事を求めているのか…こういった複雑な「感じ」から，次のお店が可能性として立ち現れる。人生には何が起こるかわからないから，「感じる」ことの未来志向は，状況を生きるなかで立ち現れては消滅し，再び立ち現れては消滅しを繰り返すのである（Ikemi, 2014）。人の体験は未来に向かって動きながら過去を背負っている。しかし，体験は，未来によっても，過去によっても決定されていないのである。

第3章 「感じ」を話すとき何が起こるのか

1. 感じと言葉
1.-1. 体験過程：言葉とともにあり，言葉から溢れ落ちる何か

　本節では，まず，前章にも解説されているアメリカ合衆国の哲学者ユージン・ジェンドリンの鍵概念となる用語「体験過程」を解説する。続いて，体験過程において，感じと言葉がどのように働き合うかを心理療法の具体例を見ながら明らかにする。

　前章において，「人が感じることは言葉によって明在的にすることができるが，『感じ』はいつも言葉から溢れ落ちていく」ことが論じられた。感じることを含め，人が「体験すること（experiencing）」とは，いったいどのようなことであろうか。体験すること一般について，ジェンドリンは，カウンセリング心理学のパイオニア，カール・ロジャーズのもとで仕事を始める前に，自身の哲学の修士論文において考察している（田中，2004a）。Experiencingは，ドイツの哲学者ディルタイのErleben（エァレーベン）の英訳語としてジェンドリンが採用した言葉である。今日，experiencingは，日本の心理療法の世界において「体験過程」と訳され，この訳語が定着している。

　ヴィルヘルム・ディルタイ（Wilhelm Dilthey：1833-1911）は，19世紀後半から20世紀初頭にかけて，ドイツで活躍した哲学者である。哲学史においては，「生の哲学」や「解釈学」といった学派の中に入れられることが多い。ディルタイはドイツ哲学の用語として，「体験（ErlebenもしくはErlebnis）」という言葉を定着させた重要な人物の一人である。

　ディルタイによれば，体験とは，「はっきりしていない何かが含まれて」いて，なおかつ，必要とあれば「それがどんなものであるかを明らかにすることもできる」ような質的な存在である。同時に，ディルタイは，「体験」とは，概念や言葉によって完全に汲み尽くされることはない，すなわち「無尽蔵

(unerschöpflich/inexhaustible)」であるとも論じている（Dilthey, 1927／邦訳, 2010）。

　ディルタイの「体験（Erleben, Erlebnis）」について，ジェンドリンは修士論文において彼なりに以下のように考察している。Erlebenの方は，「プロセスないしは働き（the process or function）」を指すのでexperiencingと訳す。一方，Erlebnisの方は，「単位となった体験（a unit experience）」を指すのだとジェンドリンは論じた（Gendlin, 1950）。つまり，experiencing（体験過程）とは，2つとか4つとか数える以前の流れであり，注意を向けようが向けまいが，人間の生において刻一刻と生じるさまざまな出来事の根底にある何かであると言えよう（Gendlin, 1962/1997）。

1.-2. 感じと言葉の関係：話し手が行っている作業の違い

　体験過程からある一点を引き立たせることで，1つの「体験」あるいは「感じ（フェルトミーニング，フェルトセンス）」が生じる。ジェンドリンは，ディルタイ哲学を学び終え，カール・ロジャーズのもとで心理療法の実践を行うようになってから，「感じ」と「言葉」の関係について，より精緻なかたちで考察するようになった。初期の主著『体験過程と意味の創造』（Gendlin, 1962/1997）において，彼は，「感じ」と「言葉」の関係を，「直接のレファレンス」「再認」「解明」「メタファー」「把握」「関連」「言い回し」の7種類に分類している。本節では，これらの中からとりわけ，「把握（comprehension）」と「直接のレファレンス（direct reference）」の2つに注目する。「把握」とは，感じを言葉で言い表し，その言い表した言葉が本当にふさわしいかを感じと照らし合わせる作業のことである。このことについては次の1.-3.（第3項）で詳細に解説する。「直接のレファレンス」とは，うまく言葉にならない感じをただ「それ」「これ」「何か」などと言いながら指し示す作業のことである。このことについては1.-4.（第4項）で詳細にみていく。また，クライアントが行っている作業が異なるのに合わせて，それぞれの作業にセラピストが見合った応答をする必要があることを1.-3.と1.-4.でそれぞれ論じることにする。

I.-3. 言い表した「言葉」を「感じ」と照らし合わせる

　人は，感じにふさわしい言葉がなかなか見つからず，言いたいことを一度では言えないことがある。そうした場合，候補となる言葉をいくつか挙げ，そうした候補の中から，あれでもない，これでもない，と自分の感じを本当に言えていそうな言葉を吟味する。こうした言葉の吟味は，心理療法の面接においてよく行われる作業であろう。以下の逐語記録においては，候補となったいくつかの言葉から，感じにふさわしそうな言葉を吟味する作業を，クライアント一人ではなく，セラピストと共同で行っている（なお，感じを言い表す言葉に，筆者が下線を引いておいた）。

　　逐語記録1　（C＝Clientクライアント；T＝Therapistセラピスト）
　　C3：夢を見たんです…ある男の子と二人っきりで…［中略］…それから自分がなぜあんなに大学を休むんだろうということも考えてた。ぎりぎりのところに来るとレポートが出せないんですよね。ためらってしまうんです。いらいらして，それから引き下がってしまう。
　　T3：その2つのことは似たところが何かあるということですかね。
　　C4：ええ，自分がなぜ最善を尽くそうとしないのかっていう言い訳はたくさんあるんです…
　　　　：［中略］
　　T5：そのときの気持ちとしては「いらいらする」という言葉がぴったりなんでしょうかね。
　　C6：ええ，そう，うーん…引き下がる
　　T6：「引き下がる」っていう方がいい（Gendlin, 1996／邦訳，1998（上巻），p.59, pp.80-81.）

　クライアントは，C3において，「感じ」にふさわしいと思われる候補として，「ためらう」「いらいらする」「引き下がる」など，いくつかの言葉を挙げた。続いて，T3でセラピストが夢の中の自分と現実の自分に似たところがあるかと尋ねた。ところが，クライアントは，直後のC4で「…言い訳はたくさんあるんです」と自分自身について人ごとのように眺める調子で話してしまっている。つまり，「感じ」から少し離れた話し方になってしまったのである。
　そこで，T5でセラピストは，クライアントがC3で使っていた言葉から「い

らいらする」を改めて拾い上げ，クライアントに投げ返した。C6で，クライアントは「ええ，そう…」とセラピストの応答にいったん乗りかけたものの，吟味した挙句，別の言葉である「引き下がる」をふさわしいとした。セラピストがT5で選んだ言葉は結果的に外れていたわけである。しかし，クライアントがC6で感じに触れ直すことができたという点で，セラピストの応答は助けにはなっていた。このことが意味するのは，「ためらう」「いらいらする」「引き下がる」のうち，どれが感じにとって妥当な言葉なのかは，セラピストに前もってわからないということである。「クライアントの経験世界に照合する前にそれは妥当な概念であるとか，妥当でない，ということは論じられない」（池見，1993）のである。

　なお，自分自身について人ごとのように眺める話し方から，「感じ」により触れた話し方まで，クライアントの話し方は実際には幅があり，多様である。こうした多様な話し方と心理療法の不成功・成功との関係についての詳細は，本書第3章3節「体験過程様式という視点」を参照いただきたい。

1.-4. ただ"それ"と言いながら「感じ」に触れる

　先ほどは，クライアントが一度選んだ言葉を，セラピストに投げ返してもらい，本当にその言葉でうまく言えているかをクライアントが確かめる作業を検討した。

　だが，感じに触れるための方法は他にもある。今度は，感じにふさわしいとして選んだ「言葉」をいったん保留し，その言葉で捉えていた「感じ」そのものにじかに触れることで，よりふさわしい「言葉」を見つける作業について検討したい。

　感じに「じかに」触れるとき，クライアントやセラピストの発言の中でよく使われる代表的な言葉として，"これ""それ"などの指示代名詞が挙げられる。指示代名詞は，固有の意味を持たないという点で，先ほどの「ためらう」「いらいらする」「引き下がる」といった言葉とは役割が異なる。固有の意味を持たないので，月についての感じでもすっぽんについての感じでも，同じ"これ"という言葉で指すことができる。また，ある感じの質感が変わったとしても，同じ"それ"という言葉で指し続けることもできる。こうした指示代名詞が持

つ役割は，どんなドアでも開けられるマスターキーのような役割に似ていると言えよう（田中，2004b）。

　以下の記録は，逐語記録1から少し後の抜粋箇所である。先ほどまで感じをつかまえていた「引き下がる」という明在的な言葉をいったん保留し，指示代名詞を使うことで「感じ」そのものに触れ直す作業をセラピストとクライアントが共同で行っていることに注目していただきたい（なお，[　]と" "と下線は筆者による挿入である）。

　逐語記録2
　　T 13：その引き下がる感じっていうのは，どんな雰囲気・どんな感じのものなんでしょうね。僕の方の興味なんですけれど，その引き下がる感じをちょっと感じてみられるでしょうかね。
　　C 14：ええ，["それ"なら]感じられそうです。
　　T 14：ちょっと"それ"に軽く触れてみましょうか，そうするとどんなふうになるんでしょうね。
　　（短い沈黙）
　　C 15：すごく怖い…世の中が私に向かって噛みついてくるみたい，何か（笑）。
　　T 15：うーん，うん，そうなんだ。（Gendlin, 1996／邦訳，1998（上巻），p.61, p.83.）

　C14からC15の直前までの間，ある種の情報の空白が起こっている。クライアントもセラピストも，クライアントの感じをただ"それ"と指し合うだけで，「実のところ何なのか二人とも分かってはいないにもかかわらず，感じについて話し合い続ける」（Gendlin, 1961）作業をしている。言葉にならない感じにクライアントが触れ続ける作業は，「ちょっと"それ"に軽く触れてみましょうか（T14）」というセラピストの応答によって支えられ続けている。"それ"とじかに指し示すのみで，言葉の意味を最小限にする。この作業によって，感じが持つ豊かで暗在的な側面が際立ってくる。そうすると，クライアントは「怖い」「噛みついてくる」といった新たな表現をして，感じをさらに明らかにしていくのである。

　文字どおりに考えれば，「世の中が 噛みついてくる」とはおかしな表現で

ある。「世の中」はアゴなど持っていないので噛むはずがない。あくまで、もののたとえ（比喩）としてここでは言われている。クライアントの表現が新鮮であるとき、こうした種類の表現が使われることはしばしばある。比喩表現が心理療法や日常生活においていかに機能するかについては、続く第3章2節「心理臨床とメタファー」を参照いただきたい。

なお、すぐに言葉にならない感じを「じかに」指し示す言葉は、何も指示代名詞に限らない。たとえば、「そこに何かあるんです」とクライアントが言うときの"何か"といった言葉もまた、感じをじかに指し示している言葉であろう。

1.-5. 暗在的にあるということ

以上、1.-3.から1.-4.で挙げた具体例とその解説から考察できることを論じたい。「感じ」は言葉によって明らかにされるが、明らかにされる前には、はっきりしていない何かが感じに含まれている。このはっきりしない性質のことをジェンドリンは「暗在的（implicit）」と呼んだ。重要なのは、暗在的な何かは「袋の中のおはじきのようにあるわけではない」(Gendlin, 1962/1997)、「毛布の下に隠れているような形で前からそこにあったわけではない」(Gendlin, 1996) ということである。もし仮に、感じが、概念の持つ明在的な秩序のみで成り立っているとすれば、心理療法とは、毛布の下に隠れているような形でクライアントの中にあらかじめあったモノを、ただセラピストが掘り起こしていくだけの作業ということになるだろう。だが、それでは、感じがさまざまな言葉（「ためらう」「いらいらする」「引き下がる」）に反応することの説明が難しい。また、予想外の新鮮な表現（「噛みついてくる」）が出てくることも説明が難しい。実際には、「感じ」が含み持つ暗在的な秩序とは、セラピストとやり取りする「さらなるステップの中で、新しく作られていく」(Gendlin, 1996) ような性質を持つのだと言えよう。

また、感じは、言葉によって明らかにされるが、その後、言葉から溢れ落ちていく。感じと言葉の往復運動には、治療の終結などでいったん休止点があるかもしれない。しかし、無尽蔵な感じに完全に重なるような究極的な言葉の終着点はない。感じと言葉の往復運動は、必要とあれば無限に続けることが可

能だと言えよう。

1.-6. 感じと働き合う多様なもの

　本節は，心理療法における「感じ」を，「言葉」との関係だけに限定して論じた。しかし，「感じ」と相互作用するのは言葉に限らない。相互作用するのは，自分が見た昨晩の夢であってもよい。あるいは，雑誌から切り抜いてきた写真であってもよい。これらの点に関しては，夢を取り上げた本書第6章4節やアート・セラピーを扱った第6章5節を参照いただきたい。

2. 心理臨床とメタファー

2.-1. はじめに

　「アップデート（update）」という言葉は，新しいデータをインストールすることによって，そのオペレーティング・システム（OS）の性能を向上させることを指す。本書は，心理臨床の枠組みをこのOSに〈喩えて〉，新しくアップデートさせ，そのパフォーマンスを高めることをねらいとしているわけである。

　では，今しがた用いた「インストール（install）」という言葉の意味はどうだろう。今やパソコン用語としてすっかり定着しているインストールという英単語は，もともとは設備品や家具などを部屋に「備え付ける」という意味の日常語であったことはご存知だろうか。つまり，パソコンのOSを部屋に，データを家具や設備品に〈喩えて〉いるわけである。普段は気づかれないが，私たちが何かを考えたり，伝えたり，理解しようとしたりするときには，「あるものを別の何かに"喩えて"表現する・捉える」という「メタファー（metaphor）」の力に支えられている。

　心理療法のプロセスも同様に，メタファーが豊富に含まれている。むしろ，メタファーはフロイトが精神分析という心理療法の古典的モデルを開発した際には，すでに「プリインストール（pre-install）」されていた，と言ってもよいだろう。メタファーの使用は，さまざまな心理療法の学派を超えて注目され，現在に至るまでその知見がアップデートされ続けている。本節では，心理臨床

におけるメタファーについて，フォーカシングや体験過程の観点から言及する。

2.-2. メタファー

　メタファーとは，広義には「あるものを別の何かに喩えて表現する・捉える」という比喩表現における修辞形式の1つとして捉えられてきた。狭義には，たとえば「あの娘は薔薇のようだ」という「～のような（like ～, similar to ～）などの言い回しを含んでいるものを「シミリー（simile：直喩）」と呼び，「あの娘は薔薇だ」というように「のような～」という言い回しを含まないものを「メタファー（metaphor：隠喩，暗喩）」と呼ぶ（佐藤，1992）。

　メタファーは，「喩えられるもの」（趣意：tenor）と「喩えるもの」（媒体：vehicle），そしてその2つのあいだの類似性（根拠：ground）という3つの関係性を含んでいる（Richards, 1936；山梨，2012）。「あの娘は薔薇だ」の例であれば，「あの娘（趣意）」「薔薇（媒体）」と，両者の類似性として「美しいがトゲがある/かまわないとすぐに萎れてしまう…」などの特徴（根拠）がそれらにあたる。シミリーとメタファーは，言い回しは違うが，どちらもこの趣意・媒体・根拠の3つの関係性において共通している。本節でも，メタファーという言葉はシミリーを含む広義の「メタファー」を意図している。

　メタファーは，一見「言葉の綾」の問題であるように捉えられがちであるが，レイコフとジョンソン（Lakoff & Johnson, 1980）による "Metaphors we live by" 以来，認知言語学の分野において，メタファーが人間の認知や思考へともたらす影響について注目されている。レイコフらが指摘するように，たしかに私たちは「気分が上がる」や，「議論を戦わせる」というように，何かを表現するときに，メタファー的な図式を多く用いている。本節冒頭の「アップデート」や「インストール」という言葉の例も同様である。それどころか，まったくメタファーを排して言葉を用いることの方が困難である。

　私たちの日常言語は，このような豊富なメタファーに支えられて成り立っている。そして，心理療法の中で用いられる言葉も同様に，非常に多様なメタファーによって支えられているのである。

2.-3. 心理療法におけるメタファー

　心理療法とメタファーの関係はとても古く，フロイトが『夢分析』（Freud, 1900）を発表した頃から注目されていた。フロイトは心理臨床における言葉の機微について言及したパイオニアではあるが，精神分析におけるメタファーの機能を体系化させたのは，フランスの精神分析家であるジャック・ラカン（J. Lacan：1901-1981）だという。ラカンは，隠喩と換喩の違いを，防衛機制の相違と対応させてメタファーの機能を臨床的な題材へと発展させている（Fink, 1995／邦訳，2013）。また本邦では，北山（1993）が精神分析の観点から，メタファーによる言語の「橋渡し」機能や，その創造性について詳細に展開している。

　認知行動療法の領域においても，メタファーは重要視されている。たとえば"Oxford Guide to Metaphors in CBT"（Stott et al., 2010）では，抑うつや不安障害，双極性障害や摂食障害など，症状ごとの認知行動療法におけるメタファーの使用について言及されている。また，いわゆる「第三世代」と呼ばれるマインドフルネス・アプローチ（Kabat-Zinn, 2007）や，アクセプタンス＆コミットメントセラピーと背景にある関係フレーム理論（Törneke, 2009／邦訳，2013）においても，メタファーは重要なトピックとして取り上げられている。

　家族療法もまた，言語の機能に注目することで展開した心理療法学派であり，メタファーの使用を積極的に理論化・技法化してきた。バーカー（Barker, 1985）はとくに，心理療法という言語システムに変化をもたらすための「処方」（この表現自体もメタファーであるが）として，家族療法におけるメタファーの使用について多角的にまとめている。ド・シェイザー（de Shazer, 1994）などの解決志向アプローチでも，メタファーの使用についての好例が見て取れる。

　このように，心理療法のそれぞれの学派が共通して，メタファーの機能に着目していることがわかる。先述したように，そもそも日常言語がメタファーに支えられているわけであるが，心理療法における「言葉の力」を活性化させようと試みるとき，メタファーはその起点としての機能を果たす。

　本節のねらいは，メタファーの機能に関してフォーカシングや体験過程の

観点から取り上げることで，心理療法のアップデートに貢献することである。メタファーについては，パーソン・センタード・アプローチ（PCA）や体験的心理療法においても取り上げられてきた（Rennie, 1998；Worsley, 2012, など）。その中でも，メタファーの創造性に関して独自の視点で言及するジェンドリンのメタファー論は，メタファーの臨床的な活用を考えることに貢献できる（岡村，2015）。

2.-4.「感じ」とメタファー

　心理療法において，クライアント（Cl.）の言葉には豊富なメタファーが含まれている。前節「感じと言葉」でも指摘されていたように，たとえば「世の中が噛みついてくるような…」という表現は，もちろんメタファーである。「世の中（趣意）」を「噛みついてくる（媒体）」と喩えることで，このCl.はまさに「噛みついてくる」ように感じられる「その感じ」とかかわっている。

　あらためて強調しておきたいのは，「世の中が噛みついてくるような」というCl.表現を受けて，セラピスト（Th.）がたとえば"なるほど，このCl.は世の中に対して被害感があるんだな…"というように，このメタファーに〈隠された意味〉を読み取ることなのではないということである。この「世の中が噛みついてくるような」というメタファー表現に対して，Cl.自身に確かにそう感じられている「その感じ」とかかわっていくことが大切なのである。

　Cl.がまさに感じていることは，独自の質感をもつ。既存の言葉では，すぐには表現できないことも多い。そのため，Cl.はメタフォリカルな，その感じを「別の何か」に喩えるような仕方で，言葉を用いるのである。その感じは，「世の中が"吸いついてくるような"」でもなく，「世の中が"抱きついてくるような"」でもなく，まして「"抱きしめてくるような"」でもない，まさに「噛みついてくるような」という仕方で，Cl.に精密に感じられている。フォーカシングの観点から言えば，この独自のメタファーで指し示される独自の質感にCl.自身が適切にかかわれるように，Th.は促進することが重要なのである。

　Cl.のメタファー表現に関しては，次節で取り上げる体験過程スケールに関する研究でも指摘されている。ヘンドリックス（Hendricks, 1986）によれば，クライアントが自身の体験過程とかかわれている高体験過程レベルの特徴とし

て「メタファー的な表現」が多くなるという特徴が報告されている。また，コーネル（Cornell, 2013）やパートン（Purton, 2004）などのフォーカシング指向の実践家は，「生き生きとしたメタファー（vivid metaphor）」や「新鮮なメタファー（fresh metaphor）」が心理療法のプロセスにおいて重要な機能を果たすことを指摘している。

　この「生き生き」や「新鮮な」という形容についても注目しておきたい。たとえばTh.の「最近はいかがですか？」という問いかけに，あるCl.が「いやぁ，火の車ですよ」と答えたとしよう。これも修辞的にはメタファーではあるが，慣用句が「死んだメタファー（dead metaphor）」とも言われるように（Gibbs, 1994），そこには，このCl.自身が生きている状況に対してまさに「生き生きと感じられている質感」が表現されていない（Cl.自身もメタファーという自覚なく用いているだろう）。大切なことは，形式としてメタファー表現を使うことが大切なのではなく，そのようなメタファーの質感を，まさに生き生きと体験しているかどうかである。

　もう1つ，生き生きとした質感を言い表す表現形態の1つに「オノマトペ」がある。オノマトペは，ある事態を音のパターンで表現する方法であり，擬音語（ポチャン），擬態語（ズキズキ），擬情語（そわそわ）などいくつかのカテゴリーに分けられるが，これらの言語表現は「事態全体を生き生きと想起させる言語表現（深田・仲本，2008）」である。また日本語にはオノマトペ表現がとくに多く，日本語母語話者に「事態の中に身を置き，事態全体を自分の身体で感じながら直接的に把握していく傾向が強い（深田・仲本，2008）」と指摘されている（日本語とフォーカシングの関係については，第6章6節も参照）。

　フォーカシングのプロセスでも，話し手がオノマトペを用いることは頻繁にある。たとえば話し手が「もやもやした感じ」というオノマトペを用いたとしよう。当然ながら，実際に〈からだ〉の内側に「もや」がかかったわけではなく，これはメタファーである。なお，ここで「もやもや」というオノマトペを「もじもじ」と少し言い換えてみるだけでも，その質感はまったく異なってくる。オノマトペもまた，慣用句的にではなく，その質感を言い表す際の手掛かりとして機能するとき，体験を言い表すためのメタファー的な役割を果たしている。オノマトペという言葉の使い方は，質感を「生き生き」扱うのに非常

に優れている。

　たとえばCl.が「ずっしりした感じがする」と表現したとしても，実際には体内に何らかの重量の変化があったわけではない。「ずっしり」というオノマトペで表現されたものは，まさに身体的に感じられているにもかかわらず，身体の内側を指しているのではない。Cl.にまさに「ずっしり」と感じられていること，つまり「ずっしり」という媒体が喩えている趣意というのは，身体的に相互作用しながらCl.がまさにそのように生きている「状況」である（第2章3.-6.も参照）。

2.-5. 言葉と状況の「交差」

　フォーカシングでは，なぜ〈からだ〉で直接的に感じられることを大切にするのだろうか。それは，話し手やCl.が話題として取り上げたい状況について最も精密に知っているのが，状況と直接的に相互作用している〈からだ〉だからである。では，豊富なメタファーやオノマトペを伴って，言葉でその感じを言い表そうと試みるのはなぜだろうか。それは，言葉が状況とかかわり合うことで，曖昧ではあるが確かに感じられている状況の意味を，より精密に理解していけるからである。

　言葉と状況のあいだのこの精密で創造的なかかわりのことを，ジェンドリンは「交差（crossing）」と呼ぶ（Gendlin, 1995）。私たちの生きている状況は，それ自体が複雑であり，多くの意味を暗に含んでいる。またある言葉を1つ取っても，さまざまな文脈においてさまざまな使い方をもともと含んでいる。同じ「ずっしり」でも，トンカツがずっしりしているのと，金塊がずっしりしているのと，仕事がずっしりしているのとでは，そのニュアンスはわずかに，しかし確かに異なっているだろう。

　状況と言葉が交差するとき，そこに新しい意味が生まれる。「あの娘は薔薇だ」というメタファーを誰かが言うとき，私たちは前提として「あの娘」と「薔薇」のあいだにもともと何らかの類似性があるからメタファーが成立したと思いがちである。しかし実際には，「あの娘」と「薔薇」の類似性は，「あの娘」と「薔薇」という2つの項が交差することによって，そのあとで〈創造〉されるのだ（Gendlin, 1995）。だから「あの娘」と「薔薇」の類似性は，思い

2. 心理臨床とメタファー

つく限り，いくらでもそのアイデアが尽きることはない。

　交差の例として，ジェンドリンはこのようなものを挙げている。「あなたの怒りは，イスとどのように似ているだろうか（Gendlin, 1986)」。ここで，確かにその怒りを生き生きと感じながら，イスとの関連に想いを巡らせるとき，怒りとイスとの類似性が，新たに創造されていく。たとえば「動かせないくらい重たい」だとか「あいつに投げつけるのにはちょうどいい」だとか「今の私を支えてくれている…」というように，その怒りの特徴が，イスの特徴と交差させることによって，新たに，そして精密に立ち現れてくるのである。

　交差においては，2つの事柄の類似性は，あらかじめ決定されているわけではない。それはなぞかけのココロを詮索しているときに似ている。「この怒りと掛けて，イスと解きます，そのココロは…」というように（第6章6節では，この「なぞかけ」とフォーカシングの類似性についても解説されている）。

　Cl.が自身の状況に関して，生き生きとしたその感じに触れながら「ずっしりしている」と述べるとき，それは，単に身体感覚を記述しているより多くのものを含んでいる。そのときCl.は，まさに「ずっしりとした状況」を生きている。この「ずっしり」という表現は，「状況についてのメタファー」として機能している。そして「今のこの状況のどこが，このように〈ずっしり〉としているのだろう」と自身に問いかけるとき，Cl.は，その状況についての微細な質感を「振り返って観て」いる。状況についての生き生きとしたメタファーは，臨床実践において重要な機能を果たす。そのため，多くの心理療法の学派が，治療契機においてメタファーに着目しているのである。

　体験過程の観点から生まれたワークとして，「こころの天気」が知られている（土江，2008）。これは，状況についての感じを天気に喩えて言い表すことで，状況について振り返ったり，うまく距離を置くことをねらいとしている。たとえば，ある状況を「梅雨入り」という気象用語で喩えるとき（岡村，2013），それは今の状況だけではなく，「しばらく長雨になりそうだから，あまり動かないほうがよさそうだな」とか「雨でも楽しめることはないだろうか」など，次なるステップを含んでいる。メタファーを展開させながら，その状況との新たな「かかわり方」も創造されていくのである。

　常に刻一刻と移り変わり，新しい事態が生成されていく気象現象は，私た

ちの体験過程を言い表すメタファーとして非常に適している。しかしもちろん，私たちの状況は，天気では喩えきれないように，さらにより複雑な意味をも含んでいる。メタファーとして，そこにまた新しい表現が生まれ，そのメタファーが状況をさらに推し進めていく。生き生きしたメタファーは，状況と交差することで，新しい生き方を指し示す原動力として機能するのである。

2.-6. さいごに

　すぐにはうまく言葉にならない，その曖昧な質感，「その感じ」を，言葉と交差させていくことによって，その意味はより精密になっていく。心理臨床とは，状況の微細な複雑さについて，メタファーを手掛かりにTh.とともに焦点を当て，そこに留まり，あるいはともに歩んでいくプロセスである。

　メタファーは，Cl.とTh.の架け橋であり，Cl.自身が振り返る状況への架け橋でもある。状況を振り返る心理臨床という現場だからこそ，生き生きとしたメタファーはその機能を活性化する。交差という概念は，フォーカシングや心理療法の中のメタファーの機能をアップデートさせるうえで，示唆に富む発想を含んでいるのである。

3. 体験過程様式という視点（EXPスケールを通して）

　私たちはふだん何かを語ろうとするとき，何を語りたいのだろうかと自分に問いかけることがある。この現象を捉えるための視点は少なくとも2つある。1つは，語りの「内容」で，会話の中ではよく注目される点である。一方，フォーカシングで重要なもう1つの視点は，「どのように」語るかである。「今日は梅雨前線の影響で雨が降っている」と語る場合と「今日は雨が降っていて，空はどんよりしているけれどなんだか雨の音が心地よい」と語る場合では，内容はどちらも「天気」についてであると言えるが，その語りの様式に注目すると，状況の陳述と状況の感じ方を語ろうとしているという違いがみられる。

　後者の視点で語りの体験的プロセスを操作的に定義したのが，体験過程スケール（The Experiencing Scales；以下，EXPスケール）である。本節では，EXPスケールの成り立ちと概要，主要な研究を紹介し，「話す」ときの体験過

程を捉えるための視点を提供したい。

3.-1. EXPスケールの成り立ち

　ひとが語るプロセスを測定しようとした試みは，カール・ロジャーズ（Rogers, 1958／邦訳，1996）の「プロセススケール」の一連の研究にさかのぼる。このころのロジャーズは，ジェンドリンと共同研究を行い，体験過程理論（Gendlin, 1964など）の影響を受け，プロセスに注目した理論を展開するようになっていた。その後，ジェンドリンら（Gendlin et al., 1967／邦訳，1972）の「体験過程を評定するためのスケール」を経て，クラインらが1970年にEXPスケールを開発した（Klein et al., 1970）。日本では，池見ら（1986）が日本語版EXPスケールを発表し，その後三宅ら（2008）によって5段階EXPスケールが開発された。

3.-2. EXPスケールの概要

　EXPスケールは，クライアントの発言を評定するものである。面接の録音や逐語記録から，研究の目的に応じて4-8分のセグメントを取り出し，クライアントの発言の区切りごとに評定を行う。評定基準は表3-1に示したと

表3-1　7段階EXPスケールの概要（久保田ら，1991）

段階	評定基準
1	話し手と関連のない外的な出来事について語る。
2	話の内容は話し手と関連があるが，話し手の気持ちは表明されない。知的あるいは行動的な自己描写。
3	外的な出来事に対して話し手の気持ちが語られるが，そこからさらに自分自身について述べることはしない。
4	出来事に対する体験や気持ちが話しの中心で，自分の体験に注意を向け，ふくらませたり，深めていったりする。
5	自分の体験について，問題や仮説提起をする。探索的，思考的，ためらいがちな話し方。
6	自分自身の新しい気持ちや体験に気づく。話し手は新しい自己の体験や気持ちの変化について話す。
7	話し手の気持ちや体験についての気づきが人生の様々な場面に拡がっていく。

表3-2 5段階EXPスケール評定基準の概要（三宅ら，2008）

	5段階	7段階	評定基準
出来事中心の段階	Very Low (VL)	1，2	話し手は出来事を語る（自分に関係のない出来事，あるいは自己関与がある出来事）が，気持ちの表現はみられない。
	Low (L)	3	出来事を語る中に気持ちの表現があるが，気持ちは出来事への反応として語られている。
気持ち中心の段階	Middle (M)	4	出来事への反応としてではなく，自分のあり方を表明するように気持ちが語られている。豊かな気持ちの表現がみられるが，そこから気持ちを吟味したり，状況との関連付けなどを試みたりはしない。
創造過程中心の段階	High (H)	5	気持ちを語りながら，その気持ちを自己吟味したり，仮説を立てて気持ちを理解しようとしている。話し方には沈黙がみられることが多い。
	Very High (VH)	6，7	ひらめきを得たように，気持ちの側面が理解される。声が大きくなる，何かを確信しているような話し方に変化することがある。

おりで，7つの段階に分かれている（より詳しい評定基準は，池見ら（1986）を参照）。低い段階では感じを語らず状況についてのみ語るのが特徴で，高い段階になると感じに触れた発言がみられ，さらにそれを吟味し，気づきやほかの出来事への拡がりがみられる。5段階EXPスケールはこれを意味のまとまりで簡便化したものである（表3-2）。

評定の際には，前後のセラピストの発言やクライアントの話の流れに影響されることなく，その発言にのみ注目する。セグメント内の評定値について，モード（最頻）値とピーク（最高）値を代表値として採用する。研究に用いる場合は，複数の評定者の評定値の級内相関（Ebel, 1951；Guilford, 1954）などを用いて信頼性を検討する。

ここで，サンプルセグメント[1]を用いてEXPスケールのVery Low, Low, Middle, High, Very Highの特徴をみてみよう（以下，Cはクライアントの発言，Tはセラピストの発言。番号は発言の番号）。

1）サンプルセグメントの一部（Very Low, LowとMiddle）は三宅ら（2008）の例を再掲した。

【Very Low（VL）；Low（L）】
Ｃ１：ええ，のどかでしたー。で，その電車で，どのくらい，40分くらい乗りましたかねぇ（L：うんうんうん）。で着いた所も，あの〜，田んぼばっかりじゃなくって（L：うん），あの，なんか，専門学校とか（L：うん），短大とかが固まってある所なんですよ。
Ｔ１：あ，あるんですか。
Ｃ２：田舎なんですけどね（L：ええ）。だから，降りて（L：うん），とっても静かで（L：うん），でところどころに田んぼがあって（L：うん），そして家も，あの，で少しだけこう固まってあって（L：うん），で人はあんまりいないんですよ(L：ふーん）。でも若者が（L：うん），あの…そ，その風景には珍しく…
Ｔ２：うん，何かそぐわない感じ。
Ｃ３：ええ，ええ，ええ，若者がねぇ（L：うん），グループで（L：うん），あのあちこちいるんですよ（L：へぇー）。で最初はわかんなかったんですねぇ（L：うん）。そしたらどうもその短大とか（L：うん），専門学校とかが（L：うん），あの，二つ三つ（L：うん），付近にあるらしくて（L：うん），それで若者がいるんですよねー（L：うん）。面白いですよねー。
Ｔ３：面白いですねぇ。
Ｃ４：ええ。それで，あのー，人を訪ねて行ったんですけどねー（L：うんうん），ほんと面白かったですねーあの風景は。
Ｔ４：ふーん。なんかその風景全体は面白い感じだった。
Ｃ５：ええ，やっぱ電車に乗ってると（L：うん），あの田舎の，風景（L：うん），ですよね（L：うん）。あの田んぼの，風景はいいですねぇ（L：ふーん）。

　クライアントの語りの中心は最近行った場所の情景描写であり，それをどのように感じたかは「面白い（C３）」といった状況への反応のみである。したがって，C１，C２はVL，C３，C４，C５はLと評定する。
　つぎに，同じクライアントとセラピストの面接の後半のセグメントをみてみよう。

【High（H）】
Ｃ１：それで……稲穂が揺れているというか。

Ｔ１：それでただ，ただっ広いというかねぇ，ある程度の広さがある，わーっと広がる所で，稲穂が揺れているっていう，何かそういっ，それはすごく何かさっき懐かしいって言いましたけど（Ｃ：うんうん。）懐かしいっていう言葉が一番ぴったり？
Ｃ２：うーん懐かしい……懐かしいねぇ…懐かし，何かねぇ，懐かしいはすっごい合ってるんですけどー，（Ｔ：うん。）何かちょっと違うような気がしてるんです，今。何かもう少し何かねー，ありそうな気がするんですけどね。
Ｔ２：うんうんうん，なんか懐かしいだけじゃない何かみたいなものが，ちょっとある感じ。
Ｃ３：そうそう，そうそうそう…。懐かしい…懐かしい…何か奇麗さも感じてるかな。
Ｔ３：うん，奇麗。懐かしいだけじゃなくって奇麗。奇麗さっていうのも感じてる。奇麗さ。
Ｃ４：懐かしい，…懐かしいだけじゃなくって，奇麗さもある。
Ｔ４：うんー。懐かしいだけじゃなくって奇麗さもある。

【Very High（VH）】
Ｔ１：おばあさんに，似てる。何か，温かさとか，（Ｃ：そう。）そういうものもあるけれども，（Ｃ：うん。）おばあさんに会ったような（Ｃ：そうそう。）感じが。
Ｃ１：うん…そうですね，祖母に会ったような感じ，…会ったような感じっていうよりは，（Ｔ：うん）というか，なんか懐かしい…あーでも，祖母もねーとてもこう温かい人（Ｔ：うんうん）だったん，ですよねー。
Ｔ２：うんうん，何かそういうおばあさんの持っていた温かさみたいなものに（Ｃ：うんうん）その人と会うことで触れたような，感じだったんですかね。
Ｃ２：うん，うんうん，それがとても懐かしい…はい，なんかねー，そうそう……うん，あ，なんかねーすごい温かさを求めてるなぁっていう気がします。
Ｔ３：あーあーあー，温かさを自分が求めてた，求めてるっていうそんな感じ。
Ｃ３：うんー，そうそう。
Ｔ４：そういう風に自分で言ってみると今どんな感じがします？

Ｃ４：うん…（沈黙29秒）…うん，なんか，そうですねー，それと…なんかその人，と出会えたなんかすごく嬉しさみたいなものが，（Ｔ：うん）何かその二つが一緒にあるかなぁ。
Ｔ５：なんかその求めていた感じと，その人に出会えた嬉しさみたいなものが，その二つが今一緒にある。
Ｃ５：そうですねぇ。あ，何か私の癒しになるような気が。

　この２つのセグメントを検討してみよう。最初のセグメントでは，クライアントの語りの中心が「懐かしい（Ｃ２）」をはじめとするクライアントの感じである。Highのセグメントでは，「もう少し何かありそう（Ｃ２）」「懐かしい…何か奇麗さも感じてるかな（Ｃ３）」といった感じの吟味がみられる。Very Highのセグメントでは，クライアントの祖母の感じと似ていることに気づき，「温かさを求めてるなぁ（Ｃ２）」「何か私の癒しになるような気が（Ｃ５）」とクライアントの生きる今についての気づきが語られている。このように，Very Highでは最初に語られていた状況だけでなく，人生のさまざまな側面への拡がりがみられる。
　Middleは，Lowよりも語りの中心が感じにあるが，Highでみられる感じについての仮説や吟味がみられないと捉えるのがわかりやすい。別のクライアントとセラピストのセグメントで特徴をみてみよう。

【Middle（M）】
Ｃ１：んーなんか，自分のやりたいことが目の前にいっぱいありすぎて一つのことに集中できないんですよ。
Ｔ１：やりたいことがありすぎて一つのことに集中できないんですね。
Ｃ２：んー，なんか…集中できないし，そんな自分に，なんか，いらいらしてしまう…んーなんか，自分のやりたいことが目の前にいっぱいありすぎて一つのことには…
Ｔ２：集中できない自分にいらいらしてしまうんですね。
Ｃ３：なんか，このままいったら，どうなってしまうんやろうって感じで，結構いっぱいいっぱいなんですよ。
Ｔ３：この先に不安を感じて，いっぱいいっぱいなんですね。
Ｃ４：んー，なんか，どうしていったらいいんやろうと思って，もっと要領よくやっていきたいのに，全然自分はうまくいかなくて，やって

も，うん。
T4：要領よくやっていきたいのに，うまくいかないんですね。
C5：そう，だから…なんか私って不器用なんかなって思って，結構一人で落ち込んだりしてしまうんですよ。
T5：自分が不器用だと思って一人で落ち込んでしまうんですね。
C6：うーん，うーん。だから，今自分が一番何を優先してやったらいいか，優先順位がうまくつけられない…
T6：自分の中での優先順位がうまくつけられないんですね。

　クライアントは，最近の自分の感じについて「いらいら（C2）」「いっぱいいっぱい（C3）」など，さまざまな言葉を並べて語っている。「自分のやりたいことが目の前にいっぱいありすぎて（C1）」と状況の説明からはじまってはいるが，それ以降の発言におけるクライアントの語りの中心はどう感じているかに集中している。しかし，Highのセグメントにみられた自分の感じにぴったりした言葉を探す語りとは質が異なっていることがわかる。

3.-3. EXPスケールを用いた研究

　初期の代表的な研究に，クライアントのEXPレベルと心理療法のアウトカムの関連を検討したものがある（Kiesler, 1971）。この研究で，セラピーで成功する人はそうでない人に比べてセラピーの初期段階からEXPレベルが高く，その傾向はセラピーの全過程で持続されるという結果が報告された。その後の研究はクラインら（Klein et al., 1986），ヘンドリックス（Hendricks, 2001），三宅（2003）などにレヴューされている。日本では，臨床事例の過程をEXPスケールによって分析した研究（田村，1994；土井，2007；三宅・松岡，2007）や傾聴教育にEXPスケールによる評定練習を取り入れた例（池見，1998）がある。また，セラピストのEXPレベルを測定するためのセラピストEXPスケール（Klein et al., 1986；吉良ら，1992）も開発された。2000年以降，EXPスケールを用いた研究には国際的に減少傾向が見られるが，最近の同尺度を用いた国際的な研究動向についてはKrycka & Ikemi（2016）を参照されたい。

3.-4. 臨床場面におけるEXPスケールの活用――セラピストは何に注目して聴いているのか

　元来EXPスケールは，語りの質を数値化する目的で研究用に作られており，クライアントの具体的な発言を評定するものである。そのため，クライアントの発言にうすうすと感じられている感じは評定されないという限界がある。しかし，感じが明示的になっていくプロセスに注目するための視点が身につくことから，臨床トレーニングとしての評定の有用性がいくつかの研究（池見ら，1986；中田，1999など）で示唆されている。

　3.-2.で挙げたサンプルセグメントにおけるセラピストの発言に注目すれば，セラピストはクライアントの発言のみならず，言葉としては概念化されていないクライアントの感じにも注目していることがわかる。たとえば，Very Low，Lowのセグメントでセラピストは，クライアントが語る状況にはあまり反応せず，感じのみを伝え返している（T3）。セラピストが状況の語りから感じた感じを言語化する発言もある（T2）。Middleのセグメントは，セラピストがクライアントの状況にまつわるさまざまな感じをまとめて伝え返し，「どの言葉が今の感じにぴったりですか？」などと問いかけることができれば，クライアントはじっくり感じに触れ，体験的一歩を進めることができたかもしれない。EXPレベルの各段階でどのような応答が有効であるかは三宅（2007）に詳しい。

　一見，同じように伝え返しているだけにみえるセラピストの応答も，クライアントの体験過程様式に注目して応答できているかという視点でみれば随分質が違っていることがわかった。体験過程様式という視点をもって次章を読み進めると，傾聴の質感が，ありありと感じられてくることだろう。

第4章　セラピストが聴くとき何が起こるのか

　第1章に解説したアメリカ合衆国の心理学者，カール・ロジャーズ（Carl Rogers）は，心理療法での特徴的な「聴き方」を考案していた。それは「リスニング」（傾聴）と呼ばれるようになり，積極的傾聴（active listening），体験過程的傾聴（experiential listening），リフレクティヴ・リスニング（reflective listening）などいくつかの名称で呼ばれるようになった。大雑把な言い方だが，リスニングは「カウンセリング」と呼ばれることもあり，その意味でロジャーズは「カウンセリングの元祖」だと認識される場合がある。

　他方，ロジャーズは彼自身のリスニングを初めて公開した直後，それが「オウム返しの技法」だと「馬鹿にされた」（caricatured）ことを気にして，それについて詳しく解説しないようにしていたと後になって回想している（Rogers 1980, 1986）。実技としてどのように聴くのか，というよりも，彼のリスニングや心理療法はどのように「特徴づけられるのか」（characterized by）といった視点で，聴き手，すなわちセラピストやカウンセラーの「態度」（第5章3節）を挙げ，それを研究し，確かにそのような態度と心理療法の成功には関係があることを見出した。しかし，リスニングの実際については，ロジャーズ自身が詳しく解説していないために，それは，いわば「門外不出」状態になっていたとも言えるだろう。ロジャーズ門下では，ユージン・ジェンドリンが彼自身の理論を取り入れた「リスニング（傾聴）の手引き」を著作『フォーカシング』（Gendlin, 1981 / 2007）の中で公開した（第5章）。これまで「門外不出」だったものが公開されたことの意義は大きい。しかし，傾聴史の観点からみると，ここには「ねじれ」が生じたと言えよう。ロジャーズの傾聴を垣間見るためには，ロジャーズではなくジェンドリンの著作『フォーカシング』を読む必要性が生じたのだ。ジェンドリンによる「リスニング（傾聴）の手引き」はまた，その後のリスニング解説にも大きな影響があった。その手引きはある意味で，

ロジャーズのリスニングをアップデートしたものであるから，その後の傾聴はアップデートされていったのである。本章と次章では，フォーカシングというジェンドリンの実践や彼の哲学が取り入れられた，アップデートされたリスニングを解説する。その前に，本章ではセラピストやカウンセラーが傾聴するとき，いったい何が起こっているのかを取り上げる。そして，ジェンドリン哲学を援用しながら，セラピストが応答するとき，どのようなことが起こっているのかをみていくことにする。

1. セラピストが傾聴するとき何が起こっているのか

　セラピストが傾聴するとき，どんなことが起こるのだろうか。一般の会話とはどのように異なるのだろうか。その検討のために，本節では最初に「架空の」リスニングの逐語記録を提示してみよう。「架空」とは言っても，ここに記した逐語記録は，筆者が行った実際の面接の事実関係を書き替え，発言の一部を削除するなどして編集したものであり，まったくの空想ではない。

　ところで，心理臨床の歴史の中で，最初に心理療法面接の録音に成功したのはカール・ロジャーズである（Rogers 1942/1989）。今では録音・録画は容易にできるが，ロジャーズの時代にはテープレコーダーさえ普及していなかった。研究チームは音楽のレコーディング・スタジオを借りて，そこで心理療法面接を行い，レコード盤に面接を録音したのである。そして，録音内容を言葉どおりに，正確に書き起こした。このような「書き起こし」は「逐語記録」と呼ばれている。逐語記録で見ると，面接の流れや，瞬間瞬間で何が起こっているのかを細かく検討してみることができる。また，セラピスト（カウンセラー，心理療法家，聴き手）の応答によって何が起こるのか，セラピストが聴き落としたところや，セラピストの理解が不正確なところなどが明らかになるものである。本書でも第6章第2節には，実際の逐語記録が示され，そして第6章第3節で，その逐語記録が検討されている。このように，現在もロジャーズの流れをくむ心理臨床家の教育や一般のリスニング教育には逐語記録の検討は不可欠なものとなっている。

　なお，以下の逐語記録は，少し変則的な形式である。解説が挿入されてい

1. セラピストが傾聴するとき何が起こっているのか

るからである。読者にはまず，解説を気にせずに，話し手（S）と聴き手（L）のやり取りを読んでいただきたい。そのあと，解説を読み，再度読み直しながら記録を検討してみるといいだろう。また，本章で解説される諸概念を理解してから，もう一度，読み返してみると，より理解が深まるだろう。

逐語記録 （S＝Speaker 話し手；L＝Listener 聴き手）

S 01：……それで，毎日，話をするようになったんですね，彼女とは。話をする，というか，彼女が抱えていた問題について，僕が相談に乗っているような感じだったんですね。まあ，ところが，転勤になってしまって，ぷっつり，関係が途切れた，というか，終わったというんでもない，と思うんですけど…（沈黙5秒）
　　　　　　　　　　　　[話し手（S）のEXP（第3章）はLOW レベルである。]

L 01：終わった，というわけではない。
　　　[聴き手（L）の応答の種類は「リフレクション」と呼ばれるものである。]

S 02：いや？，終わったのかな，う〜ん，終わった…というか，終わったとは思いたくないような感じがあるのかな…
　　　　　　　　　　　　　　　　　　　　　　　　　　[SのEXPはHIGHレベル。]

L 02：そこには，彼女との関係が終わったとは思いたくない自分がいる。
　　　　　　　　　　　　　　　　　　　[応答の種類は「リフレクション」である。]

S 03：ええ…まあ，そうなんでしょうね，そうなんですね（笑い）。本当は，ちょっと寂しくなったかな（笑い），みたいな感じがあって…
　　　　　　　　　　　　　　　　　　　　　　　[話し手SのEXPはHIGHレベル。]

L 03：あ〜，何か，寂しいような感じがある。
[応答の種類は「リフレクション」。「何か」を応答に入れることによって「寂しい」のフェルトセンスに触れることを目指す。]

S 04：う〜ん，寂しい，寂しいもあるんでしょうね。だけど，それだけでもないような気がするんです，そこに何かあるんです。
[話し手のEXPはHIGHレベル。「何かある」はすぐに言葉にならないダイレクト・レファレント（第3章）である。]

L 04：寂しいは確かにある，だけどそれだけじゃない何かがある。
　　　　　　　　　　　　　　　　　　　　　　　　　　　　　　　[リフレクション]

S 05：そうですね，う〜ん，なんというんでしょうね。なにか，すっきりしないような，どう言ったらいいんだろう…（5秒沈黙）
[Sは「ダイレクト・レファレント（フェルトセンス）」に触れ続けている。EXPはHIGHレベルである。]

L 05：ちょっと〈からだ〉に注意を向けてみましょう。胸やお腹など，からだの真ん中の辺りです。すっきりしない，という感じはどんなふうに，からだで感じられていますか？
　　　　　　　　　　　　[応答はフォーカシング特有の応答（第5章参照）]
S 06：う〜ん，なんでしょうね（目を閉じる）…（10秒沈黙）…うん，モヤモヤした感じがあるんですね。
［SのEXPはMIDDLEレベル。「モヤモヤ」というメタファー（第3章）として感じられている。］
L 06：そこにはモヤモヤした感じがある。
　　　　　　　　　　　　　　　　　　　　　　　　　　　　[リフレクション]
S 07：そうなんです。モヤモヤ…モヤモヤ…でもチクチクもあるんです。何かモヤモヤの中にトゲが入っていて，チクチクするような感じが…
　　　　［SのEXPはMIDDLEレベル。メタファーはより精密になってきている。］
L 07：モヤモヤの中にトゲが入っていて，チクチクする。
　　　　　　　　　　　　　　　　　　　　　　　　　　　　[リフレクション]
S 08：そうなんです。モヤモヤ，チクチク（約20秒沈黙）う〜ん，なんだろう。
　　　　　　　　　　　　　　　　　　　　　　　　　[SのEXPはHIGHレベル]
L 09：トゲ，って何なのでしょう？
　　　　　　　　　[Lの応答はフォーカシングの問いかけの応答（第5章参照）]
S 09：え，トゲですか？う〜ん，なんなんでしょうね。とにかくチクチクして痛いような感じが胸にあります。大きなトゲではないんですよ。小さなトゲなんです，でもチクチクするんですよね。
　　　　　　　　　　　　　　　　　　　　　　　　　[SのEXPはHIGHレベル]
L 09：僕は聴いていて感じたんですけど，ひょっとして，Aさん…自分を責めているのかなぁ…その自責，というんでしょうか，それがトゲになってAさんの胸を刺しているように聞こえて…
　　　　　　　　　　　　　　[Lの応答はLの追体験（本章）から来ている。]
S 10：ああ，確かに，そうですね（笑い）。自分を責めていますね。十分なことができなかった，というか，役に立っていたんだろうか，って。
　　　　　　　　　　　　　　　　　　　　　　　　　[SのEXPはHIGHレベル]
L 10：役に立っていたのだろうか。
　　　　　　　　　　　　　　　　　　　　　　　　　　　　[リフレクション]

S 11：ああ，そうですね。お役に立てなかったというか，不全感のようなものですかね。最後まで，というか，その問題が解決するまで，お付き合いできなかった，というか…ああ，完了していないような感じなんですね。心残り，というのかな…

［SのEXPはHIGH レベル］

L 11：自分を責めているのではなくて，心残りを感じている。

［リフレクション］

S 12：あ，今，思い出した。職場で僕が彼女の相談にのって話を聴いていることをあまりよく思っていない人がいたんですね。まあ，よく思っていない，というのは僕の推測なんですけど。とにかく，その人はあまり…やっぱりよく思っていなかったんでしょうね。そして，僕は，その人の視線を気にしていたんですね。ああ，今はその人が気になる…気になっていますね…もう転勤したから関係ないのにね…（笑い）いや，でもどこかで，ずっと気にしてたんだ。あ，今，気づきました。

［SのEXPはVERY HIGHレベル］

L 11：心残り，という以外に，職場でそのことをあまりよく思っていない人がいて，今でもその人がどう思っているのか，気になっているんですね。

［リフレクション］

以下省略

1.-1. 事実関係について

　一般には，カウンセリングや相談，心理療法面接では，カウンセラーや面接者が，まるで事情聴取のように，事実関係を聞き出し，それに対してアドヴァイスをするのではないかと思われがちである。しかし，面接の実際は，上記の例のように，事実関係を聞き出すような場面は少ない。この傾向は，とくにクライアント中心療法，フォーカシングなどのパーソン・センタード・アプローチでは顕著である。ジェンドリン（Gendlin, 1986）が指摘するように，話し手が自分に感じられる体験過程に触れている場合は「必要になった新規の事実」が現れてくるのである。つまり，「感じ」に触れている話を聴くとき，最初にインプットした事実関係よりも多くの事実関係がアウトプットされるのである。

心理療法以外の専門面談では，最初に事実関係の情報を収集してインプットし，それに対して専門家が助言するなどのアウトプットをする，といったモデルが想定されている。この場合，たとえば，事実関係の情報収集に40分かかり，専門家の助言は10分程度，というように，インプット量がアウトプット量よりも多いのである。このモデルでは，考えて助言するのは専門家の方である。しかし，リスニングにおいては，クライアントが考えることが重要であり，その思考過程（体験過程）に寄り添い，それを促進していくようにセラピストが聴いていく。

　上記の例ではS12でSは，「あ，今，思い出した。職場で僕が彼女の相談にのって話を聴いていることをあまりよく思っていない人がいたんですね」という新事実が登場している。この「あまりよく思っていない人」については，冒頭ではまったく話に登場していない。体験過程が進むなかで新事実は次々に登場するから，インプット量よりもアウトプット量の方が多いのである。この発想の違いは以下のように表しておくことができよう。

【通常の専門面接】

事実（インプット）⇒判定・助言（アウトプット）

【リスニング】

事実（インプット）→体験過程→新事実１（アウトプット）→体験過程→新事実２（アウトプット）→体験過程→新事実３（アウトプット）…

　心理臨床ではインテーク面接という初回面接がある。この面接は情報収集が目的で，これによって，クライアントの相談内容は引き受けることができるものか否か，病院などとの連携や紹介の必要性，担当者の決定などの判断の基となる。また，これからの心理療法の構造（頻度，料金，時間枠など）の合意形成がクライアントとの間で行われる。しかし，インテーク面接以降の心理療法面接では，心理療法においては，事実関係を引き出すようなことは行わない。とくにリスニングにおいては，体験過程に寄り添って，そこに現れてくるさまざまな新事実についてクライアントとともに検討していくのである。

1.-2.「聴く」と「聞く」

　リスニングを日本語で表現する場合，「傾聴する」というように，「聴」の漢字が使われている。「聴」は「耳を澄ませてきく」というニュアンスがある（漢字源　改訂第四版　学習研究社）。一方，頻繁に使われる「聞く」の「聞」は「きいて知っている事がら。耳からきいて得た知識」（漢字源　改訂第四版　学習研究社）の意味がある。リスニングでは，事実関係の事がらや知識を尋ねるのではない。にもかかわらず，多くの心理臨床初学者はクライアントの話を次の3つの暗黙の前提で「聞いて」いるように思われる。その1つは「情報を集める」という意味で聞いている。そして集まった情報からセラピストがクライアントの心理的な状態を何らかの理論的な枠組みに当てはめて考える。この場合，目の前のクライアントは理論の一例になってしまい，セラピストはクライアントという一人の人間にではなく，理論に目を向けていることになる。そして，ときには無理矢理，理論的な枠組みに合致することを聞きだそうとしたり，理論に合いにくい部分を聞き落としたりするものである。2つ目は，クライアントの話には何かが隠されているという暗黙の前提があり，その隠された何かを暴くという意味で「聞き出す」，あるいは「聞き出そうとする」のである。そこに隠されていると仮定されるのは，何らかの感情であると思っている初学者が多い。3つ目は，話すことで「ストレスを発散する」など，感情を「吐き出す」「吐き出させる」ために「聞く」という前提である。2つ目と3つ目の暗黙の前提では，強い感情が表現されなければ「ちゃんと聞けていない」と思う初学者もいるが，クライアントからすれば，それは勝手で強引な期待である。

　リスニング（傾聴）で「聴く」ということは，これらの前提とはかけ離れている。上記の逐語記録にあるように，聴き手（L）は事実関係の質問などはしていない。また，強い感情を引き出す，といったこともしていない。むしろ，話し手（S）の「話の流れに乗っている」ように読者には感じられたであろう。それは話し手に「合わせる」というものでもなく，聴き手の主体性を維持しつつも，話し手の話の流れを遮ることをせず，話し手の話を「促進している」のである。話し手の話の内容は，次の瞬間，どこに向かっていくのかは，話し手自身にもわかっていない。話し手と聴き手は，どこに向かっているかわからない潮の流れに乗っているような感覚である。たとえば，話し手自身も，上記の

逐語の冒頭部分では,「職場で僕が彼女の相談にのって話を聴いていることをあまりよく思っていない人がいた」という話題が出現することは,まったく予期していなかったであろう。この先,話の内容がどのような方向に進むのかは誰にもわからない。聴き手の役割は,ある方向に話を進めるのではなく,喩えてみるならば,風を帆で受けて,二人が乗っている船が推進し続けるように心がけるのである。つまり,体験が「過程」として展開し続け,「過程性を失わない」ようにしているのである。

2. リフレクション

聴き手は話し手の体験が推進していくように,つまり話の展開が「自己駆進的」(self-propelling：Gendlin, 1964)に動くようにするために,どのように「耳を澄ませ」,どのように応答しているのだろうか。逐語記録の解説をみてみよう。聴き手は常にクライアントの話した内容ではなく,体験過程の様式（EXPレベル）に耳を澄ませている。そして,話が自己駆進するように,「リフレクション」という応答を用いていることが注目されよう。リフレクションがどのような応答であるのかは,解説に「リフレクション」と示したところの聴き手の発言（応答）を確認してみるといいだろう。一例だけをここに示しておく。

S 02：いや〜,終わったのかな,う〜ん,終わった…というか,終わったとは思いたくないような感じがあるのかな…
L 02：そこには,彼女との関係が終わったとは思いたくない自分がいる。
　　　　　　　　　　　　　　［応答の種類は「リフレクション」である。］

この「リフレクション」という応答は日本語では「伝え返し」と訳されているが,その訳語ではこの種の応答の意味が捉えきれない。以下に解説していくように,リフレクションには3つの意義が存在していると筆者は考えている。

2.-1. 前反省的意識と反省的意識

心理療法面接は人がおかれている状況や人生を「振り返って観る」場であ

る（Ikemi, 2013, 2014a, 2014b）。それは，話をしてアドヴァイスをもらう場ではない。むしろ，話すことによって，ある状況や人生の一局面を省みるのである。上記の例の話し手（S）は，ある人生状況を聴き手（L）が寄り添うなかで振り返っている。経験の浅い心理療法家は「役に立つことを言わなければならない」などと心理療法家自身の思考の中で孤立した忙しい発想にとらわれることがある。そういうときには，目の前に一人の人間がいる，その人は状況や人生を一緒に振り返って観ることを望んでいるのだ，ということを思い出すと役に立つだろう。

　さて，「振り返って観る」とここで表現しているのは，哲学の用語では「反省」あるいは「反省的意識」（reflexive consciousness/awareness）という。反省，という言葉は一般には「悪いことをして悔いる」ことを意味しているが，哲学ではその意味ではない。それは「省みること」であるから，「振り返って観る」とも訳されている（池見, 2010）。

　人が実際に生活しているありさまを観察してみよう。人はいちいち反省的に省みる以前に行動をしている。そして状況が展開していく。たとえば，自動車を運転しているときに，前の信号が赤になったとしよう。いったい何キロ（kg）の圧力でブレーキペダルを踏むのが適切だろうか？運転状況は，自動車の車重が1,560キロ（kg），道路は下り5度の傾斜，車速は時速46キロ（km），ギアは4速，路面は濡れている。こんな変数をいちいち考慮して計算することはないだろう。つまり，私たちは「前反省的」（pre-reflexive）にブレーキを踏んでいるのである。日常の行動のほとんどが前反省的な営みである。ところが，信号に接近しても，自動車が思ったほど減速していないことに気づくと，ハッとして，前反省的にブレーキを強く踏む。そして自動車が停止した後になって，私たちは，どうして自動車がいつものように減速しなかったのかと振り返って観る，すなわち反省的になるのである。それは，ブレーキ・オイルの問題だろうか，ブレーキ・パッドが消耗しているのだろうか，思いの外スピードが出ていたのだろうか，それとも，いつもは1人で車に乗っているのに，今日は5人も乗っているからだろうか……こういった「反省的意識」が立ち現れるのである。このように，私たちは前反省的に進む生を，後になって反省的に省みるのである。つまり，過去を振り返って観るのである。また，振り返って観る以

前の前反省的な生はいつも状況，世界，言語，歴史や宇宙ととも進んでいる。池見（Ikemi, 2014a）はウミガメが満月の夜に卵を産むといったように，ウミガメの〈からだ〉は満月や潮位といった自然界とともにあることを一例に，宇宙や生きとし生けるものすべてと共にある"combodying"という身体性の概念を提出している。

　さて，ここに使われている「反省的」は英語では〈reflective（reflexive）〉つまり「リフレクト的」で，英語では状況について反省することを〈reflect upon a situation〉と言う。この言葉と上記の逐語記録の解説にみられる聴き手の応答の名称「リフレクション」は同じ語源から来ている。つまり，「リフレクション」という応答は話し手の反省（振り返って観ること）を促すのである。

　逐語記録に戻ってみよう。

　　L01：終わった，というわけではない。（リフレクション）
　　S02：いや〜，終わったのかな，う〜ん，終わった…というか…

　ここでは聴き手（L）のリフレクションという応答は「終わった，というわけではない」であるが，それによって，話し手（S）は「いや〜，終わったのかな，う〜ん，終わった…というか…」といったように，「彼女」との状況を「振り返って観る」反省的な意識の様式に入っていくのである。同様に，上記の逐語記録でLがリフレクションをしているほとんどの場面で，Sは反省的な意識の様式に入っていき，「彼女」との状況を〈reflect upon〉（振り返って観て）いるのである。リスニングは〈reflective listening〉と呼ばれることがあるが，その1つの側面は，それは話し手が省みることを促しているからである。

2.-2. 心の鏡としての機能（反射的意識の様式）

　上記の逐語記録にある，「リフレクション」の応答に戻ってみよう。記録をみてわかるように，聴き手（L）は話し手（S）が〈感じ〉たことや，話し手の思考のプロセスを「映し返した」応答である。そのために，この応答は日

本語では，「感情の反射」あるいは「伝え返し」と訳されてきた。しかし，上記で示したように，英語の〈to reflect upon…〉は「…について振り返って観る」という意味がある。また，鏡などが「反射して映し返す」（to reflect）を名詞形にした〈reflection〉（リフレクション）でもある。このリスニングの応答の名称には，この二重の意味が含まれている。「感情の反射」という訳は「反射」という部分では二重の意味のうちの1つを的確に表現している。しかし，ロジャーズが「感情とは何か」ということを明確にしていなかったから，前半の「感情の」では何に応答するのかがはっきりしない。確かに，1940年代にはロジャーズはこの応答を〈reflection of feeling〉（Rogers, 1942）と表現していたことがあるから，「感情の反射」は正確な訳ではある。しかし，同時にロジャーズはこの応答を〈reflection of attitudes：（Rogers, 1942）〉（態度のリフレクション）とも表現していたから，何が感情で何が態度なのかは不明確なのである。つまり，たとえば以下のような発言はクライアントの感情を表しているのか，態度を表しているのか，それらでなければ，いったい何なのか，リフレクションを用いるべき応答なのか，といった疑問が生じるだろう。

　　S 02：いや〜，終わったのかな，う〜ん，終わった…というか…

　本書では，「感情」とフェルトセンスやダイレクト・レファレントの区別を明確にし，フェルトセンスは思考の過程などを含むものと提示しているので（第2章，第3章），「感情の反射」はより広く「リフレクション」という用語を用いている。
　次に，「伝え返し」という訳語は「リフレクション」が鏡のように「反射して映し返す」という意味を含んでいない。そのために，本書は「感情の反射・態度の反射」および「伝え返し」という訳語の代わりに「リフレクション」という術語を用いているのである。
　「リフレクション」に込められた「鏡のように映し返すこと」と「振り返って観ること」の二重の意味は，体験的に，どのように成立するのだろうか？「鏡を見る」という体験をしてみると，その体験にはこの二重の側面があることがわかるだろう。

鏡は自分の姿を映し返し（リフレクトして）いる。鏡に映った自分の姿を見ると，自分の生をリフレクトする，という反省的な意識が動き出す。例を挙げよう。ある朝，洗面中に鏡に映った自分の顔にニキビを発見したとしよう。「あ，ニキビだ」とそれに注目する。そして，その瞬間，生活のいろいろな場面を振り返って観ることになる。栄養バランスの偏り？「昨日，一昨日，何を食べたかな」と記憶をたどる。洗顔の回数が足りていない？「昨日は，何回，洗顔したっけ？」と再び記憶をたどる。免疫力の低下？「睡眠不足かな？昨日，一昨日は何時間眠っただろう」といった具合に，鏡にリフレクト（反射）されたニキビは，自分の直近の生活様式についてリフレクトする（振り返って観る）ことを促すのである。

　人間は古代から鏡を使っていたことを思うと，鏡に映し出された自分の姿を見て，自分について振り返る特性が人間の意識にあるのではないだろうか。動物の中でも鏡を用いるのは人間だけだから，これは人間の意識の特性なのかもしれない。池見（Ikemi, 2011）は人間には自分の姿を見て生き方を省みる「反射的意識の様式」(a reflecting mode of consciousness) という独特の意識の様式があるのではないかと仮説している。

　リスニングの中でリフレクションを行うのは，しばしば「共感を伝えるため」と解説されるが，この考え方には第5章3節で指摘する問題点がある。むしろ，リフレクションという言葉に含まれた二重の意味を忠実に理解し，「反射され，映し出された自分の姿を見て，自分の生きざまを振り返って観る」という作用を促すものと理解するのが正確であろう。

2.-3. 再帰性

　哲学者ジェンドリンの場合，リフレクションにはさらに，もう1つの意味が加わる。それは reflexivity（再帰性）と呼ばれている体験，あるいは人の意識の特徴である。そして，これはジェンドリン哲学を特徴づける1つの側面であると言えるだろう（三村, 2011）。reflexivityというこの用語も〈reflexive〉をベースにしており，接尾辞〈-vity〉はその性質あるいは能力を指している。「反省力」と訳してみることもできるだろう。つまり，人の体験には「反省力」がある，というものであるが，より厳密にみてみよう。

「僕は猫が好きだ…いや，本当は犬の方が好きだけどね」という語りをみると，「僕は猫が好きだ」と主張したとたんに，その主張が自分に戻ってくる（再帰する）。そして，「…」の間にそれが吟味されて「好きだ」というのなら「犬の方が好きだ」というように修正されている。このように，どんな発言をしても，それが再帰してきて，より精密化され，変化してくるのは，再帰性がある人間の意識の特徴である。「私は内向的で，というか…恥ずかしがりやで…」というクライアントの発言を例に挙げると，ここにある「…」以降は内向的という言葉が再帰してきて，発言が変異したとみることができる。クライアントが口にするどんな訴えも，それを語ることで再帰し，精密化され，最初とは異なったものになる。これはフロイトの理論にある防衛機制の働きではなく，体験にもともと備わった性質なのである。

　哲学史において，語ることによって真と思われる主張が覆ることが許容され，真究の方法に含まれるのはプラトン・ソクラテスの対話，ヘーゲルの弁証法とディルタイの解釈学の3つだけだとジェンドリン（Gendlin, 1997）は主張するが，当然ながら，4つ目はジェンドリン哲学なのである。ジェンドリンの再帰性の考え方は，池見（Ikemi, 2011）の「反射的意識の様式」よりも基本的なもので，たとえ自分の姿が反射されて映し出されなくても，何かを語るという行為そのものに鏡の作用があるということを言い表したものである。リスニングにおいては，聴き手によるリフレクションの応答という鏡があり，また，体験の再帰性という，体験に内在された鏡が語ることで作動するから，話し手のどんな発言も二重の鏡に映し出されている，と言ってもいいだろう。

　　L 03：あ～，何か，寂しいような感じがある。［応答：リフレクション］
　　S 04：う～ん，寂しい，寂しいもあるんでしょうね。だけど，それだけでもないような気がするんです，そこに何かあるんです。
　　L 04：寂しいは確かにある，だけどそれだけじゃない何かがある。［リフレクション］

　この部分ではL 03はS 02を映し返したリフレクションだが，それによって，話し手が状況を「振り返って観る」（リフレクション：反省的意識）ことが促

進されている。そして,「寂しい」は,話し手自身がその言葉を語った瞬間に再帰してきて「それだけでもない…何かある」感じが見出されているのである。リスニングにおいては,このやり取りのように,上記で解説した反省的意識と映し返すことといった「二重のリフレクション」がみられる。また,「寂しい」から「それだけでもない」に移行する瞬間には,話し手自身が口にした「寂しい」という言葉が自身に再帰して,その言葉から溢れ落ちているもの,「それだけでもない」ものが明らかに（明在的に）なってきている。それを追いかけるように,L04が「寂しいは確かにある,だけどそれだけじゃない何かがある」と応答しているので,その意味でもリスニングには話し手自身による再帰的な「鏡」と聴き手の応答による「鏡」の「二重の鏡が機能している」と言えるだろう。

2.-4. ナルキソスとイホの神話

リスニングという文脈から,ギリシャ神話の1つであるナルキソス（Narkissos）の神話を再検討してみることにしよう。ナルキソス神話は精神分析を創始したフロイトが,それは「自己愛」を表したものだと解釈して,「ナルシシズム」（narcissism）という用語を新造したことで知られている。主人公ナルキソスは池に映った自分の姿があまりにも美しいために,自分の姿に惚れてしまい,池の畔から動かなくなったために水仙の花に変えられてしまった,というストーリーだと一般には知られている。事実,英語では水仙のことをNarcissusと呼び,それはギリシャ語ナルキソスの英語読みである。フロイトはナルキソス神話を古代ローマの詩人オヴィディウス（Publius Ovidius Naso：47BC-17AD；英語ではOvid（オヴィッド）の名で知られている）の作品 *Metamorphoses* を読んで考察したのであった（Freud, 1910/1957）。

同じオヴィディウスの作品（Ovid, 2004）を読んだ池見（Ikemi, 2011）は,この神話は「自己愛」を表す以上に,「本当の自分を知る」ことや「出会い」を扱ったもので,精神分析よりも人間性心理学の主題に合致していると再解釈し,リスニング（カウンセリング・心理療法）を考えるうえで参考になるものだとしている。この神話はそもそもナルキソスだけが登場する神話ではなく,ナルキソスとイホ（英語の発音はエコー）という2人が登場するものであり,

2. リフレクション

オヴィディウスの作品は，「ナルキソスとイホ」と題されている。ストーリーをみていこう。

　ナルキソスの母親リリオペは，生まれたばかりの赤ん坊，ナルキソスの将来を占ってもらうために，予知能力があるティエラシウスを訪れる。ティエラシウスはナルキソスについて次のように予言する。「この子は己を知らずにいる限り，長生きすることになる」。ここに，この神話の主題が現れているように読める。すなわち，それは「己を知ること」なのである。リスニングにも，異なった多くの心理療法論にも，大きく捉えると同じ命題が課せられていると言えるだろう。それは「どのようにして己を知るのか」という命題である。
　類を見ない美しい姿をしたナルキソスは，自分の姿を知らない。そして，どうして男女を問わず大勢の人たちが自分に言い寄ってくるのかが理解できず，人との関わりが鬱陶しく，恐怖を感じるほどになっていた。彼は一人で森の中に逃げ込んでいく。しかし，その美しい姿は，類を見ない美しい声をもつ妖精イホに目撃されていた。イホはナルキソスが好きになっていった。
　イホもまた，悲運な生を宿命づけられた妖精であった。神々の中でも最強のゼウスが，イホをゼウスの妻，ヘラの話し相手をするように命じていたのである。そもそも，どうしてゼウスは妻，ヘラに話し相手をあてがったのか。それは，ゼウスは女好きで，妻に内緒で女達と遊びに行く間，妻が退屈して疑わないようにするためであった。イホはどのようにしてヘラを楽しませ，引きつけておくのか，自信がなかった。しかし，そういうイホにゼウスは言うのだった，「妻が話していることの最後のところだけを伝え返してやると，妻はいつまでもしゃべるんだ」。まさに，（下手な）リスニングのリフレクションと同じである。
　ところが，あるとき，ゼウスの浮気は妻にばれてしまった。そして，イホの仕事は浮気がばれないようにするための工作だったことも明らかになってしまった。激怒したヘラはイホの美しい声が二度と出ないようにしてしまった。そして，イホは自分が話したいことは話せなくなり，人が話した発言の最後の部分だけを伝え返すことしかできなくなったのである。
　「誰だ，そこにいるのは」ナルキソスは森の中にいるイホの気配を感じて言った。「こっちへおいで，一緒になろう」。
　「一緒になる」発言の最後の部分を伝え返すことしかできないイホが答えた。そして，彼女は喜んで，森から突如姿を現し，ナルキソスの身体に自分の腕を巻き付けた。
　恐怖を感じたナルキソスが叫んだ。「手を外せ！俺が死んだあとにしてく

れ，この身体を楽しむのは」
「身体を楽しむ」

(Ovid, 2004, 3：385-386 を意訳・解説)

　ナルキソスに拒絶されたばかりか，あまりにも淫らなことしか言えなかった自分を恥じて，イホは深い悲しみに陥り，彼女の身体がすべて涙になって溶けていくまで彼女は泣き続けた。その結果，今も残っているのは森のこだま（イホ・英語：エコー）だけなのである。
　一方のナルキソスは森の中の池を発見し，そこに映った自分の美しい姿を見てしまうのである。そのとき初めて，自分の姿が如何に美しいのかと気づき，大勢の人たちが言い寄ってきていた理由もわかった。そこで彼は「己を知った」のである。

「僕が微笑むと，君も微笑む
僕が涙すると，君も涙する
僕が頷くと，君も頷く
その美しい唇の動きを，僕が話すときに見ることができる
だけど，僕には君の声が**聞こえない！**
僕はいま，君を知った，そして，己を知ったのだ」

(Ovid, 2004, 3：160-461 を抜粋・意訳。強調は原作による)

　このあとナルキソスは絶望する。オヴィディウスははっきり書いていないが，別のヴァージョンでは，ナルキソスはここで自死してしまい，その姿は水仙となって，いつまでも池に咲いているのである。
　このように，この神話を「自己愛」というテーマで理解すると限定的になってしまう。ここには，もっと広いテーマがあり，まるでリスニングを解説しているようなものでもあると理解することができる。すなわち，己を知るためにはリフレクション（映し返して反射する）が必要だ，ということである。しかし，リフレクションだけでは他者と出会うことができない。ナルキソスは「君の声が聞こえない！」と嘆いていたが，イホが自由に自分の気持ちを話せていたら，どういう結末になっていただろうか。己を知るためのリフレクションに加えて，誠実に感じていることを伝える他者との出会いが必要であることを，この神話が教えているように読んでみることもできるだろう。その誠実な声とは，どんなものなのか。次節で「追体験」を検討してみることにしよう。

3. 追体験

3.-1. 追体験と交差

　哲学者ディルタイ（第3章）は，他者の理解のために「追体験」を重要視していた。そして，ディルタイの影響を受けた哲学者・心理療法家ジェンドリンは彼自身の哲学の中に追体験を取り入れている。しかし，カール・ロジャーズなど，英語圏の心理療法家たちは追体験についてほとんど論及していない。「追体験」（独語：Nacherleben）を英語に訳すと，「再体験」（re-experiencing）と同じになってしまって，意味が正確に伝わらないからかもしれない。

　他者の体験を「追体験」するとき，理解はどのように生じるのだろうか。次の「語り」を読んで，読者はそれをどのようにして理解しているかをみてみよう。

　　私は梅雨が明けたある日，太陽が真上にあるときに，仕事着のまま，砂浜を歩いていました。砂が靴に入ってきて歩きにくいと感じていました。風が吹くと，砂が服に容赦なくかかってきました。少し離れた波打ち際からは，子どもたちが楽しく遊ぶ声が聞こえていました。それでも私はひたすら，砂の上をまっすぐ歩き続けていました。喉が渇いていました。見回してみると，少し離れたところに道路があり，そこに飲料の自動販売機がありました。遠いな，私はそう思いました。そして立ち止まって考えていました。

　さて，読者はこの「語り」をどのように体験されただろうか。おそらく読者の中では視覚イメージが浮かんでいたのではないだろうか。そのようにイメージが浮かぶことを「わかる」あるいは「理解する」と言うことができる。なぜならば，もしもこの語りがヒンディー語でなされたものであれば，日本の大方の読者にはイメージは浮かばず，「わからなかった」，つまり，「理解できなかった」と言うからである。このような「わかる」のあり方を「共感」と呼ぶよりも，「追体験」の方が正確であるように思える。

　そして読者の追体験の中では，どのようなことが生じていただろうか。語

り手が明在的（explicit）な言葉で述べていない暗在的（implicit）な側面も体験されていたであろう。これを実際に小人数で行ってみて，参加者たちに聞いてみると，参加者たちは「波の音が聞こえた」「海鳥の鳴き声が聞こえた」（聴覚イメージ）や「顔が汗ばんでいるところに砂がひっついて，気持ちが悪かった」「靴の中の砂のために，足裏がざらざらしていた」（触覚イメージ），「潮の香りがした」（嗅覚イメージ），「子どもたちがビーチボールをしていて，近くに親たちの姿も見えた」「自動販売機は赤いものでコカコーラの販売機だった」（視覚イメージ）など，語り手が明在的に述べていない，多くの暗在的な側面が語られる。これを聞いていると，語り手の体験が，どんどん豊かなものになっていく。語ったときにはなかった波の音やビーチボールで遊ぶ子どもたちの姿などが，今では語りの中で体験されているのである。

　語りが豊かになってきたのは，参加者たちが，参加者たちの追体験を語り，それによって，語り手の体験と参加者の追体験が「重ねられた」からである。このように「重ねる」ということをジェンドリンは「交差」（crossing）と呼んでいる。ところで，「交差」は体験と追体験の交差だけではなく，ある意味と別の意味を重ねる場合にも用いる。このことは，第3章2節および第6章6節に解説している。

　ここでリスニングの実践やその理論について重要な観察が2つできる。その1つは，往々にして聴き手（カウンセラー・心理療法家）は自分の体験を表現せず，ひたすら話し手の体験に耳を傾けるように教えられており，体験が交差することの作用について教えられていないのである。交差という概念はなかったが，カール・ロジャーズは自分の「理解を試す」（testing understandings）ように応答していたし（Rogers, 1986），後に「プレゼンス」という術語を用いて，聴き手に直感的に浮かんできたことを話し手に伝えることについて解説している（Rogers, 1980；Ikemi, 2013）。また，シュミットとミアンズ（Schmid & Mearns, 2006）はpersonal resonance（個人的な響き）として聴き手に感じられたことを話し手に伝えることによって，話し手と聴き手は対話的な関係になっていくことを論じている。すなわち，聴き手は話し手に対して，単に「リフレクション」を用いて応答して話し手の姿を映し出しているのではなく，話し手の体験を追体験しながら聴いている。そして，ときにその

追体験を話し手に伝えることで,聴き手自身と話し手が交差しているのである。

> S 09：え,トゲですか？う〜ん,なんなんでしょうね。とにかくチクチクして痛いような感じが胸にあります。大きなトゲではないんですよ。小さなトゲなんです,でもチクチクするんですよね。
> L 09：僕は聴いていて感じたんですけど,ひょっとして,Aさん…自分を責めているのかなぁ…その自責,というんでしょうか,それがトゲになってAさんの胸を刺しているように聞こえて…［Lの応答はLの追体験から来ている。］
> S 10：ああ,確かに,そうですね（笑い）。自分を責めていますね。十分なことができなかった,というか,役に立っていたんだろうか,って。
> L 10：あれで役に立っていたのだろうか。［リフレクション］

具体的な例として,上記L09では,聴き手は追体験を伝えている。そして,それに刺激されて,S10では新しい側面が明在的になってきている。それについて,聴き手はすぐにリフレクションに戻り（L10）,話し手自身の発想を映し返し,話し手自身の発想の過程を促進している。

3.-2. 推進された過去（carried forward *was*）

話し手の体験と聴き手の追体験を重ねるなかで体験が豊かになり,新しい体験が展開する。その展開が「新しい」体験であることが強調されなければならない。なぜならば,人が体験していることには,すべて過去に原因があると考える一般的な傾向が強いからである。語りの例に戻って,その観点を説明すると次のようなものになる。「波の音」「海鳥の鳴き声」など,参加者たちが言い表した側面は,すでに語り手の無意識に存在していた,と一般的には考えがちだ。しかし,参加者たちが言い表したことがすでに無意識にあった,というこの主張は実は不可能な主張なのである。なぜならば,「波の音」「ビーチボール」「コカコーラの販売機」「潮の香り」など明在的に語りに含まれていなかったすべての可能なコンテンツが,語りに先立って,すでに無意識中に存在していなければならないからである。無限にも及ぶ量になる,すべての可能なコン

テンツが語る前にすでに体験されている，ということは不可能である。また，その無限にも及ぶ量のデータのうちから，選択的にある種のコンテンツだけが意識に登ることを許され，その他は過去の何らかの原因によって防衛されているという見解にも無理がある。どうして，「波の音」が防衛されなければならないのか，どうして「コカコーラの販売機」が防衛されなければならないのか，そしてどうして参加者たちがそれを述べたときに，即座に防衛の働きが解除されたのか，といったことの説明が不可能だからである。

　すなわち，体験と追体験が交差して豊かになって展開していくのは，新しいストーリーなのである。それは，過去体験の再現ではないし，無意識に潜んでいた過去の記憶でもない。それは，正に今，クリエイト（創造）されている新しいストーリーなのである。心理臨床の場でも同じである。クライアントが心理療法家（セラピスト・カウンセラー）との間に体験しているのは，新しいストーリーなのである。逐語記録に戻ってみよう。

　　S 12：あ，今，思い出した。職場で僕が彼女の相談にのって話を聴いていることをあまりよく思っていない人がいたんですね。まあ，よく思っていない，というのは僕の推測なんですけど。とにかく，その人はあまり…やっぱりよく思っていなかったんでしょうね。そして，僕は，その人の視線を気にしていたんですね。ああ，今はその人が気になる…気になっていますね…もう転勤したから関係ないのにね…（笑い）いや，でもどこかで，ずっと気にしてたんだ。あ，今，気づきました。

　S12にある「ずっと（その人の視線を）気にしてたんだ」，というのは，いま，気づいた新しいストーリーなのである。「ずっと気にしていた」ことが無意識に眠っていたわけではない。「ずっと気にしていた」ということは，今，創造されたストーリーで，事実 S01 を話している時点ではそのストーリーは存在していないし，その人物さえも話に登場していなかったのである。すなわち，その時点では「気にしていた」わけではないのである。

　このように，何かに気づく，というときには，新しいストーリーが創造されており，そのストーリーによって過去を振り返り（リフレクトし），過去が

新しい視点で見えてくるのである。体験が先に進み,「推進」(carry forward)されたときに,過去が変わっているのである。哲学者ジェンドリン（Gendlin, 1997）はこれを〈carried forward *was*〉(「推進された過去」)と呼んでいる。また,ジェンドリンの文献には,このことは頻繁に登場しており,「遡ってのみ説明できる」(Gendlin, 1996)とか,「逆から読み込む」(Gendlin, 1986)など,多くにわたる文献にこのような表現が見られる。

　「僕はずっと兄を許していなかったんだ」「私はずっと怖がっていたんだ」「その正体は僕の不安だったんだ」といった心理療法での気づきの瞬間の発話には特徴がある。それは,「ずっと〜だった」という過去形で語られることである。それは,その瞬間に過去が見直されたということを意味している。人生の新しい理解が生じるたびに,過去は見直されていくのである。

4. 心理臨床諸概念のアップデート

　上記のリフレクションや追体験に関する解説を心理臨床学諸概念のアップデートに応用してみよう。

4.-1. 時間

　人間の主観世界においては,時間は一直線(「リニア」)に過去-現在-未来という順には並んでいない。人の主観世界はいつも現在・未来に宿っており,現在・未来を生きるために,過去を振り返るのである。「今晩,なに食べようかな」と現在・未来（現在において,「今晩」という未来を展望しているので,「現在・未来」と表現する）の生き方を検討するなかで,「昨日,なに食べたっけ」と過去を振り返って観るのである。

　同様に,人が生きるありさまはいつも現在から未来を展望しており,それは過去の「原因」に決定されてはいない。むしろ,過去の「原因」は今,新しくクリエイトされたストーリーなのである。しかし,人は何でもいいストーリーを体験にお仕着せることはできない。それは〈からだ〉に感じられる体験を言い表すものでなければならない。そして,たとえば〈からだ〉に感じられているのは過去のトラウマ体験と関連していたとしても,そのトラウマ体験は新し

く生きられることに向かっており，心理療法家との安全な関係の中でトラウマを再生することは，新しくトラウマが生き進んでいくありさまなのである。したがって，心理療法で遭遇する過去のトラウマは単純に「再体験」されるのではなく，再体験のありようによって，過去が新しく生き進んでいくありさまなのである。

4.-2. アイデンティティ

人の体験は過去の産物ではない。人の体験が過去の要因によって「形成」された，という考え方は，人の体験を，それがあたかも工業製品であるかのように捉えたメタファーの上に成り立っている。フロイトは確かに，人の精神を「心的装置」(psychic apparatus) と表現していた。しかし，この「心的装置」は実は人の体験ではなく，人の体験を説明する説明概念なのである。心理臨床学でしばしば論じられている「アイデンティティ」(Identity：自我同一性) についても同じである。アイデンティティは「自分は何者であるか」，という感覚のことである。アイデンティティは過去の要因によって「形成」されていると心理臨床で考えられてきたが，本章の視点からは，別の見方ができる。

人が何者であるかは，いつも未来との対話なのである。将来はプロ野球選手になりたいといった未来を思い描き，毎日，野球の練習に励んでいる人は，「野球選手としてしっかりしたアイデンティティがある」のである。反対に，将来，どのように生きていくのかが見えてこないとき，自分は何者であるかも見えてこない。そして「アイデンティティの拡散 (identity diffusion)」「アイデンティティの危機 (identity crises)」を経験することになるのである。アイデンティティは過去の要因によって形成されるのではなく，それは未来へ向けての人の生き方なのである。

4.-3. 無意識

フロイトの時代から，そこに在るはずの感情などが不在の場合，それは無意識の働きだとされてきた。「不在」が注目されるのは，無意識は意識できないもので，無意識を直接体験することができないからである。「今まで怖いと思わなかったのは,恐怖が無意識に抑圧されていたからだ」といったように，「恐

怖」の不在こそが，無意識の働きであると考えられていた。

　しかし，「恐怖が無意識に抑圧されていた」というのもまた，新しいストーリーなのである。そのストーリーでは，「今まで怖くなかった…」を説明するために，「無意識」という概念を用いているのである。それは無意識の実体を表したものではない。つまり，この場合の「無意識」は実体ではなく，説明概念であり，「今まで怖いと思わなかった」を「無意識概念」を用いて説明しているのである。従来の心理臨床学の一般的な考え方では，無意識は「意識の層」であると捉えられてきた。しかし，本書でアップデートしている理論では，「意識の層」はメタファーであると理解する。無意識は層ではなく，それは説明概念なのである。

5. 本章のまとめ

　心理療法家として話を聴くとき何が起こっているのだろうか。本章ではジェンドリン哲学の視点からアップデートされたリスニングにおいて基本となる2つのかかわり方の作用について理論的に解説した。その1つはリフレクションであり，話し手の体験を鏡のように映し返して，話し手自身が人生状況を振り返って観ることに作用するものである。もう1つは聴き手の追体験を伝えることによって，2人の間に相互主観的な体験がより豊かに理解されていく作用である。このような2つの作用の中では，過去が見直され，新しいストーリーが創造されていく。このことは，従来の心理臨床学理論とは大きく異なる見解を含むため，いくつかの心理臨床学の基礎的な概念についても，アップデートされた見解を提示した。

第5章　アップデートする傾聴とフォーカシング

　本章では「リスニング」「傾聴」(listening)」「積極的傾聴 (active listening)」「体験過程的傾聴 (experiential listening)」「リフレクティヴ・リスニング (reflective listening)」などと呼ばれるセラピストやカウンセラーの「聴き方」の実際を，アップデートした具体的な方法として解説する。前章にあるように，リスニングはカール・ロジャーズの心理療法に始まるが，ロジャーズ自身はその実際について多くを語らず，むしろ，それを特徴づける「態度」について研究を進めた。心理療法の「中核条件」(core conditions) とも呼ばれるようになったこのような「態度」とロジャーズ自身によるそれらのアップデートについては第3節で解説する。その前に，アップデートされたリスニングの実際を提示するために，第1節ではジェンドリンによる傾聴マニュアルを解説し，第2節ではジェンドリンが示した「フォーカシング簡便法」を解説する。

　ジェンドリンは「リスニング（傾聴）の手引き」を彼の著作 *Focusing* (Gendlin, 1981/2007 rev. ed) の中で公開した。その著作はアメリカ合衆国では文庫本の大手出版社であるバンタム社が発行しており，実用書という形をとっている。そのため，その著作ではリスニングの背景にあるジェンドリン自身の哲学は解説されていない。本書では，その哲学の一端を前章で解説した。本章ではジェンドリンの「リスニング（傾聴）の手引き」の実際を，それに続いて，ジェンドリンの「フォーカシング」と呼ばれる方法の実際を詳しくみていくことにする（第2節）。これら2つの方法は別々のものではない。すなわち，人が〈感じ〉に触れて，そこから意味を見出していく過程を「フォーカシング」と言うならば，〈フォーカシングという過程〉はリスニングの中で展開するし，それが展開するように傾聴が行われる必要がある。これが第1節で解説されている内容である。そこで，これを「傾聴の中でのフォーカシング」と呼ぶこと

にする。しかし，人が〈感じ〉に触れて，そこから意味を見出していく創造的で貴重な体験の過程は傾聴場面に限定されたものではない。その過程，すなわち〈フォーカシングという過程〉を抽出して，「教示法」，つまり手順として教える方法が第2節にある「フォーカシング」である。これを「教示法としてのフォーカシング」と呼ぶことができる。第3節では，しばしば傾聴の基礎理論だと目されているカール・ロジャーズの「人格変化の必要十分条件」とそのアップデートについて解説する。

1. 傾聴の中でのフォーカシング：
ジェンドリンによる「リスニング（傾聴）の手引き」

ジェンドリンによる「リスニング（傾聴）の手引き」は著作 *Focusing*（Bantam 1981, 2007）に解説されている。この本は日本語に訳されており，福村出版から著作『フォーカシング』（1982）として発行されている。しかし，英文の著作 *Focusing* は2007年に改訂されているため，本書では2007年の改訂版を解説に用いる。なお，解説に使用する訳語は基本的に筆者によるものであるが，「リスニング（傾聴）の手引き」という見出しは1982年の訳本のとおりに使用する。

ジェンドリンによる傾聴解説では，ロジャーズが重要視した聴き手の態度について言及されていない。態度ではなく，「このようなとき，どう応答するか」など実践を想定して細かく解説がなされていることが印象的である。また，ロジャーズ，ジェンドリンともに，話し手を「理解する」，ということに重きを置いている。そして，人が話をして，その人の真意が理解される機会が世の中には少ないがために，人が「理解された」と感じることが如何に大切であるかを前置きしている。

ジェンドリンによる「リスニング（傾聴）の手引き」には，次の4つの援助方略が挙げられている。そして，第1の援助方略に十分習熟してから，以降の援助方略を用いるようになっている。そのため，第2の援助方略以降は第1の援助方略を補うもの，あるいは応用するものとみることができよう。

［1］話している最中に〈フォーカシングという過程〉が話し手の内に起こるようにする援助方略

［2］聴き手の話し手に対する気持ちや反応を利用する援助方略
　　［3］相互作用という援助方略
　　［4］グループ（小集団）での相互作用という援助方略

1.-1. ［1］話している最中に〈フォーカシングという過程〉が話し手の内に起こるようにする援助方略

　ここには2つの応答の仕方が紹介されている。それらは「絶対傾聴」（本書ではそれを方略［1-1］と表記する）と「フェルトセンスが感じられるようにする応答の仕方」（方略［1-2］）である。

［1-1］絶対傾聴
　聴き手は，絶対傾聴において，聴き手が理解したとおりに，話し手の話の要点を，順を追って伝え返して（say back）いく。
　このことを架空の例文を用いて解説してみよう。頻繁に，傾聴では話し手が「言ったこと」を伝え返すのだと誤解されているが，ジェンドリンの解説では，「聴き手が理解したとおりに」となっている。理解する，ということが大切であり，十分に理解していないのに，話し手が言ったことを録音装置のように「オウム返し」するのは誠実な関係とは言えない。したがって，理解できていないところは，「わかりません」「もっと話してください」「〇〇まではわかったのですが，その先がわからなくなりました」などと表明する必要がある。

　例）
　話し手1：最近，ストレスがたまってて…
　聴き手1：ストレスですか？　どういうストレスなのか，まだよくわからないので，もっと話していただけませんか？

　絶対傾聴において聴き手が話すことは，次の2つに絞られる。1つは理解していることを示すこと，もう1つは理解できなかったことについて，もう一度話してもらうことである。上記の例は，聴き手が理解できなかった「ストレス」という言葉の意味について話してもらおうとするものである。

理解したことを示すときは,「話し手の要点を,順を追って伝え返す (say back)」。話し手が暗黙のうちに前提していることなど,発想の順序を明らかにすることは重要なことなのである。

例)
話し手2：息子が朝,起きなくて,学校に行かないんです。イライラしてくるんですよ。そして私は無性に何かが食べたくなって,パンとか,お菓子とかをボリボリ食べるんです。太ってしまって…
聴き手2：息子さんが朝,起きなくて,学校に行かないから,イライラしてくるんですね。そしてイライラしてくると,無性に食べたくなる。そしてパンやお菓子を食べだすと止まらず,そして太っていくのですね
話し手3：息子が学校に行かないからイライラするのではないのかもしれません。学校はどうでもよくて,ただ,なんだか,息子を見ているとイライラするんです
聴き手3：息子さんを見ているとイライラする,そしてそれは何なのか,実はよくわからない

第4章で解説しているように,聴き手2と3の応答は「リフレクション」と呼ばれるものである。第4章でみたように,それは「二重の鏡」のように作用し,まず,再帰性という鏡に再帰してきた自分の言葉を吟味して,さらに聴き手の言葉に映し出された自分の姿を話し手は2枚目の鏡で確認して状況を振り返る。その過程で,話し手3のように発言を修正し,話が新しく展開していくのである。上記の例では「順を追って」要点を伝え返しているが,最初の前提(息子が学校に行かない,だからイライラする)を話し手は発言3で修正して,そこを再考するに至っている。

聴き手が話し手を理解してリフレクションの応答を練習するためには,最初のうちは話し手が使った言葉をそのまま伝え返すことが効果的である。往々にして,人は相手の話を聴いているうちに,話の内容に関する自分の意見や連想や反応に気を取られ,聴き手を正確に理解することができなくなるものである。それを防止する意味でも話し手が使った言葉をそのまま使うことが役に立つ。また,話し手と同じ言葉を使ってみると,話し手が実際に体験してい

1. 傾聴の中でのフォーカシング：ジェンドリンによる「リスニング（傾聴）の手引き」　103

とがより正確に理解できるだろう。

　例）
　話し手4：息子の態度が太々しい，というか，生意気なんです，彼は。怒鳴りたくなるときがあるんです。彼の散らかった部屋の机の上に散乱しているガラクタみたいなものを全部，メチャメチャにしたい気になるんです。もちろん，そんなことはしないですよ，絶対に，絶対に，家族がいるところでは…
　聴き手4：息子さんを生意気だと感じているんですね，そして怒鳴りたくなったり，彼の机の上をメチャメチャにしたい気分になる。でも，家族がいるところでは，それは絶対に，絶対に，しない。

　話し手が感じていることを正確に理解することができるようになると，今度は話し手が表現しきれていないものを指し示すようにリフレクションの応答を行う。このとき，必然的に言葉は話し手の言葉とは違ってくる。

　例）
　話し手4：息子の態度が太々しい，というか，生意気なんです，彼は。怒鳴りたくなるときがあるんです。彼の散らかった部屋の机の上に散乱しているガラクタみたいなものを全部，メチャメチャにしたい気になるんです。もちろん，そんなことはしないですよ，絶対に，絶対に，家族がいるところでは…
　聴き手4#：息子さんを生意気だと感じている，そしてあなたは暴れたい，でもそれを我慢している。

　聴き手4#のリフレクションは，話し手4と同じ言葉は使っていない。応答は話し手4の発言に暗に含まれている意味（暗在的な意味：第2章implicit meaning，あるいは「感じられた意味：felt meaning」，または「個人的な意味personal meaning」）を明らかにする応答なのである。ジェンドリンは哲学でも心理療法論でも，体験に含意される暗在的な側面を中心的に扱っていることから考えても，聴き手が話し手の体験の暗在的側面を感じ取って，それを言葉にすることに重きを置いている。

話し手の発言に含意されている体験の暗在的側面について、どのようにすればそれを「正確に感受する」ことができるのだろうか。そのためには、第4章に解説した「追体験」が不可欠なのである。

聴き手4＃：息子さんを生意気だと感じている、そしてあなたは暴れたい、でもそれを我慢している。

この応答をするためには、聴き手は「息子」の「散らかった部屋」や「机の上のガラクタ」を視覚イメージとして追体験し、それを「メチャクチャにする」ときに発生する音や、メチャクチャにしている身体の感覚や動作までもを瞬時に追体験して、その身体感覚に対して「暴れたい」という表現を見出しているのである。また、「絶対に、絶対に、家族がいるところでは…」をも追体験して、「絶対に」と強調され、繰り返されている言葉のニュアンスに対して「我慢」という表現を見出している。第4章で解説したように、このとき、話し手の体験と聴き手の追体験が交差しているのである。そして、「暴れたい、でも我慢している」という新しい理解がここに成立している。もちろん、この理解は話し手の次の発言をもって瞬時に更新され、さらに進んだ理解へと進展することになる。

ところで、第3節で解説するように、カール・ロジャーズは「共感的理解」の定義を晩年にアップデートしている (Rogers, 1975, 1980)。その中で、「共感を概念的に捉えると、それは繊細なものなのだが、それを現代人に完璧にわかってもらうように伝えることができる」とし、ジェンドリンの「リスニング（傾聴）の手引き」の「絶対傾聴」を引用して解説している。上記で解説した「絶対傾聴」はロジャーズにとっては共感的理解の実例だったのである。

[1-2] フェルトセンスが感じられるようにする応答の仕方

リスニング（傾聴）の中で〈フォーカシングという過程〉が生じるために欠かせないのがフェルトセンスである。本書第2章、第3章にあるように、フェルトセンスは〈感じ〉として体験され、それはまだ言葉になっていない、名状しがたい感覚として体験される。話し手は、一瞬の間、話をポーズさせて立ち

1. 傾聴の中でのフォーカシング：ジェンドリンによる「リスニング（傾聴）の手引き」

止まり，この〈感じ〉はいったい何だろう，何を意味しているのだろうと好奇心をもってその〈感じ〉に触れ，そこから新しい言葉・意味・概念が浮かび上がってくるのを待つことになる。浮かび上がってきた言葉・意味・概念が新しいからこそ，次の発言で新しい理解が成立し，その発言は1つ前の発言を反復するものとはならない。これが〈フォーカシングという過程〉である。この過程が生起するようにすることを聴き手は念頭において傾聴する。

絶対傾聴の中で話し手が話しながら〈フォーカシングという過程〉に入っていくのならば，以下に挙げる応答は必要がないだろう。しかし，絶対傾聴をしていても，話し手は具体的な出来事を伝えることに終始していたり，感情に巻き込まれているようであれば，フェルトセンスを導く応答が必要となる。以下に挙げるように，この過程が生起するための応答はいくつもあるが，ジェンドリンの解説では「最小限の（指示性がある）こと」から始めるように提案している。

聴き手4＃：息子さんを生意気だと感じている，そしてあなたは暴れたい，でもそれを我慢している。
話し手5：そう，そう，そうなんです。暴れたいんです。そして，それを我慢しているんです。腹が立っているのかもしれませんね。息子は本当に無愛想で，ほとんど私に話しかけてこないんです。今朝なんか…
聴き手5：ちょっと待ってくださいね。暴れたい，我慢している，腹が立っている，何かそんな複雑な感じがあるんですね。そこで立ち止まって，静かにその複雑な感じを感じてみましょう。そうしていると何が浮かんでくるでしょう？

聴き手5は話し手5の発言を遮っている。それは，せっかくそこに「暴れたい，我慢している，腹が立っている」というように感じられているものがあるのに，それを話し手自身が見過ごしていて，今朝の息子の様子，といった低体験過程レベル（第3章）の様式に移行していくのをくい止めるためである。そして，その内容にまつわる〈感じ〉すなわちフェルトセンスのところに立ち止まって，そこから何が浮かぶのかを待つように促している。

聴き手5＃：ちょっと待ってくださいね。暴れたい，我慢している，腹が立っている，何かそんな複雑な感じがあるんですね。その複雑な感じを感じて，そのそばにいてみましょう。

聴き手5＊：ちょっと待ってくださいね。暴れたい，我慢している，腹が立っている，何かそんな複雑な感じがあるんですね。この複雑な感じは〈からだ〉では，どのように感じられているでしょうか？ 胸やお腹に注意を向けてみると，どうでしょう。すっきりしている，というわけではないと思いますが…

　フェルトセンスが感じられてくると，それとかかわるための応答はいくつもある。これらの応答は，フェルトセンスに含意されている意味を言い表していくことを促す応答である。次の例をみてみよう。

話し手6：本当に複雑な感じなんですよ…（沈黙10秒）胸が締め付けられるような（沈黙5秒）…固いもの…（沈黙5秒）固まりが胸の中にあるようで（沈黙15秒）…
聴き手6：その固まりのそばにいて，それを感じていましょう。何か浮かんできたら教えてください。
聴き手6＃：その胸の固まりがあなたに何かを伝えていたら，何と言っているでしょうか？
聴き手6＊：その胸の固まりは，いったい何なのでしょう？
聴き手6※：私があなたの言葉を伝え返してみますので，そこで何が浮かんでくるか，静かに感じてみてください。「胸の固まり…胸の固まり」
聴き手6＋：その胸の固まりになってみましょう。胸の固まりになったかのように座ってみてください。どんなふうに座りますか？そして，そうしていると，何が浮かんできますか？
聴き手6†：胸の固まりから少し下がりましょう。安心できる距離からその固まりを眺めてみましょう。何か浮かんできますか？
聴き手6〃：胸の固まりとカケて，息子とトク，そのココロは？

　上記で例を示したように，フェルトセンスとかかわるための応答はいくつもある。基本的には，フェルトセンスに問いかけ，その意味を言い表すことを

1. 傾聴の中でのフォーカシング：ジェンドリンによる「リスニング（傾聴）の手引き」

促すオープンな問いであればよい。聴き手6#，6＊は本章第2節に解説する「教示法としてのフォーカシング」に登場する標準的な問いの形式である。6＋はジェンドリンが2つ目の援助方略である「聴き手の話し手に対する気持ちや反応を利用する援助方略」の中で解説しているが，援助方略［1-2］の中で用いる方が自然であろう。ところで，この応答を紹介する文には「このような役割をスイッチ（交代）する応答はフリッツ・パールズによって考案された」と注釈が加えられている。フリッツ・パールズ（Fritz Perls：1893-1970）は「ゲシュタルト・セラピー」の考案者で，カール・ロジャーズ同様に人間性心理学のパイオニアの一人である。ジェンドリンは傾聴の中でゲシュタルト・セラピーを行うことを推奨しているわけではなく，フェルトセンスとかかわることを促すために，ゲシュタルト・セラピーに由来する応答であっても，それを利用することができることを示しているのである。

聴き手6†の応答はジェンドリンの「リスニング（傾聴）の手引き」の中では解説されていないが，ジェンドリンはそのような応答を臨床的な面接場面では用いていることが公開された逐語記録（Gendlin, 1996）に示されている。また，著作『フォーカシング』では，この種の応答が意図するところである〈クリアリング・ア・スペース〉については多くが解説されている。そのため，本書では，この種の応答を援助方略［1-2］の中に分類しておく。なお，〈クリアリング・ア・スペース〉は次節において詳しく解説する。一般的に応答6†は例文のような場面よりも，恐怖や怒りや不安といった強い感情がある場合の方が有効であろう。

このように，フェルトセンスとかかわるためには，いろいろな応答が利用可能である。聴き手6ヶはジェンドリンの解説にはない，日本の「なぞかけ」であるが，なぞかけにおける隠喩表現の構造はフォーカシングと同一であると考えられる。これについては本書第6章第6節に解説する。

なお，これらのどの応答でも「固まり」や「胸の固まり」といった話し手の表現が同じ言葉で応答に用いられている。一般的にフェルトセンスを表現する言葉（ハンドル表現：第2節）は話し手が慎重に吟味したものであるから，その言葉はそのまま応答に用いる。また，応答にそのまま用いることで，その言葉が話し手自身にも響き，それを受けて言葉が修正され，体験が展開してい

くのである。

　リスニングにおいて，話し手がフェルトセンスに触れ，そこから新しい理解がクライアント自身によって言い表されてくるのならば，リスニングの中で〈フォーカシングという過程〉が起こっていることになる。

　　話し手6：本当に複雑な感じなんですよ…（沈黙10秒）胸が締め付けられるような（沈黙5秒）…固いもの…（沈黙5秒）固まりが胸の中にあるようで（沈黙15秒）…
　　聴き手6：その固まりのそばにいて，それを感じていましょう。何か浮かんできたら教えてください
　　話し手7：（沈黙10秒）う～ん，胸の中というか，身体の中が固くなって固まっているみたい（沈黙10秒）…寂しい？…うん，いま，寂しいという言葉がふっと浮かんできたんです。そうか…う～ん～
　　聴き手7：寂しい

　この例では，話し手はフェルトセンスに触れて，「寂しい」という新しい理解（言葉・意味・概念）を表出している。フォーカシングという過程が生じていることが明らかである。しかし，リスニングの中でフォーカシングという過程が生じていない場合，［2］以降の援助方略を用いることもできる。
　また，上記に解説した援助方略［1-2］および援助方略［2］-［3］の応答を行ったあと，すぐに絶対傾聴（援助方略［1-1］）に戻り，クライアントの発言を理解したことを示し，クライアントは理解されたと感じる必要がある。上記の例では聴き手6の応答は援助方略［1-2］に分類されるものであるが，その応答をして，話し手7が新らしい理解を言い表した直後には，聴き手7は絶対傾聴に戻り，その理解をリフレクションしている。

1.-2. ［2］聴き手の話し手に対する気持ちや反応を利用する援助方略

　話し手の話が〈感じ〉すなわちフェルトセンスに触れにくい場合，聴き手が話し手に対して感じていることや話し手に対する反応を応答に利用すること

1. 傾聴の中でのフォーカシング：ジェンドリンによる「リスニング（傾聴）の手引き」

ができる。この援助方略では，聴き手が応答に用いる「気持ちや反応」は話し手についてのものであると限定されている。

> 話し手5：そう，そう，そうなんです。暴れたいんです。そして，それを我慢しているんです。腹が立っているのかもしれませんね。息子は本当に無愛想で，ほとんど私に話しかけてこないんです。今朝なんか…
>
> 聴き手5：ちょっと待ってくださいね。暴れたい，我慢している，腹が立っている，何かそんな複雑な感じがあるんですね。そこで立ち止まって，静かにその複雑な感じを感じてみましょう。そうしていると何が浮かんでくるでしょう？
>
> 話し手6♭：え〜，う〜ん，息子の無愛想な顔が浮かんできて，朝，起こしてくれと言うから起こそうとしていたら，『もう〜』『畜生！』とか怒鳴りながら，起きて私を睨み付けるんですよ。起きた後も，私と顔を合わせないんですね，何も言わないし。挨拶ひとつしないんです。
>
> 聴き手6♭：息子さんとかかわるのはとても辛い。お聴きしていて，そんなふうに私は感じたんですが，どうでしょうか？
>
> 聴き手6♭＃：お聴きしていて，あなたが息子さんとかかわるのを怖がっているように聴こえてくるんですが，いかがでしょうか？
>
> 聴き手6♭＊：いま，あなたが腕を固く組んでいる仕草を見ていると，あなたが気持ちを閉じ込めているように私は感じてしまうのですが，いかがでしょうか？

聴き手6♭および聴き手6♭＃は聴き手が話し手について感じたことを応答に用いた例である。応答6♭＊はジェンドリンの「リスニング（傾聴）の手引き」にある話し手の貧乏ゆすりのような動作や仕草から聴き手に感じられたものを用いた応答を参考にしたものである。

ジェンドリンの解説では，このような応答をするとき，必ず聴き手が感じたことや聴き手の反応を質問形式にして話し手に提示するようにと注意が記されている。そうでなければ応答が断定的な響きをもってしまう。たとえば，聴き手6♭＃の場合，「あなたは息子さんを怖がっているのですね」といった断定になってしまう。そのように断定されてしまうと，話し手は正しく理解され

ていないと感じる恐れがある。また，質問という形で〈感じ〉を提示することは，話し手が感じていることを「言い当てる」ことを狙ったものではない。むしろ，話し手が感じていることは，聴き手の理解と少しずれているからこそ，話し手自身が，自分はいったい何を体験しているのかに目を向け始めるのである。

　　聴き手6♭#：お聴きしていて，あなたが息子さんとかかわるのを怖がっ
　　　　　　　ているように聴こえてくるんですが，いかがでしょうか？
　　話し手7♭：いや，怖いというわけではないんです。ただ，なんでしょう
　　　　　　　…なんとも言えない…なんだろう…からだが固まるような感じ
　　　　　　　がしてくるんです。

　この場合，聴き手6♭#の応答を受け，話し手7♭では，怖がっているのではない，別の〈感じ〉がそこにあることに目が向いている。そして，すぐに言葉にならないフェルトセンスが感じられてきている。その意味では「怖がっている」を用いた聴き手の応答は外れていたがゆえに功を奏しているのである。

1.-3.【3】相互作用という援助方略

　前項の「聴き手の話し手についての気持ちや反応を利用する援助方略」では，聴き手が話し手について感じた気持ちや反応を用いることに限定されていたが，第3の「相互作用という援助方略」では，聴き手自身が感じていることを応答に用いる。ジェンドリンはそれを次のように解説している。

　　「相互作用（やりとり）の中で暗に（covert）起こっていることを明在的
　　（explicitly）に伝えましょう。そして，それについてどう感じているかも
　　伝えます。頻繁に，両者が感じている何かが起こっていて，両者がそれに
　　ついて，相手が気づいていなければいいのに，と（密かに）思っています」。

　これを例示してみよう。

　　話し手6♭：え～，う～ん，息子の無愛想な顔が浮かんできて，朝，起こ

してくれと言うから起こそうとしていたら、『もう〜』『畜生！』とか怒鳴りながら、起きて私を睨み付けるんですよ。起きた後も、私と顔を合わせないんですね、何も言わないし。挨拶ひとつしないんです

聴き手6ｂ：息子さんとかかわるのはとても辛い。お聴きしていて、そんなふうに私は感じたんですが、どうでしょうか？

話し手7×：辛いというか、なんというか、あの子が手に負えないように感じるんです。どうしたらいいのかわからない！ねえ、どうしたらいいんですか？

聴き手7×：う〜ん、どうしたらいい、ですか？

話し手8×：そう、どうしたらいい？

聴き手8×：う〜ん、そう言われると、私は困ってしまいます。困っているのは私の気持ちで、う〜ん、なんだか、あなたが私に頼っているように感じて、依存的な感じがするんですね、で、そうなると、私は困ってしまうんです

暗黙のうちに、話し手が聴き手に依存的になっている。そのことは両者とも気づいているにもかかわらず、できることならば表沙汰にはしたくない、そんなことが相互作用（interaction）の中で動いている例である。それを明在的に言い表す相互作用は強力で、この例では、話し手は依存的な自分のあり方と向き合わざるを得ないことになるだろう。そして、また、聴き手も、話し手との依存的な関係に困惑している自分と向き合うことになるだろう。

1.-4.［4］グループ（小集団）での相互作用という援助方略

ジェンドリンの「リスニング（傾聴）の手引き」が書かれた時期に、カール・ロジャーズはエンカウンター・グループを、カリフォルニアを中心に世界各地で実践していた。そして、ジェンドリン自身はシカゴで「チェンジス」というグループを実践していた。この時期はグループ（集団療法）への関心が高まっていた時代だと言えるだろう。そして、ジェンドリンの「リスニング（傾聴）の手引き」もチェンジスで利用することを想定して書かれているようにも読める。しかし、ジェンドリンの「リスニング（傾聴）の手引き」の4つ目の援助方略「グループ（小集団）での相互作用」には、こういったグループにつ

いてはほとんど何も書かれていない。むしろ、「リスニング（傾聴）の手引き」の応用に向けての解説がなされている。その要点は以下のようなものである。

　どんな小集団であっても，感じていることが適切にプロセス（処理）されることが重要であると仮定している。しかし，一般に言う「感情の処理」とは，嫌なことを言い合うようなことと理解されている。これでは本来の体験の過程とは離れていく。適切にプロセスされるとは，〈フォーカシングという過程〉が生じることである。そのために，会議や種々の小集団活動において，ここで解説してきた傾聴ができるのであれば，それは社会に大きな差を生み出すであろう。

　以上でジェンドリンによる「リスニング（傾聴）の手引き」の解説を終えるが，この手引きには多くの具体的な例が示されており，それはたいへん豊かな内容となっている。その反面，あまりにも具体例が多く，「このようなとき〜」，「そのようなとき〜」という想定に溢れ，読者は4つの援助方略の本筋を見落としてしまう可能性がある。そのためだろうか，ロジャーズによる傾聴の「アップデート版」とも言えるこの手引きについて，日本では，これまであまり取り上げられてこなかった。本書によって，ジェンドリンによる「リスニング（傾聴）の手引き」が再び注目されることを願うところである。

2. 教示法としてのフォーカシング

2.-1 「フォーカシング」について

　ユージン・ジェンドリンは心理療法において中核的に重要なのは〈フォーカシングという過程〉，すなわち「体験過程」（第3章）であると仮定した。つまり，第2章で解説したような「感じる」プロセスが欠落していると，心理療法は成功しにくい。そして，ジェンドリンが仮定していたことは，第3章にある「EXPスケール」の研究で，ジェンドリンと彼の共同研究者たちが実証していった。それは，心理療法で成功するクライアントは，そうでないクライアントに比べて体験過程のレベルが治療開始時からすでに有意に高い，という事実である（これらの一連の研究成果についてはクラインら（Klein et al., 1986）が詳細なレヴューを提示している）。

高レベルの体験過程様式で話すことができるクライアントは傾聴の中で自然に〈フォーカシングという過程〉に入っている。しかし，傾聴の中で自然に〈フォーカシングという過程〉に入っていくことができないクライアントには，その過程に入っていくように導く必要がある。それが「教示法としてのフォーカシング」が登場する背景にある臨床的な必要性だった。もう1つの背景としては，「教示法としてのフォーカシング」が登場する1960年代後半から1970年代後半には，セラピーや病院臨床を離れて，一般市民の相互啓発・自己啓発のためのグループが数多く存在していて，ジェンドリンらもシカゴで「チェンジス」と呼ばれる，そのようなグループを運営していた。そのような場で傾聴を知らない参加者に「教示法としてのフォーカシング」を提示する必要があったものと考えられる。

　ジェンドリン自身の心理療法の逐語記録をみると（Gendlin, 1996／邦訳, 1998），彼は面接では「教示法としてのフォーカシング」は利用していないことがわかる。「教示法としてのフォーカシング」に含まれるエッセンスを，時折クライアントに提案する程度である。そして逐語記録の注釈に「これは，典型的なフォーカシングの教示である」と記したり，「これはフォーカシングのやりすぎだ」とコメントしているのが興味深い。要するに，面接場面ではジェンドリンは「傾聴の中でのフォーカシング」を基盤にしている。そのことから，臨床において「基本的なフォーカシング」は前節にある「傾聴の中でのフォーカシング」であると考えてみることができる。そして，一般読者に向けて執筆されたジェンドリンの著作*Focusing*（Gendlin, 1981／2007）では，「教示法としてのフォーカシング」が，その一部で解説されている。〈フォーカシングという過程〉が心理療法や傾聴に限定されたものではなく，誰でも幅広く，その過程を自らの体験のうちに見出すことができるようにするために，一般向けのマニュアルを発表したものと思われる。とはいえ，「教示法としてのフォーカシング」がマニュアルとしてステップごとに組み立てられた形で示されているのは，著作*Focusing*の付録Dのわずか2ページである。そこでは，「教示法としてのフォーカシング」は〈Focusing：Short Form（フォーカシング簡便法）〉と記されている。

　「簡便法」はわかりやすくまとめられたステップで構成されているので，

一般には「簡便法こそがフォーカシングである」，といった見解もみられるようになり，現在ではその見解が多数を占めているかもしれない。確かに，実際の心理療法場面ではなく，フォーカシングをワークショップ（研修会）などで学ぶときは「簡便法」が適していると言えるだろう。それは，このような研修会の参加者は研修を受けているのであって，継続的な治療面接を受けているのではないからである。さらに，「簡便法」には，体験過程とかかわるためのポイントが整理されているので，それらのポイントを理解することは傾聴にも役立つのである。たとえば，ジェンドリンの面接記録（Gendlin, 1996／邦訳, 1998）では，ジェンドリンがクライアントに「その感じから少し下がってみましょう」と応答する場面があるが，これはクライアントにフェルトセンスから距離をとるように促すもので，「簡便法」の最初に登場する〈クリアリング・ア・スペース〉を応用したものである。ジェンドリンはこの種の応答を「リスニング（傾聴）の手引き」には解説していないが，本書ではそれを前節の応答分類に加えている。このように，「簡便法」を理解することは，傾聴の幅を広げる効果も期待できよう。本節では「フォーカシング簡便法」を「教示法としてのフォーカシング」として，細かく解説していくことにする。

2.-2. 教示法としてのフォーカシング

(1) 教示法としてのフォーカシング

「教示法としてのフォーカシング」にはいくつかのものがある。The Focusing Institute（アメリカに本拠地があるフォーカシング研究所）が「多様性」を重視していることもあり，フォーカシング指導者たちが個性的な教示法を考案してきた。加えて，フォーカシングの指導が行われるコンテクストによっても，教示法は異なってくる。たとえば，児童への教示は成人への教示と異なるのは当然である。また，フォーカシングを紛争地域で指導する場合と，病院臨床で指導する場合もまた教示法が異なる。複数の教示法があるなか，日本ではアン・ワイザー・コーネル（Cornell, 1990, 1996, 2002／邦訳, それぞれ 1996, 1999, 2005）のマニュアルがよく知られている。また，ジェンドリン自身が解説する「フォーカシング簡便法」（Gendlin, 1981／2007）も広く知られている（池見，1995など）。本書ではジェンドリンが提示した「フォーカシン

グ簡便法」をもとに，「教示法としてのフォーカシング」を解説していく。

(2) フォーカシング簡便法

　ジェンドリン（邦訳，1982）による「フォーカシング簡便法」は表 5-1 にあるように，6つの所作から成り立っている。フォーカシングをする人（フォーカサー：話し手）がこれら6つのステップを順に進んでいき，聴き手（リスナー）が各所作を促進していくように援助する。もちろん，フォーカシング簡便法に慣れてくると，それを1人で行うことも可能だが，最初のうちは2人で行うことが推奨される。

表 5-1　フォーカシング簡便法
Focusing Short Form（Gendlin 1981/2007）

1．クリアリング・ア・スペース　Clearing a Space
2．フェルトセンス　Felt Sense
3．ハンドル表現　Get a Handle
4．ハンドル表現を響かせてみる　Resonate
5．問いかけ　Ask
6．受けとる　Receive

　表 5-1 に示した各所作の細かい検討は後にして，先に表 5-1 に記した各所作が具体的にどのように進んでいくのか例をみてみよう。この例は大学院の授業で院生たちとともに作成したものである。実際の逐語記録は長くなりすぎたり，話の順序が前後したり，途中で脱線したりすることもあるので，まずはシンプルな例を描いてみた。フォーカシングをしているのは，20代女性の「フローリン」，援助している聴き手も20代女性の「ターボ」である。

　　ターボ：じゃあ，フローリン，今から，自分の〈からだ〉に向かって，優
　　　　　　しく挨拶とか声を掛けてみようか。元気？とか，どうしてた〜？と
　　　　　　か，そんなふうに。
　　フローリン：わかった。
　　ターボ：何か〈からだ〉に感じているものはある？

フローリン：うん，ある。仕事のこと。
ターボ：〈からだ〉が仕事のことを気にしていることに気づいておこうか。
フローリン：うん。
ターボ：仕事のことっていうのは，〈からだ〉では，どう感じている？
フローリン：え？
ターボ：じゃあ，たとえば，胸の辺りがつっかえている感じとか，モヤモヤとかフワフワとか，そういうの。
フローリン：あ，そういうことね。…（沈黙5秒）…胸の中を，猫がひっかいたみたいな感じがするわ。
ターボ：じゃあ，その，猫がひっかいたみたいな感じは，どこに置いておくと落ち着く？
フローリン：う～ん。置いとく？
ターボ：猫にひっかかれたみたいな感じは，どこに居たら楽？
フローリン：クッションの上。
ターボ：そのクッションは，フローリンが知っているところにあるの？
フローリン：知らないところ。
ターボ：じゃ，どんなところ？
フローリン：窓際のそばにあるピンクのクッションで，窓の外は海が見えるの。
ターボ：じゃ，その猫にひっかかれた感じには，窓際のピンクのクッションのところで，楽にしてもらいましょうか。
フローリン：うん。
ターボ：じゃあ，その他には何かある？〈からだ〉に戻ってみて。
フローリン：お友達のことが気になるわ。
ターボ：〈からだ〉がお友達のことを気にしていることに気づいておこうか？
フローリン：うん。
ターボ：〈からだ〉は，お友達のことをどう感じてるの？
フローリン：胸の辺りがキュンとするわ。
ターボ：その感じはどこにいたら落ち着く？
フローリン：うん，毛布の中かしら…
ターボ：毛布の上に置いておく？
フローリン：違うわ。くるまっている感じなの。
ターボ：じゃあ，キュンとした感じを毛布の中にくるめておこうか。
フローリン：うん。

2. 教示法としてのフォーカシング

ターボ：イメージしてみて。そこでいい？
フローリン：うん，そこなら落ち着くわ。
ターボ：じゃあ，〈からだ〉に戻ってみて…その他に何かある？
フローリン：もうないわ。
【ここまでが「クリアリング・ア・スペース」詳しくは①】
ターボ：じゃあ，今，あげた2つのうち，どっちで進める？どっちが，取り上げてほしそうにしているかな。
フローリン：仕事のことかしら。
ターボ：仕事のことを考えると，どんな感じ？猫にひっかかれたみたいな感じ？
フローリン：猫にひっかかれた感じというか，う〜ん（沈黙20秒）よくひっかきまわしてくるシャム猫がいて，刺さる感じ。
【ここまでが「フェルトセンス」詳しくは②】
ターボ：刺さる感じ？
フローリン：(頷く) う〜ん，そうね。
【ここまで「ハンドル表現」および
「ハンドル表現を響かせてみる」詳しくは③および④】
ターボ：刺さる感じって，フローリンに何を伝えている？
フローリン：伝えてるって？
ターボ：刺さる感じには，何が必要なのかな？
【ここまで「問いかけ」詳しくは⑤】
フローリン：ちょっと答えから外れるけど…シャム猫は，寂しそうな顔してるわ。ああ，(笑い出す) シャム猫がひっかいてくるのは，寂しかったからなんだわ…（笑う）もっと，かまってあげればいいのね。
ターボ：シャム猫は，最初はすごく攻撃的だったけど，本当は寂しかったんだね。だから，もっとかまってあげたらいいんだなって，思ったことを大事にしとこうか。
フローリン：大事にするわ。
【ここまで「受けとる」⑥】

以下では，これらの所作を詳細に検討してみる。

①クリアリング・ア・スペース

i　クリアリング・ア・スペースという所作

「からだの内側に注意を向けましょう。内側とは，喉のあたりとか，お腹とか，胸のあたり，など，からだの真ん中です。そこに注意を向けながら，最近，元気にしているかなとか，いま，どんな感じがあるかな，あるいは，最近気になっていることがあるかなとみてください。何か気がかりなどが浮かんできたら，一つずつ確認していきますので，浮かんできたときに一言いってください。中身を説明するのではなくて「人間関係のこと」とか「仕事のこと」とか，そんなふうに一言だけ話してもらったらいいです。では，何か気がかりやからだで感じていることが浮かぶまで待っていましょう」

フォーカシング簡便法はリスナーのこのようなガイドで始まるだろう。これは「クリアリング・ア・スペース」と呼ばれるものである。〈感じ〉はからだに感じられている（第2章）から，まずはからだを観てみる。そして，そこに何が感じられているかを確認していく。気がかりな事柄やからだの感じ（フェルトセンス）が浮かんできたら，この都度，リスナーにそれについて一言だけ話す。そして，どんな気がかりやからだの感じがあるのかを一つひとつ確かめていく。

　Clearing a spaceの英語の意味は「片付ける・整理する」といったものである。散らかった机の上で勉強をするためには，まずはノートや本や文具など机の上にある諸々のものを整理して，教科書を置く空間（Space）をつくる必要がある。そうでなければ，気が散って集中できない。心理臨床面接でも同じである。セラピストを前に，クライアントが「本題」に集中できるようになる以前に，「あ，誰々さんに電話をかけるのを忘れている」とか，「急いできて，まだドキドキしている」とか，「今日中に書かないといけない日誌のことが気になっている」など，さまざまな「雑念」があるものである。そこで，フォーカシングに入る前に，こころを整理して，「電話のことが気になっている」ことに気づいておく，「ドキドキがある」ことにも気づいておく，「日誌のこと」が気になっていることにも気づいておく。そして，「他に気になっていることはないか」と見渡してみる。このようにして，「こころの空間」をまずはつくっ

ておく。

　こころにスペースをつくっておくためには，諸々の「雑念」に気づいておくだけでは不十分な場合がある。たとえば，急いで来たドキドキは気づくだけでも楽になるかもしれないが，日誌のことは気づくだけでは楽にならず，それに関連する焦った感じがチラチラと意識をよぎることがあるかもしれない。このような場合は，「日誌に関連した，焦っている感じ」をどこかに「置いておく」ようにイメージしてみるといいだろう。たとえば，日誌に関連する焦りは「お菓子の箱に入れて」自宅の棚の上に置いておくようにイメージしてみてもいいだろう。どんなところになら置けるのか，どんな容器になら入れられるのかなど，イメージを楽しんでみるといいだろう。ハワイのビーチに浮かんでいるサーフボードに心配な感じを乗せてみたり，居眠りをしている子犬の群の中の温々とした感じの中に不安を置いてみたりと，安心できる場所として自然に浮かんでくるところに気がかりとその〈感じ〉を置いてみる。

　心理療法，とくにフォーカシングでは，圧倒されるような強度の感情は扱いにくい。第2章にあるように，フェルトセンスとして人が感じることは，感情とは性質が異なっている。たとえば，強い怒りを感じると，怒りしか感じられなくなり，そこに暗在されているものが感じられなくなる。フォーカシングでは，怒りといった強い感情よりも，「この怒りには何が含まれているのだろうか」「この怒りは何を伝えようとしているのだろう」といったように，そこに含意されたものを扱うことが大切である。そこで，心理臨床面接の最中に，あるいはフォーカシングをしている最中に，強い感情からは「距離を置く」ことが必要となる。たとえば，「その怒りから少し下がってみましょう」「怒りに巻き込まれないところまで下がって，冷静なところから怒りを眺めましょう」など，その怒りと自分の間にスペースをつくる必要がある。第2章でみたように，心理臨床ではフェルトセンスが重要であり，強い感情の言わば「影」になっているフェルトセンスを感じるために，感情は遠ざけてみる必要がある。

　池見（1995など）では，この所作に対して「間を置く」という訳語を当てていたが，この訳語は必ずしも全国的に統一されていなかったために，最近は全国のフォーカシング実践家・研究者はこれを原語「クリアリング・ア・スペース」と表現している。クリアリング・ア・スペースは日本ではとくに頻繁

に用いられており，数名の臨床家たちがこれを基盤にして独自の方法を提示してきた。これらの応用では，クリアリング・ア・スペースはフォーカシングや心理療法面接の第1段階としてではなく，いろいろな気がかりから「間を置く」ことで，心に伸びやかなスペースを賦活させること自体が治療的であるという見解に立っている。たとえば，増井武士（1995）の考えでは，「悩む」とは気がかりから距離が置けないことである。職場で嫌なことがあったとしても，帰りの電車の中で小説を読んでいると，嫌なことを忘れてしまうのならば，「悩んでいる」とは言えないだろう。反対に，職場で起こった嫌なことが自分から離れず，帰路，電車の中でも嫌な感じがつきまとい，帰宅して夕食を食べていても嫌な感じを思い出す，といった場合は，嫌なことと距離が取れておらず，「悩んでいる」という現象が生じるのである。そこで，個々の気がかりについて傾聴して取り組むのではなく，『こころの整理学』（増井，2007）では，距離をとり，間を置くこと自体が「心の手当」になると考えられている。ところで，増井は精神科疾患のクライアントとの豊富な臨床経験から「こころの整理学」を見出しており，増井は重篤な病状を呈するクライアントにおいても，クリアリング・ア・スペースの有効性を示してきた。一方，徳田完二（2009）はクリアリング・ア・スペースを「収納イメージ法」と名付け，主に学生相談の現場で，その有用性を示してきた。「収納イメージ法」も，いろいろな気がかりについて相談していくのではなく，それらを収納して距離を置くこと自体の治療効果を示している。クリアリング・ア・スペースの臨床が，このように活発に日本で発展している背景には，クリアリング・ア・スペースは「雑念を手放す」仏教瞑想や坐禅の退歩とも共通するところがあるからか，日本文化に溶け込みやすいのかもしれない。

ⅱ．臨床に見られるクリアリング・ア・スペース

クリアリング・ア・スペースが臨床でどのように用いられているのか，といったことについては多くの報告例がある。ここでは池見（2015）が報告している初回面接での実際を見てみよう。

　　20代半ばのクライアントは長年にわたって摂食障害（拒食症）の治療

を受けていて，その治療の成果で体重は回復したが，「死にたい」という考えを中心としたいくつかの精神的な訴えがあり，主治医の紹介で来談した。初回面接はクリアリング・ア・スペース（以下CAS）を中心として行われた。クライアントの「死にたい」という発想についてしばらく傾聴したのち，「今日は一回目だから，いろいろな気がかりを全部，このテーブルの上に並べてみましょう」とセラピストが提案して「いま，話していた死にたい気持ちはココ（セラピストは分厚いカルテをバンバンと叩き，置いておく場所を特定した）に置いておきましょう。いいですか？」クライアントは分厚いカルテをしばらく眺め，「はい」と答えた。

「では，これ以外に気になることは？」と問いかけてみると「人目が気になる」と答えた。セラピストはそれを追体験しようと試みたがうまくできず，「どういう人の目が気になるの？」と訊ねた。するとクライアントは「同年齢の同性の目が気になる」と言い，セラピストの「どんなふうに？」という問いに対して「自分の服装とかメイクがダサいのではないかと思う」と答えた。しかし，セラピストの目には，クライアントはとてもファッショナブルな服装をしていて，メイクも綺麗にしているように見えたので，「そういうことを気にする人は，そういうことに興味があるんだよね。興味がなかったら，どうでもいいものね」と応答した。クライアントは「そうなんです，そういう部分では生きていたいのです」と答えた。「あ，それは興味深いね。生きていたい気持ちがある，そして死にたい気持ちもある。どっちもあることに気づいておきましょう。そして生きていたい気持ちはココ（分厚いカルテのすぐ横にセラピストは両手で器を持つようにして両手の平をおいた）に置いておきましょう。いいですか？」クライアントはセラピストの両手の平をしばらく眺めて「うん」とうなずいた。

「では，これらの他には，どんなことが気になるのでしょう」という具合で進めると，家族のことが次に語られた。それも置いておくと，次に「いろいろ頭で考え過ぎるんです。そういうときに死にたくなるんです，頭を休憩させたいんです」と話した。「あ，それは凄いね！頭が考え過ぎる，頭を休憩させたい。それなら方法はありますよ。瞑想です。やってみますか？」と言って，セラピストは3分間だけ呼吸瞑想を指導することにした。クライアントは，瞑想は初めてだったので途中で雑念などが浮かんだら教えてほしいと伝えた。瞑想が始まって1分ほどしてクライアントは「雑念が浮かびました」と言って，セラピストが内容を聞くと「こんなことをしていてもしょうがない，という発想が浮かびました」と語った。セラピストは「それは面白いね！」と応答し，続けて「それは誰が言っているかわ

かりますか？あなたの〈考えるアタマ〉が言っているのですね。瞑想を続けると〈考えるアタマ〉が弱ってしまうので，あなたに瞑想を続けてほしくないのですね」。クライアントはニコっとして，うなずいて瞑想に戻った。
　瞑想のあと，少し楽になっている心身の状態を確認して，テーブルに並んだ気がかりを確認した。「全体を眺めて，こういうものを背負って毎日生きているんだなぁっと気づいておきましょう」とセラピストが促した。

　この初回面接のように，クリアリング・ア・スペースはクライアント自身が「死にたい」気持ちから距離をとり，クライアントが抱えているいろいろな気がかりを「整理」する効果がある。

iii．いろいろなクリアリング・ア・スペースとスペース・プレゼンシング

　クリアリング・ア・スペースでは通常，フォーカシングをする人（フォーカサー：話し手）が自分で気がかりや「感じ」などを，どのように置いていくかをイメージしていく。池見（Ikemi, 2015）は，そのようなクリアリング・ア・スペースを「通常のクリアリング・ア・スペース（CAS）」と表現している。そして，上記の面接場面のようなクリアリング・ア・スペースの導入を「セラピスト介在型クリアリング・ア・スペース（CAS）」(therapist-mediated CAS)としており，ビギナーには，気がかりをどこに置くかをセラピストが指示する「セラピスト介在型CAS」が有効だろうと解説している。しかし，ときに「我」(吾我：「考えるアタマ」)が強くなり過ぎて，置こうと強く思えば思うほど，距離がとれなくなる場合がある。距離を置いてスペースをつくろうと努力するのではなく，スペースが自然に現れることを池見（Ikemi, 2015）は「スペース・プレゼンシング」(space presencing)と呼んでいる。以下の実際のセッションの逐語記録（池見，2015a）では，通常のCAS，治療者介在型CASとスペース・プレゼンシングの3つが見られている。わずか8分ほどのセッションであったが，記録の後に示すクライアントからの感想によると，この短いセッションには大きな意味があり，クライアントを変化に導いていたことが示されている。また，読者はクリアリング・ア・スペースの実際がどのようになされているのかをみることができるだろう。

2. 教示法としてのフォーカシング 123

セラピスト (T)-1：からだの内側に注意を向けましょう。内側っていうのはお腹とか，からだの真ん中あたりです。そこに注意を向けながら，元気かなとか，どんな感じがあるかな，あるいは，最近気になっていることがあるかなとみてください。何か気がかりなどが浮かんできたら一言いってください。中身を説明するのではなくて「人間関係のこと」とか「仕事のこと」とか，そんなふうに一言だけ話してもらったらいいですよ。

クライアント (C)-1 (Cは女性である)：一言だと，出たいけど出られない。

T2：出たいけど (C：出られない) 出られないみたいな。じゃあ，出たいけど，出られないみたいな，なんかそんな感じがあるわけね。じゃあ，まず，それに気がついておきましょう。なんか，出たいけど，出られない。出られないみたいな感じがあるんだなあ〜で，この出たいけど，出られないみたいな，この感じをちょっとどこかに置いておくとしたら，どこがいいでしょうか？

C2：ビルの上 (Cはセッション中，ほとんど目を瞑っていたが，このときは目を開けて窓の外に見える隣のビルを一瞬のうちに眺めながらそう言った)。

T3：あのビルの上，いいですか (C：はい)。じゃあ，あのビルの屋上に置いておきましょうか。いいですか，置けましたか？はい，じゃあそれはあそこの屋上に置いて，このほかはどうかなって…

C3：会社のこと。

T4：会社のことが，はいはい。じゃあ，会社のことっていろんな側面があったりすると思うんですけど，全体の感じはどうでしょう。このことを思うと，どんな感じがするでしょうか？

C4：石 (T：必死？ |聞き取れなかった|)。石，でっかい石みたいな。

T5：石，ああ，でっかい石ですね。今，でっかい石って言ったときに，ちょっとニコっとされましたよね。

C5：でっかい石なんですけど，悪いイメージはあまりない。

T6：悪い石ではない，でっかいけれど。

C6：でっかい。

T7：でっかいんですね。じゃあ，このでっかい石，どこに置いたらいいでしょうか？

C7：でっかいので，なかなか移動ができないんですけど… ちょっと今は動かせない。

T 8：そのでっかい石はどこにあったらいいんでしょう？
C 8：う～ん、それは自分の中？
T 9：いや～、こういうでっかい石だったら、火山の噴火口の近くとか…
C 9：あ～、もし…そうですね（沈黙）どっか、きれいな景色のあるところに（T：はいはいはい）オーストラリアの石みたいに。
T 10：オーストラリアの石（C：はい）？
C 10：エアーズロックみたいな。
T 11：エアーズロックみたい、あんなにデカイ（｜笑いながら｜）んですね。じゃあ、エアーズロックと並べておきましょうか。
C 11：はい。
T 12：いいですか？じゃあ、今2つ置きましたね。ビルの上とエアーズロック、このほかはどうでしょう？
C 12：あとは家族。
T 13：家族のこと。
C 13：はい。
T 14：で、この家族のことはどんな感じがしますか。
C 14：家族は、何でしょう、すごい自分の中の、常に気になるんですけど、脇にある。
T 15：気になるけれども、脇にある。
C 15：常にあって、視界の脇にあるんですけど、中心にはない感じ。
T 16：ああ、視界の脇にあるんですね。うんうん、で、この視界の脇にあるのはどんな感じがします？
C 16：いやな感じは全然ないんですが（T：はい）、う～ん、なんでしょう、忘れちゃいけない感じ、常に覚えておかなきゃいけない感じ、携帯みたいな感じ。
T 17：なんか、自分の中で、ちょっと僕に聞こえたんですけど、え～と、自分の中で常に家族のことを忘れちゃいけない、常に家族のことをどこか、脇のほうで思っていなきゃいけない、常に携帯していなきゃいけない、なんかそんな発想がある？
C 17：そうですね。
T 18：じゃあ、この発想をどこかに置いておきましょうか（C：そうですね）。まず、それに気がついておきましょうね。常に家族を思っていなきゃいけないと自分で思っているんだなあと（C：はい）。この発想をどこかに置いておきましょう？
C 18：はい。

2. 教示法としてのフォーカシング

T 19：で，どこに行きたがっていますか？
C 19：空。
T 20：空，凄い！
C 20：空。
T 21：どんな空？
C 21：青くて高い。
T 22：青い，高い空，は～い。
C 22：（沈黙44秒）（すすり泣く）（さらに沈黙22秒）
T 23：今，何が起きました？自分の中で？
C 23：|聴きとれない| 空に投げた瞬間に，涙が出てきて…初めての感覚だったのでわかんないです…何が起きたのか（うん，うん）… |涙を流しながら話している|
T 24：どんな感じを伴っています，涙は？
C 24：たぶん話したことが…だれにも言わなかったから，こういう場では…
T 25：ほっとしたみたいな感じ？それとも…
C 25：そうですね。ずっと，こういう講習会とかでも，だれにも話すことがないので…初めてだったので（T：うん，うん，うん）（沈黙10秒）
T 26：じゃあなんか，初めて話せたなあ…
C 26：そうですね，うん，うん。（沈黙15秒）
T 27：うん，初めて話せて，どんな感じですか？
C 27：すごい，なんでしょ，警戒していたものがとれた感じ。
T 28：ああ，警戒がとれた感じ，はい，はい。じゃあ，なんかずっと警戒してたんだなって，自分の中で。それで今，その警戒がとれたような感じがする。
C 28：あったかくなって，本当ですね。
T 29：あったかい感じがしている。じゃあ，このあったかい感じとちょっと一緒にいてみましょう。
C 29：はい（沈黙40秒）。
T 30：なにか浮かんできていますか？
C 30：祖母が |笑い声で|（T：ああ）浮かんできました。（T：うんうん）
T 31：何か言っていますか，おばあちゃんは？
C 31：何も言わないです，ずっと見て…
T 32：うんうん，じゃあ今，あったかい感じがあって，それから祖母の

　　　　顔が浮かんでいて（沈黙34秒）で，今どんな感じ？
　C 32：気持ちが…肩がすっきりしている。
　T 33：すっきりしている感じ？
　C 33：肩コリが治った感じ（笑い）。
　T 34：肩コリが治った感じ，オーケー。じゃあ，そのあったかくて，肩こりのとれてきた，その感じを味わって，もう十分だなあと思ったところで終わりましょうか？
　C 34：はい（沈黙20秒）はい，だいぶ調子がよくなりました（笑い声）。
　T 35：いいですか？
　C 35：よくなっています。
　T 36：はい，はい，オーケー，じゃあ終わります。

CLからの感想メール（約1ヶ月後）
「…先生に面接して頂いて以来ずっと，肩にあった重荷がとれた感じです。あれ以来，私は不思議に守られている感覚を強くもち，少しずつ，自分を解放している感じです。（中略）是非，研究資料に使って下さい。自分自身と向き合う，大変大きな人生の転機だと思います（以下省略）」。

　逐語記録の冒頭にあるTH-1の導入が標準的なクリアリング・ア・スペースの導入である。第2章にあるように，〈感じ〉はからだに感じられているので，まずは，からだを感じてみる。そこで登場した「出たいけど出られない」（CL-1）という，最初の気がかりの扱い方は「標準的なCAS」である。2つ目の気がかりは大き過ぎて本人の我では動かせないために，セラピストが「エアーズロックと並べる」ことを提案している「セラピスト介在型CAS」である。最後の「空」はクライアントやセラピストの意図を離れて突然現れている。「それをどこに置きましょうか」（T18）という問いにはクライアントが反応していないのを見たセラピストは，すぐに問いを修正し「どこに行きたがっていますか？」（T19）としている。我では手に負えない問題については，それ自体が行きたがっているところに手放す（let go）ことになったのである。すると，即座に空が現れていた。
　C23では「空に投げた瞬間に，涙が出てきて」とあるので，家族の問題をクライアントは空に自力で投げたかのようにもイメージできる。しかし，どん

なに強肩であっても，空まで届くほど高くは投げられない。セラピストの追体験では，クライアントが自力で空に向かって投げた瞬間に，つまり，それを手放した瞬間に，あたかも「他力」が働いたかのように，それは空に吸い込まれたのではないだろうか。

なお，C25で，この話題を初めて話したようにクライアントは体験しているが，実際には，逐語にあるように，彼女は，内容については何も話していない。話していないのに，話したかのように感じる，ということは，話したかのような体験的な取り組みができたことを物語っているのではないだろうか。

クリアリング・ア・スペースはフォーカシング簡便法では，フォーカシングに入っていく前の準備段階のように紹介されているが，これらのセッション報告や逐語記録で見てきたように，クリアリング・ア・スペース部分だけでも十分な臨床的効果が見られたり，それだけで面接時間のすべてを要したりする。その場合，クリアリング・ア・スペースは，「こころの整理学」や「収納イメージ法」などと同じように，以下に解説するフォーカシングの「本体部分」とは独立して臨床に用いられる。また，第6章第1節の「青空フォーカシング」で「雲を上から眺める」という発想もクリアリング・ア・スペースを用いたものである。最近，アメリカ合衆国のグリンドラー・カトナー（Grindler Katonah, 2010）はクリアリング・ア・スペースをした後の，「クリアになった空間」（cleared space）の臨床的意義に注目していることも興味深い。「間を置く」「距離をとる」「整理する」「収納する」といった行為に加えて，それらをした後の「空」を十分に味わうことも忘れてはならない。

②フェルトセンス

クリアリング・ア・スペースを行って，いくつかの気がかりなどを特定した後，それらのうち，このセッション（面接）で取り上げたいものを選んで，それをフェルトセンスとして感じてみる。ここには，実際には2つの所作がある。その1つは，このセッションで，どの気がかりを選ぶか，というものであり，そして2つ目にその気がかりをフェルトセンスとして感じてみる，という所作がある。池見（1995）の解説では，この2つを別々の段階として示しているために，ジェンドリン（Gendlin, 1981/2007）の解説にある6つの動きに対

して，7つの動きとなっている。ジェンドリンの簡便法においては，「フェルトセンス」は気がかりを選ぶこととそれをフェルトセンスとして感じる，という2つの所作が含まれていることに留意しておきたい。

　いま，クリアリング・ア・スペースを行って，浮かんできた，いくつかの気がかりやからだの感じの中から，これからフォーカシングを進めていくものを1つ選んでください。最も取り上げたいことでもいいし，取り上げてほしそうにしている気がかりや感じでもいいですよ。
　では，この気がかりを思い浮かべたとき，〈からだ〉ではどんな感じがするでしょうか？　胸やお腹など，〈からだの真ん中〉あたりに，何か薄っすらと感じる感覚はないでしょうか。気分がいいときは，〈からだの真ん中〉辺りはスッキリと通った感じがするものですが，いま，その気がかりを思い浮かべているときはどうでしょうか？

　第2章，第3章の解説にあるように，フェルトセンスはとかく名状しがたく，しかも確かに〈からだに感じられた〉感覚である。それは言葉になりにくいが，多くの意味を生み出す素である。そこで，この名状しがたいからだの感じに興味をもって，それが知っていることを拝聴するように注意を向けてみる。

③ハンドル表現
　「ハンドル」(handle) という言葉には「取り扱う」という意味がある。バッグで言うならば，ハンドルは「取手」の部分になる。その「取手」となる表現を「握る」ことができれば，フェルトセンスの全体が掬い上げられる。フェルトセンスは言葉になりにくいが，それを何かの形で表現することができると，そこから意味が生まれてくるのである。
　ハンドル表現は言葉でなくても，オノマトペ（擬音語）でも，イメージでも，動作でも，アート表現（第6章5節，池見・ラパポート・三宅，2012）でもよい。「そのことを思うと，胸にモヤモヤした感じがあります」という場合は，「モヤモヤ」がハンドル表現である。「これを思い出すと，胸がキュッとなる（右手を胸の中心部の前で握りしめる動作）感じです」という場合，「キュッとなる」という言葉と「右手を胸の中心部の前で握りしめる動作」がセットを

なしていて，ハンドル表現となっている。第1節の「傾聴としてのフォーカシング」においても，話し手がフェルトセンスに触れて，それを表現する言葉は「ハンドル表現」なのである。第1節の例を再びみてみよう。

> 話し手6：本当に複雑な感じなんですよ…（沈黙10秒）胸が締め付けられるような（沈黙5秒）…固いもの…（沈黙5秒）固まりが胸の中にあるようで（沈黙15秒）…

この発言にある，「胸が締め付けられる」「固いもの」「固まりが胸の中にある」はどれもハンドル表現である。それは「本当に複雑な感じ」を表現するために用いた言葉なのである。そして，最初に「胸が締め付けられる」という表現を発話した瞬間に，その表現が再帰して，それが「固いもの」へと変化し，さらに同様の過程を経て，それが「固まりが胸の中にある」に変化している。

④ハンドル表現を響かせてみる

聴き手はこの発言に対して「固まり」や「胸の固まり」という表現を応答に用いることによって，ハンドル表現は話し手の内に響き，より精密に言い表せてくる。このように，ハンドル表現を話し手は自分で何度か口にして試してみるか，あるいは，それをしている様子が見られないときは，聴き手がそれを促してみる。

> 聴き手6※：私があなたの言葉を伝え返してみますので，そこで何が浮かんでくるか，静かに感じてみてください。「胸の固まり…胸の固まり」
> 聴き手6F：「胸にある固まり」という表現で合っているでしょうか？
> 【聴き手6Fはフォーカシング簡便法で頻繁に用いられている応答である】

⑤問いかけ

ハンドル表現を響かせているうちに，ハンドル表現が変化して適切にフェルトセンスを言い表す言葉や象徴が見出されてくる。そのとき，ハンドル表現の出現とともに，意味が「わかった」という体験をすることがある。これは「フェ

ルトシフト」と名づけられた現象である。フェルトシフトを体験していると，頻繁に笑いが自然に起こり，止まらなくなることがある。また，何かが浄化されるような感覚を伴った涙が流れることがある。その涙は辛い感覚を伴ったものではない。

> 話し手7：(沈黙10秒) う〜ん，胸の中というか，身体の中が固くなって固まっているみたい（沈黙10秒）…寂しい？…うん，いま，寂しいという言葉がふっと浮かんできたんです。そうか…うん〜
> 聴き手7：寂しい

　これは「フェルトシフト」と呼ばれている現象の一例である。ここで話し手が感じている「固まっている」感じが「寂しさ」に変移（シフト）しているのである。フェルトシフトは「体験的一歩」(experiential steps) と呼ばれることもある。それは，この体験の様式によって，理解が一歩進むからである。なんだかわからなかった固まりについての理解が一歩進み，それが寂しさであったことが新たに理解されているのである。
　いろいろな心理療法において，上記の例のような「フェルトセンス→ハンドル表現⇄響かせる」の過程でフェルトシフトが起こる。フェルトシフトはフォーカシング特有のものではなく，理解が一歩進むような体験の変移を記述する用語なのである。
　フェルトセンスを表現するハンドル表現が見つかったのに，意味が創造されていない場合には，次のような問いかけ（ask）を行うことができる。以下の例のようなオープンな問いであればよい。
　　－この（ハンドル表現）はあなたに何を伝えているのでしょうか？
　　－この（ハンドル表現）はいったい何でしょう？
　　－その状況の何が（ハンドル表現）みたいなのでしょう？
　　－この（ハンドル表現）は何を必要としているでしょう？
　　－この（ハンドル表現）とかけて，その状況ととく，そのこころは？（「なぞかけ」第6章6節）

本章第1節の「傾聴としてのフォーカシング」では次のような問いかけの例があった。

> 聴き手6：その固まりのそばにいて，それを感じていましょう。何か浮かんできたら教えてください。
> 聴き手6＃：その胸の固まりがあなたに何かを伝えていたら，何と言っているでしょうか？
> 聴き手6＊：その胸の固まりは，いったい何なのでしょう？
> 聴き手6＋：その胸の固まりになってみましょう。胸の固まりになったかのように座ってみてください。どんなふうに座りますか？そして，そうしていると，何が浮かんできますか？
> 聴き手6〃：胸の固まりとカケて，息子とトク，そのココロは？

⑥受け取る

フェルトシフトという体験の変移によってもたらされる，新しい理解は頻繁に意外性に富んでいる。本章第1節の例でも最初は「腹が立つ」というように体験されていたものから「寂しさ」が言い表されてくるのは話し手にとっても意外に感じられるだろう。そこで，最後の所作は，気づいたことはなんであれ，それを大切に受けとること（receive）である。

(3) フォーカシングでは何が起こっているのか：解釈学的循環としてのフォーカシング

哲学者ジェンドリンが別の哲学者の考えを解説することはあまりない。しかし，ジェンドリン（Gendin, 1997）には珍しい下りがある。そこでは，ジェンドリンは哲学者ディルタイ（第3章）を解説している。それはディルタイの「解釈学的循環」の解説と思われる。その要点は次のようなものである。

> 机の上に蜘蛛が歩いている。私が机を叩いてみると，蜘蛛は固まって動かない。この蜘蛛の固まった様子は蜘蛛の体験であり，その体験の表現でもある。そして，それを通して蜘蛛が怖がっている，ということを私は理解することができる。ディルタイにとって，体験・表現・理解は一つなのだ。

体験・表現・理解が循環するさまを「解釈学的循環」(hermeneutic circle) と呼ぶが，池見 (2009) はジェンドリンのフォーカシングは解釈学的循環であるとする論文を発表している。つまり，体験＝フェルトセンス，表現＝ハンドル表現とした場合で考えてみよう。

「明日の仕事を考えたときに，何かモヤモヤしているものを感じる」とある人が発言したとしよう。この場合，「モヤモヤ」が体験されていて，「モヤモヤ」がその表現であり，明日の仕事がどこかスッキリしておらず，「モヤモヤしている」という理解がそこにある。次の瞬間，彼は発言を少し修正する。

「う〜ん，モヤモヤというか，準備不足だから，なにか不安なのかな」。この発言では，解釈学的循環はさらなる体験・表現・理解へと進んでいる。今度は「不安」が体験されていて，それは「不安」という表現であり，「明日の仕事が不安だ」という理解が立ち現れている。

フォーカシングでは，このような解釈学的循環が早いスピードで回っていると考えてみることができる。極端に言えば，話し手の1つの発言ごとにサイクルが回るのである。

「いや，不安，というか，十分イメージできていないのね」という具合である。今度は「十分イメージできていない」が体験され，「十分イメージできていない」がその体験の表現であり，「十分イメージできていない」が状況の理解である。

体験過程（第3章）が動いていくさまは，無意識だったものが意識化される，という古典的な理論の枠組みによって説明されるものではなく，「体験・表現・理解が循環している」とみる方が正確であるように思われる。ディルタイを専門とする哲学者たちは，「解釈学的循環はすでに死んでいる人の日記や旧約聖書を解釈するのに用いるもので，カウンセリングに用いるのは適用外だ」と反論するであろう。しかし，池見 (2009) の見解では，ディルタイを専門とする哲学者たちがどうであれ，ジェンドリンはその循環をカウンセリングの基盤となる理論として用いている，というものである。体験過程として刻々と動いていく人の体験や表現や理解をこのような視点で理解するのも，心理臨床アップデートの一局面なのである。

3. ロジャーズ & ジェンドリン：アップデートしていく傾聴理論

カール・ロジャーズが1957年に発表した「人格変化の必要にして十分な条件」(Rogers, 1957) と題した論文がしばしばリスニング（傾聴）の背景理論だと考えられている。この節では，この論文に立ち戻って，それを正確に理解したうえで，ロジャーズ自身がそれをどのようにアップデートしたのか，そのアップデートにどのようにジェンドリンが関係しているのかを紐解いてみよう。

(1) ロジャーズの1957年論文を理解するために

カール・ロジャーズが1957年に相談心理学の専門誌 *Journal of Consulting Psychology* に発表した「人格変化の必要にして十分な条件」(Rogers, 1957) は現在ロジャーズを紹介するどんな心理学の教科書にも解説されている。また，その論文が，ロジャーズが築き上げていった「クライアント中心療法」の基礎理論であるとか，それが，ロジャーズが実践していたリスニングを基盤づける理論だと紹介されることが多い。本節では，まずはロジャーズの1957年論文を理解したうえで，このような主張を検討してみよう。

ロジャーズは人の「人格」あるいは「性格」は人間関係の中で育っていくものだと考えていた。そこで，性格の変化は人間関係の中でしか起こらないと考えたのだった。そして，どんな人間関係が性格の変化に寄与するのだろうかと彼は心理療法の経験から仮説した。その仮説では，関係のあり方を示す6つの条件が提示された。この論文は「仮説」として書かれたもので，それを後の研究者たちが実証するために，どのような研究をしたらいいのかといった研究方法についても言及されていた。つまり，この論文は研究に結び付くように書かれていたのである。そして，研究者たちは6つの条件のうち，測定可能な3つの条件を取り上げ，これらについて徹底的に研究していったのである。その結果，これらの条件は確かに心理療法の成功と関連があることが実証され，これらは心理療法の「中核3条件」と呼ばれるようになってきた。これらの中核3条件は次のようなものであり，次の順で重要である。

①心理療法家（セラピスト・カウンセラー）が自己一致している，というか，誠実である。
②心理療法家がクライアントに対して無条件の肯定的な眼差しを向けている，というか，クライアントを（一人の人間として）認めている。
③心理療法家がクライアントに対して共感的理解を体験している。

①自己一致というか誠実さ　Congruence or genuineness

　見出しに示した原文は日本語ではしばしば「自己一致または純粋性」と訳されている。しかし，池見（2015b）はこの訳には問題があることを指摘している。まず，2つの英単語の間にある"or"に注目したい。これを見ると，"or"の手前にはロジャーズ自身が作った専門用語があり，"or"を挟んで一般的な語が示されている。したがって，"or"の手前にある専門用語を一般にわかりやすく言うと"or"の後にある言葉になる，と池見（2015b）は解釈しており，その場合，"or"の訳語として「または」は不適切で「というか」の方が正確である。「または」ならば，「AまたはB」を意味することになり，2つの語のうちの1つということになるが，それでは文の意味が通らない。

　次に，従来の日本語訳ではgenuineは「純粋性」となっているが，その日本語の意味が理解しにくい。セラピストが「純粋性」を有しているとは，どういう意味なのだろうか。上記で解説したように，"or"の後は平易な表現が記されているため，一般の人はgenuineという語を，どのように用いているかをみるといいだろう。それは，たとえば「本革」を意味する"genuine leather"のように，「嘘，偽りがない」ということを意味している。つまり，セラピストが「嘘，偽りがない」本物の一人の人間であることを意味するのである。つまり，「セラピスト」である「心理臨床家である」といった役割以前に，たとえば，「アキラ」という一人の本物の人間である―これがgenuineの意味である。それを日本語として表現すると，「誠実」という訳（福島，2015）が最も適切であろう。クライアントが役割を生きるのではなく，本当に感じられているところから生きることに寄り添うセラピストは，自身に感じられていることに「誠実」でなければならないのである。

　「誠実さ」の心理臨床上の意義について，池見（1995）に解説されている

事例を振り返ってみよう。高校2年生（女子）で不登校の状態を呈するクライアントとの面接はいつもセラピストである筆者（池見）の昼食の後に予定されていた。面接が始まると，クライアントは小さな声で，ひたすら一週間の出来事を語り続けた。筆者が途中でどんな質問を入れても「別に」と彼女は答え，一週間の出来事の続きを語り続けた。まったく一方的に語り続けるクライアントを前に筆者は退屈と眠気との戦いを強いられていた。このような面接の進行に筆者は疑問を感じた。それは，このカウンセリングが成功しないような行き詰まりを感じ，それについて振り返って観ると，セラピストである筆者自身が誠実でないことが明らかになった。すなわち，本当は退屈して眠たいのに，それと戦い，「話を聴いている」セラピストを演じている自分に気づいたのである。

そこで第4回面接の冒頭で，「今日は僕が話したいことがあります。実は，第1回目からあなたの話を聴いていて，あなたが遠くにいるような感じで，身近に感じられていませんでした。本当のところ，退屈さえ感じていました。だけど，あなたにそれを言うと，あなたが傷つくのではないかと心配で，これまで，それを怖がっていました。だけど，このままではカウンセリングにならないので，正直にそれを伝えておきます。そして，僕はいま，どうしてこんなふうになるのだろう，と考えている，ということも伝えておきます」。

これに対してクライアントは，ここで話すために，4-5時間のリハーサルをしている。時計の前に座って，話す予定の内容を話してみて，ちゃんと50分で話せるのか，時間が余れば内容を追加して，多すぎて時間内に終われないようなら内容を減している。だから，先生の質問には「別に」と答えて逃げないと時間通りに終わらない，という内容のことを彼女は言った。筆者はとにかく，4-5時間リハーサルしていることには頭が下がると率直な感想を話した。すると，クライアントはすべての人間関係がリハーサル済みであると述べた。そして，学校では，リハーサル通りにいかないから困る。そのために不登校になっていると話した。そこで筆者は，「あなたと僕で，リハーサルなしの話をしたい」と持ちかけたが，それならばとくに話すことはないと彼女は答えた。そこで，どうするか話し合って，二人で病院内の売店でファッション雑誌を買って，二人でそれを眺めながら，「これいいね，これ似合うかも」などと雑談することにした。毎週，このようなリハーサルなしの「雑談」をするこ

とにして，雑談にも慣れてきたころ，彼女は学校に通いだした。面接期間は半年ほどだった。

　この事例を成功に導いたのは，第4回面接でセラピストが誠実に退屈を伝えたこと，そして，その後の半年ほどの毎週の面接で，二人が感じていることに誠実にいろいろな雑談をしたことである。面接ではリスニングはほとんどしていない。ここでは傾聴ではなく，「誠実」な二人の出会いが功を奏したものと考えられる。

②無条件の肯定的な眼差し，というか，（一人の人間として）認めている
unconditional positive regard or acceptance.

　人が育っていくなかで，重要な影響がある人間関係のあり方を通して，その人の「自己の構造」（self-structure）ができてくる。そういった人間関係のほとんどは「条件的」である。つまり，「明るくて良い子だね」というように，明るいという条件を満たす限り良い子と褒められるのである。このような暗黙の条件があるから，人が育っていくなかで「自分は明るい」と思うようになるのである。このような自分に関するコンセプトをロジャーズは「自己概念」（self-concept）と表現した。自己概念は同時に価値条件（conditions of worth）を伴う。それは「明るくしていないと（生きている）価値がない」といった「存在価値の条件」(conditions of worth) なのである。このような条件があるから，たとえば，「明るくない」暗い感じがある場合，その人はそれを感じないようにしてしまうのである。あるいは，それを歪曲して，「最近，疲れが取れない，病気かもしれない」という具合に暗い感じを別のものにすり替えて理解しようとするのである。自分には「暗い感じ」などあるはずがない，と思っている場合は，暗い感じを感じることができない。そして存在を否定されている暗い感じは，意味がわからない〈からだの感じ（官感的内臓的経験：sensory and visceral experiences）〉として体験されるのである。1950年代のロジャーズの考えでは，〈からだの感じ〉は意識から閉め出された感じ方の顕れであった。後でみるように，この考え方は1975年頃のロジャーズの考えの中では大きく変わることになる。

　人は「自分はこんな人だ」という自己の概念があるから，その概念に合わ

ないものは意識から締め出す傾向がある。また、そうしなければ、自分の存在価値が脅かされるのである。この自己の構造を変化させることができるのは、無条件に暖かい眼差しをおくる他者の存在なのである。「あなたが明るいときも、暗いときも、どちらにも関心があるよ」という無条件の眼差しがあってはじめて、「暗い感じがあってもいいのだ」と気づくのである。そして、今まで意識から締め出していた部分の存在に気づき、それを自己の概念の中に統合していくことが可能なのである。そのために、セラピストのかかわりの中では「無条件の肯定的な眼差し」は重要な意味をもつのである。

これを平易な言葉で表現すると、「認める」（accept）になり、その人のありのまま、つまり、「明るいときも、暗いときも」それがその人らしさであると「認める」ことが重要なのである。この「認める」は従来の訳語では「受容」となっていたが、筆者には「受容」という語の「受」の部分に重たいニュアンスを感じて、筆者は「認める」と訳すことを好んでいる。

ところで、"unconditional positive regard" の "regard" の訳語は変化してきた。当初は「無条件の肯定的配慮」と訳されていたが、後に「無条件の肯定的関心」と訳されていた。つまり、"regard" は訳者泣かせの語であった。しかし、"regard" はフランス語では「見る」という意味であることを考慮して、筆者との話し合いの中で中田行重（2013）はこれを「眼差し」と訳した。本書ではこの訳語に統一しておく。

このように、ロジャーズの理論では人格形成に「条件的な眼差し」が強く作用する。そして、それを変化させる人格変化理論では「無条件の肯定的な眼差し」が重要なのである（Ikemi, 2005）。

③共感的理解

「クライアントのプライベートな世界をあたかも自分のもののように感じとりながらも、〈あたかも〉という性質を絶対に失わないこと、これが共感でそれが心理療法では不可欠のように思える（筆者訳）」――ロジャーズは共感について1957年にはこのように記している。つまり、第三者的な冷めた目でみるのではなく、クライアントの体験を「あたかも」自分が体験しているように感じ取ることをロジャーズは「共感」と表現しているのである。困っている人

を前にしたとき，「あたかも」自分自身もその状況にいて，その人の困っている具合が手に取るようにわかる——そんな体験が「共感」である。これは，冷たい科学者的な助言をするのと対比して考えるとわかりやすいだろう。「こんなことで困ることなんかないよ」「こんなことで困るなんて，あなたはどうかしているよ」「困るというのは不安です。だから不安を下げればいいのです」。このような冷めた視点では，クライアントは「わかってもらっている」実感がない。「あたかも」その人であるように世界を体験してみると，その人の内側から感じられた世界が見えてくる。これが共感的理解なのである。

　ロジャーズはこのような3条件に特徴づけられる関係のあり方はクライアントの人格変化を促進すると考えていた。それらの意義とその後のロジャーズ自身によるアップデートについてみていこう。

(2) ロジャーズの中核3条件の意義

　ロジャーズの中核3条件はしばしば，ロジャーズが創始したクライアント中心療法の理論だと考えられている。しかし，1957年論文（Rogers, 1957）では，このような人間関係のあり方は，クライアント中心療法以外の効果的な心理療法にもみられること，その他，親兄弟との関係や友人関係にもみられることに言及している。つまり，これら3条件に特徴づけられる人間関係はクライアント中心療法に限定されておらず，より広く「人格変化」が見られるあらゆる人間関係において観察されるとしている。その文脈では，これら中核3条件は「クライアント中心療法の理論ではない」，と読むことができる。

　一方，1960年の著作（Rogers, 1960）や1980年の著作（Rogers, 1980）では「クライアント中心」と呼ばれるようになった心理療法を特徴づけているのは，これら3つの関係のあり方であるとしている。これらの文脈では，中核3条件は「クライアント中心療法を特徴づける理論である」と読むことができる。

　そこで，広い意味では，人格変化が起こるときには，これら3条件に特徴づけられる人間関係が観察されるが，とくにクライアント中心療法では，これらの関係のあり方が重要視されている。そのため，クライアント中心療法は友人関係などよりも人格変化を生じさせやすい，そう読むことができるだろう。

次に，これら3条件をロジャーズが実践していたリスニング（傾聴）の基礎理論だとする見解について検討してみよう。これについては，確かにロジャーズはリスニング場面を想定して，これら3つの関係のあり方を記述しているように読める。しかし，ロジャーズは，それらは「聴き方」の具体的な方法であるとは記述していない。そこで，これらの3条件が直ちに「傾聴技法」であるとする見解には無理があるだろう。つまり，「自己一致的な聴き方」とか「受容的な聴き方」「共感的な聴き方」といった「聴き方の技法」と理解するには無理があり，より正確には「誠実な人間関係」「相手を人として認める人間関係」「共感的な理解がある人間関係」といった読み方の方が正確であるように思える。

　その理由はまず，ロジャーズ1957年の論述には，友人関係や親子関係などにおいても3条件が満たされることがあるとしていることが挙げられる。当然ながら，親子関係や友人関係では傾聴技法といった特別な聴き方は存在しない。そこで，これを論じていたロジャーズは，3条件を傾聴技法だとは想定していない，ということがわかる。第二に，筆者が自己一致の項で挙げた事例のように，傾聴はほとんど用いられず，面接の大部分は雑談であっても，ロジャーズが記述した「治療的人格変化」が生じる具体例はいくつも存在していると思われる。すなわち，誠実に関係する，ということは，必ずしも傾聴をするということと等しくはない，と言えるだろう。さらに，これは傍証に過ぎないかもしれないが，ジェンドリンの「リスニング（傾聴）の手引き」の場合，ロジャーズの3条件には言及がない。つまり，中核3条件は具体的な傾聴の方法ではないとジェンドリンも理解していたと考えることができる。

(3) **傾聴アップデート：ジェンドリンに傾倒するロジャーズ**

　上記に示したように，ロジャーズの3条件は傾聴の技法を指しているわけではない。しかし，それらは人の話を聴く心理療法面接の実践の中から見出されたものであるから，心理療法実践に根ざしており，たどってみれば，傾聴といった心理療法実践に対して示唆に富んでいる可能性がある。1957年以降のロジャーズ文献をみていこう。

　ロジャーズ（Rogers, 1960）では，「誠実さ」についてロジャーズは次の

ように記述している。

> 「セラピストが誠実であるということは，防衛的な仮面の後ろに隠れているのではなく，〈からだの感じとして〉（organismically）彼が体験している気持ちとともにクライアントに接することである。（筆者訳）」

つまり，クライアントに会っている間，クライアントに注意を向けると同時に，セラピスト自身の〈感じ〉（フェルトセンス）をも感じ続けることである。そして，セラピストが素直に自身のフェルトセンスを感じ，場合によっては表現することができるからこそ，セラピストは誠実にその場に居ることができるのである。たとえば，上記の「自己一致」の項で示した事例では，セラピストはクライアントの話を聴きながら，自身が感じている「退屈」な感じにも注意が向いているからこそ，それを表現することができたのである。

「〈セラピストが感じていることはさておいて〉クライアントを理解しなければならない」といったカウンセリングの教え方があるようだが，これではセラピストのその人らしさが消えてしまい，それは本当に誠実なセラピストのあり方とは言えない。フェルトセンスに注意を向け，そこに感じることを言葉にしていくことを〈フォーカシングという過程〉と言うのならば，ロジャーズが誠実さとして説明していることは，セラピストが持続的にフォーカシングをしながらクライアントに接することなのである。

ロジャーズのジェンドリンへの傾倒は1980年の著作になるとより顕著なものになる。この著作（Rogers, 1980）[1]では，1957年の共感の記述を挙げ，当時はそのように考えていたが，現在では以下のように考えているとして，アップデートされた共感的理解の記述を提示している。

> 「共感的理解——これが意味するところは，セラピストが正確にクライアントの体験している気持ちや個人的な意味合い（personal meaning）を感じ取り，その理解をクライアントに伝えることである。（筆者訳）」

---

[1] この著作の一部は1980年以前の論文を掲載したもので，以下の引用部分はRogers（1975）にも見られる。

ロジャーズのこの一文をジェンドリンの「リスニング（傾聴）の手引き」，絶対傾聴の説明にある一文と比較してみよう（Gendlin 1981/2007）。

「話し手が本当は伝えようとしていた個人的な意味合い（personal meaning）を表すような発言を1つか2つか提示してみましょう。（筆者訳）」

この2つの文はまったく同じことを伝えていることは明らかである。ジェンドリンの「リスニング（傾聴）の手引き」にある絶対傾聴では，話し手の言葉どおりにリフレクションをするのではなく，話し手が本当は伝えようとしていた「個人的な意味合い（personal meaning）」｜ジェンドリンの場合，これは「暗在的な意味（implicit meaning）」あるいは「感じられた意味（felt meaning）」とも表現されるが，ここでは申し合わせたように二人は同じ表現を用いている｜を理解して，話し手が伝えきれていない意味合いを言葉にして伝えるのである。まったく同じことをロジャーズは「共感的理解」と表現し，ジェンドリンは「絶対傾聴」と表現しているのである。

傾聴実践について，ロジャーズ（Rogers, 1975, 1980）はジェンドリンの〈リスニング（傾聴）の手引き〉を紹介して「絶対傾聴」を解説している。そして論文のその部分の最後を次のような文で締めくくっている。「…このように（絶対傾聴のように）共感的なあり方は概念的にはとても複雑なものだが，それを完全に理解可能な方法で現在の都市に住む若者に伝えることもできるのだ」。つまり，1975年のロジャーズにとって，共感は複雑な概念であったとしても，その実践はわかりやすく，それはジェンドリンの〈リスニング（傾聴）の手引き〉にある絶対傾聴なのだと明言しているのである。

さらに，ロジャーズは次のように記述している。

「理解してくれる人に傾聴してもらうと，人はより正確に自分自身に傾聴するようになるのである，彼ら自身のからだ（visceral）の体験過程，彼らが漠然と感じている意味（felt meaning）に対して，より大きな共感を向けるのである。（筆者訳）」

ロジャーズはここで，人が身の内に感じるフェルトセンスやジェンドリンの用語である「体験過程」(experiencing) や「感じられた意味」(felt meaning) に対して共感的になり，自身のそのような体験が言葉になってくるのを傾聴するようになる，としているのだが，それは正に「フォーカシング」なのである。
　そして，1950年代には「官感的内臓的経験」と呼んでいた意識から否認されたものは，1980年には「人の中に絶えずある体験の流れで，それは生理的で人はそれを意味の根源として参照（リファー）することができる」となっている。それは第3章にあったジェンドリン哲学の「レファレント」である。「意識から否認された」は消え，「意味の根源としてのからだに感じるレファレント」，つまりフェルトセンスにアップデートされているのである。
　総じて，1980年のロジャーズによる理論アップデートはフォーカシングにたどり着いたと言える。ロジャーズが自らアップデートした共感の記述は次のようなものだった。「（共感は）…有用なレファレント（フェルトミーニング・フェルトセンス）にフォーカスする（フォーカシングする）ように援助し，そしてもっと豊かに意味を体験し，体験過程を前に進める（推進させる）ことである」。

　ロジャーズの傾聴とジェンドリンのフォーカシングはここで合体し，1つの流れになってくるのである。上記のロジャーズの引用は1980年の著作であるが，その本には以前に発行されたロジャーズの論文などが集められている。引用部分は1975年に最初に書かれている。一方のジェンドリンの著作『フォーカシング』は，最初は1979年に発行されていて，「リスニング（傾聴）の手引き」はその数年前から存在していた。つまり，ロジャーズがジェンドリンのフォーカシングに合流してきたのは，1974-1975年ごろであると特定することができよう。ロジャーズを解説する多くの書物が著明な1957年論文を解説するがために，ロジャーズの傾聴とジェンドリンのフォーカシングが別々のものに映っているが，1975年以降のアップデートされたロジャーズ自身の著作に目を向ければ，この2つが合流していることがわかるのである。
　上記に引用したロジャーズの論文では，「私の現在の記述を定式化するに

3. ロジャーズ＆ジェンドリン：アップデートしていく傾聴理論　143

あたって，私はジェンドリンによって定式化された『体験過程』の概念を下敷きにしている（筆者訳）」とし，ジェンドリンの体験過程の考えに「同意し」，体験過程（フォーカシング）の観点からエンカウンター・グループのメンバーの気持ちの動きを解説しているのである。ロジャーズの理論がどのように変化していき，体験過程の考えを取り入れていったかについては，池見（Ikemi, 2005）が詳しい。

　本章では，ユージン・ジェンドリンの「リスニング（傾聴）の手引き」の解説に始まり，ジェンドリンのフォーカシング簡便法をみてきた。これらが形になってきた時代に，カール・ロジャーズも自らの考えをアップデートし，ロジャーズとジェンドリンの見解が非常に近いか，あるいは合流していく様子を本節は描いた。

第6章　更新し続けるフォーカシング諸方法

　第5章にあるように，「教示法としてのフォーカシング」にはいろいろなものがあり，それらに関連するエクササイズ（ワーク）を含むと，次々と新しい方法が登場し続けているのが現状である。日本ではこれはとくにさかんで，ここ数年のうちに，これらのエクササイズや教示法を集めた著作が2冊も登場した（村山，2013；森川，2015）ほどである。本章では，編者と編者が指導している研究者たちが取り組んでいるフォーカシングの新しい教示法あるいは応用や研究成果をみていくことにする。

I. マインドフルネスとフォーカシング：青空フォーカシング

I.-I. マインドフルネス

　近年，アメリカ合衆国を中心として「マインドフルネス」という言葉が日常会話でも使われるようになってきた。心理療法でも「マインドフルネス認知療法」などが登場し，日本でも「日本マインドフルネス学会」が設立されている。心理療法や医療での応用としてマインドフルネスが脚光を浴びたのは，ジョン・カバット＝ジンのMBSR（Mindfulness Based Stress Reduction：Kabat-Zinn 1990／2013）によるところが多い。カバット＝ジンはマサチューセッツ州にある大学病院で身体の病気を含むいろいろな疾患の治療においてマインドフルネスの有効性を示した。しかし，そもそも「マインドフルネス」とはいったい何か？

　マインドフルネスは仏教瞑想である。そもそも釈尊（お釈迦様・ブッダ）は生きていくことの「苦」を中心的な課題として取り上げた。現代用語では「苦」は「ストレス」と訳すことができるから，そもそも釈尊は心理学者だった（Blazier, 2002）と解釈されることも珍しくない。仏教には苦を乗り越えるた

めの瞑想が多く存在するが，ヴェトナム出身の禅僧ティク・ナット・ハン師（Thich Nhat Hanh：1926-）が瞑想のひとつのエッセンスを「マインドフルネス」（mindfulness）と表現して欧米にブームを巻き起こした（Thich, 1975）。仏教という特定の宗教色を抑え，瞑想としてマインドフルネスを啓蒙した。そもそもマインドフルネスと呼ばれているのは，お釈迦様の経典が書かれた古代インドの言葉ではsatiと表現されており，それは大凡「気づき」を意味する。「呼吸に気づいている」「歩いていることに気づいている」「ある考えが浮かんでいることに気づいている」「気持ちに気づいている」などのように使われる言葉である。ここで「気づき」とは，何か新しいことを発見する，という意味ではなく，「意識している・注意を向けている」という意味で，漢訳経典では，マインドフルネスは「念」と訳されている。日本語でも「念入りに」という言葉があるが，「注意して・十分意識して」という意味である。

釈尊の経典*Anapanasati Sutra*（Thich, 2008）では「呼吸に気づく」ことが基本とされ，一般に「マインドフルネス」という語が用いられるときには，呼吸瞑想を中心に据えた取り組みであることが多い。「空気が鼻から入ってくる，空気が鼻からでていく」といったように呼吸に気づくことや，「息を吸うと，胸やお腹が膨らむ」「息を吐くと，胸やお腹がへこむ」ことに気づくといったようにする。このように進めていると，考えや気持ちが浮かんでくることがある。その場合は「こんなことを考えていることに気づいている」「こんな気持ちが浮かんでいることに気づいている」というように，それらに気づくようにする。そして再び呼吸に注意を戻していく。呼吸に戻ったときに気持ちや考えがなくなっていたら，「気持ちがなくなっている」ことにも気づくようにする。このように，からだ，気持ち，意識の状態，意識の対象に「気づいている」状態をマインドフルネスと言う。

1.-2. マインドフルネスとフォーカシング

この数年でマインドフルネスをフォーカシングに取り入れる試みがさかんに報告されている。フォーカシング指向アートセラピー（Rappaport, 2009）の考案者であるラパポートは*Mindfulness and the arts therapies*（2013）と題した著作を編集し，また，現在The Focusing Instituteの理事長を務める デイ

ヴィッド・ローム氏は長年のチベット仏教の瞑想経験をフォーカシングに活かした著作を出版している（Rome, 2014）。その他，長年フォーカシング指導者として活躍しているルシンダ・グレイもマインドフルネスとフォーカシングを統合した*New world meditation*を著作として発表している（Gray, 2014）。からだに感じられるフェルトセンスに「気づく」フォーカシングの動きはマインドフルネスと共通する部分があると言えるだろう。

1.-3. 青空フォーカシング

　池見（Ikemi, 2015b）はフォーカシングにマインドフルネスなどの仏教瞑想を取り入れた「青空フォーカシング」を発表している。これは池見が以前に発表していた space presencing（Ikemi, 2015a；池見，2015a）を発展させたもので，山下良道師の青空瞑想（山下，2014）や藤田一照師と山下良道師の共著である『アップデートする仏教』（2013）の考え方に影響を受けたものである。藤田・山下（2013）が提起している問題の1つは，「いったい誰が瞑想しているのか」という問いである。彼らが「シンキング・マインド（thinking mind）」と呼ぶ意識で瞑想していると，瞑想は深まらない。つまり，それは「頑張ってリラックスしよう！」と頑張れば頑張るほどリラックスできないのと同じである。池見は藤田・山下の「シンキング・マインド」を「我」と表現している。「我が張っている」状態では，からだのフェルトセンスについて普段の考えをお仕着せてしまい，新しい意味の創造が難しくなる。また，感じていることと「距離を取ろう」と我で頑張ると，なかなか距離が取れないものである。

　瞑想とフォーカシングの大きな違いは，瞑想は基本的に1人で行うのに対して，フォーカシングでは他者のプレゼンスが基本である（1人でフォーカシングを行うこともできるが，感じている主体としての自分と聴き手という他者の役割を自分自身が担うため，一人二役で行うことになる）。他者がそこにいるからこそ，何かが感じられる。また，フェルトセンスは言葉とも相互作用するため，感じていることを声に出して聴き手（リスナー）に伝えることによって，体験が進んでいく。フォーカシングの相互作用的な側面を活かすために，青空フォーカシングは基本的にフォーカサーとリスナーのペアで行うものである。

148　第6章　更新し続けるフォーカシング諸方法

　池見の心理療法論の特徴の1つは，前反省的意識と反省的意識の二律的運動である（池見，2010；Ikemi，2013，2014；羽田野，2015）。前反省的に，

表6-1　青空フォーカシング　振り返りシート　ver.2.0　☺　＿＿＿年＿＿＿月＿＿＿日　ID（　　　）

プロセス	体験（イメージ）したこと・困ったこと	⇦これについて思ったこと・分かったこと
導入	例）色々な考えが浮かんで呼吸に集中できなかった。	例）頭の中は忙しいんだなぁと思った。
フェルトセンス〜雲のイメージ〜	例）オレンジ色の大きな雲	例）激しい感情があるように思った。
雲を上から見る〜空になる〜	例）雲がウエストの回りに集まっていた。	例）空になれなかった？
地上の自分　慈悲	例）バタバタしている自分をあやしていた。	例）日常生活では落ち着きがなかったんだなと思った。
終了モード	例）集中できた。	
全体的な感想		

Q1	今回のセッションの全体的な満足度を1から5の数値で表してください。(丸で囲んでください。)

　たいへん満足5　　　満足4　　　少し満足3　　　少し不満2　　　不満1

Q2	今回のセッションでご自身について新しい見方，理解などがありましたか。

　はっきりあった5　　あった4　　少しあった3　　ほとんどなかった2　　まったくなかった1

Q3	今回のセッションでは普段のご自身の考え方や見方よりも大きな（広い）視点はありましたか。

　はっきりあった5　　あった4　　少しあった3　　ほとんどなかった2　　まったくなかった1

すなわち，計らずも突然現れてくる視覚イメージといった前反省的な意識の側面について，丁寧に振り返って観る，といった反省的な意識において，人生や状況の意味が新たに創造されるという考え方である。青空フォーカシングでも，このような前反省的と反省的意識の二律的運動を促進するために，「青空フォーカシング振り返りシート」が考案されている。本節では青空フォーカシングの教示例に続き「振り返りシート」を提示する。また，次節では，青空フォーカシングのイニシャル・ケースの逐語記録を開示する。

1.-4. 青空フォーカシングの教示例
①マインドフルに座る（リスナーと一緒に行います）
体重はどのように坐骨にのっていますか？
左右，前後に重心を移動させてみましょう。坐骨で感じる重さの違いに気づいておきます。また，上体が動きに合わせて形を変えていくのに気づいておきます。
からだにとって気持ちの良いバランスがとれる姿勢を見つけます。アタマで「正しい姿勢で座ろう」と思わないでください。
フォーカサー：次に進む準備ができたらそのことをリスナーに告げます。

②マインドフルに呼吸する（リスナーと一緒に行います）
空気が鼻から入ってくる，鼻から出ていくのに気づきます。呼吸をアタマでコントロールしないようにします。空気が入ってきて，空気が出ていきます。空気が入ると，お腹や胸が膨らみます（上がります）。空気が出ていくとお腹や胸が下がります。上がっている，下がっている…その動きに気づいています。考えが浮かんだら，それに気づいておきましょう。そして「上がっている，下がっている」に気づいておくことに戻ります。
フォーカサー：次に進む準備ができたらそのことをリスナーに告げます。

③マインドフルに聴く（リスナーと一緒に行います）
周りの音に気づきます。たとえば，声には出さずに「小鳥のさえずりが聞こえている」「葉っぱのサラサラした音に気づいている」「小鳥がさえずりながら移動しているのが聞こえている」などと気づいておきます。
フォーカサー：次に進む準備ができたらそのことをリスナーに告げます。

④マインドフルに〈からだの感じ〉に触れる（リスナーが教示として読んでもよい。（　）内は読まない）

からだの真ん中を感じてみます。それは喉，胸やお腹の辺りです。これらの部分はすっきりしているでしょうか？　多くの場合，そこには〈からだの感じ〉（フェルトセンス）があります。〈からだの感じ〉に気づいておきましょう。

フォーカサー

〈からだの感じ〉に気づいたら，リスナー（聴き手）にそれを伝えます。たとえば，「胸に緊張感があります」といったように。
（複数の〈からだの感じ〉がある場合，最も「関わってほしそうにしている感じ」を1つ選び，以下のステップに進みます。）

リスナー

フォーカサーの〈からだの感じ〉を追体験します。そして，ハンドル表現をフォーカサーに伝え返します（たとえば，リスナーは「胸のところに緊張感があるのですね」というように応答します）。

⑤からだの感じを雲に喩える

フォーカサー　（リスナーが教示として読んでもよい。（　）内は読まない）

今度は〈からだの感じ〉を空の雲に喩えてみます。雲の性質をイメージして，それをリスナーに伝えます（たとえば，「緊張は大きな暗い雲で，そこで雷が発生しています」というように）。

リスナー

フォーカサーの雲のイメージを追体験してイメージをフォーカサーに伝え返します（たとえば，リスナーは「緊張は大きな暗い雲で，そこには雷もあるのですね」というように応答します）。

⑥雲を眺める，あるいは雲と交差する

(リスナーが教示として読んでもよい。（　）内は読まない)

今度は視点を雲の上に移し，下にある雲を見下ろして，(「大きな白い雲だな」などと) それに気づいておきます。それから，もっと高い視点に上がってみると，下に他の雲があることにも気づくかもしれません。もしも，別の〈からだの感じ〉を感じていたら，ここでそれらは別の雲と喩えることができます（注：雲を下から見上げるのと，上から見下ろすのには大きな違いがあります。雷がある大きな暗い雲の下にいると脅威を感じますが，高い上空から見下ろすと，雷や雨など嵐には巻き込まれません）。

雲が流れていくのを観察しましょう。あるいは，雲と関わりたくなったら関わってみましょう。両方やってみてもいいですよ。

[雲と交差する]

気になる雲を1つ選んでみましょう。雲の性質を言葉やイメージで表現してみましょう（[言葉]「オレンジ色の乱気流の雲」という表現にはすでに，「乱気流」や「オレンジ」といった特徴があります。あなたの生活の何が「乱気流」なのでしょうか，あるいは，あなたの生活の何が「オレンジ」のようなのでしょうか。[イメージ] オレンジ色の乱気流の雲の下に火山が噴火しているのがイメージされたとしましょう。その場合，あなたの人生の何が「噴火」しているのかな，何が「火山」なのかな，と思ってみることができます）。

フォーカサー

自分の体験のプロセスをリスナーに伝えます。その際，体験過程に気づいておくようにします，すなわち，イメージや言葉や〈からだの感じ〉（雲）を表現することによって，あるいはリスナーから伝え返されることによって，それらが変化していく過程です。

リスナー

(フォーカサーの体験過程を追体験します。ハンドル表現となる言葉やイメー

ジを伝え返し、フォーカサーの体験過程とともにいます。フォーカシングの「アスキング」の問いかけを用いてもいいですよ。たとえば、「(下線部にフォーカサーのハンドル表現を入れる)オレンジの乱気流の雲はあなたに何かを伝えていますか？」といったものです。このような問いのヴァリエーションとしては次のようなものがあります。以下のような問いを1つか2つ使ってみてもいいですが、フォーカサー自身のプロセスの邪魔にならないようにします。問いをたたみかけないようにします。「あなたの人生の何かオレンジの乱気流の雲みたいなのでしょうか？」「オレンジの乱気流の雲は何を必要としていますか？」「オレンジの乱気流の雲っていったい何だろう？」「オレンジの乱気流の雲とかけて、あなたの人生ととく、そのココロは？」)

リスナー（教示として読んでもよい）
しばらく雲と交差したら、今度は下の雲をただ眺めておくようにします（フェルトシフトを体験するまで交差を続けるわけではありません）。

⑦空になる（リスナーが教示として読んでもよい。(　)内は読まない）
気がついてみると、あなたは空になっています。空になって下の雲を眺めています。「気持ち」や浮かんでくる「考え」や「情景」は雲です。それはあなたではありません。あなたは空です。そしてただ雲を眺めています。

⑧自分に慈悲をおくる
フォーカサー（リスナーが教示として読んでもよい。(　)内は読まない）
あなたは空です。空から地上にいる自分をイメージしてみます。地上の自分は空を見上げているかもしれません。リスナーにイメージを伝えましょう。どんな場所にいるか、別の存在と一緒にいたら、それも伝えてください。

リスナー
フォーカサーのイメージを伝え返します。そして、フォーカサーに次の言葉を静かに自分におくるように伝えます。

フォーカサー （リスナーが教示として読んでもよい。（　）内は読まない）
静かに，声に出さずに，次の言葉を地上にいる自分に向けて言ってください。あるいは，自分に聞こえる程度の小さな声で自分に言ってください。「*私が健やかで幸せでありますように，私がすべての苦しみから解放されますように*」。これを数回，繰り返します。そして，地上の自分はどのように，これに反応しているか，リスナーに伝えます。

リスナー
フォーカサーが伝えていることを傾聴します。

⑨終了モード （リスナーと一緒に行います）
終了したくなったら，終了の手順に入ることをリスナーに伝えます。この手順では，まずマインドフルな呼吸に戻ります…鼻から空気が入ってきて，鼻から空気が出ていきます…空気が入ると，お腹や胸が膨らみます。空気が出ていくとお腹や胸が下がります。膨らみ，下がる…その動きに気づいています…それからマインドフルに周りの音を聴きます。これに数分かけてもいいですよ。そして，ゆっくりと眼を開けて周りが見えることを可能にしている光の存在に気づきます。リスナーに感謝してセッションを終わります。

2. 逐語記録にみる青空フォーカシング

　この節では，筆者がセラピストとして関わった「青空フォーカシング」の録画から書き起こした逐語記録を提示する。研究用の逐語記録の様式とは少し変更して，セラピストである筆者のコメントも書き込んでいる。この逐語記録について，次節では6名の心理臨床学研究者がそれぞれの視点からこの記録を解説する。ところで，本事例は筆者（T）がワークショップで行ったものであり，「青空フォーカシング」のイニシャル・ケースである。クライアント（C）は30代の女性である。

青空フォーカシング逐語記録

　　　　　　　　　　　　　　　　　　　彼女は私の斜め横に座った。
Ｃ１：なんかこう，せっかくの機会なので，自分にとって凄い大事なことがあって，それに関連することで２つ思い浮かんだので，どっちをやったらいいのかな，それはここに座って決めようと思って
　　　　　　　　　　　　　彼女は決意したように「凄い大事なこと」を私との関係のうえで取り上げようとしていた。
Ｔ１：それなら３つあるのかもしれないね，関連することが２つ，それと『凄い大事なこと』
Ｃ２：あ，それは全部関連していて，こっちは（右腕を肩まであげる）将来のことで，こっちは（左腕を肩まであげる）過去にあったこと。で，もう一つはその総称みたいなことなんですけど
Ｔ２：じゃあ，一つは未来で，一つは過去で，真ん中はその総称
Ｃ３：総称，う〜ん，なんかこう…普段できないことをやりたいな，みたいな気持ちと，一人ではできないことだったり…過去のことに関しては，ちょっと，それを取り上げると…ちょっと不安な部分もあって，ちょっと躊躇している感じですね。先のことに関しては…でも，そんなに気になっていない感じですね
　　　　　　　　　　　　　彼女の躊躇は私にも感じられていた。だけど，それは，彼女の「我」が躊躇しているのかもしれない，と私は思った。
Ｔ３：からだはどう感じているでしょう。多分，全体の感じのようなものがあると思うんですよ。「総称」というものでしょうか
Ｃ４：（10秒沈黙）
　　　　　　　　　　　　　　　　　　　彼女はからだを感じようとしている。
　　　なんか注意を向けるのが辛くなるような感じなんです
Ｔ４：では，それに気づいておきましょう。なにかあるんだけど，それに注意を向けると，辛くなりそうに思っている
Ｃ５：はい，はい（20秒沈黙）
Ｔ５：辛くならないようにしたいけど，もう辛くなっているね
　　　　　　　　　　　　　　　　彼女の瞳から涙が流れ落ちている。
　　　ティッシュとってくるね
　　　　　　　　　　　　　私は後ろの机の上にあったティッシュの箱をもってきて，彼女の隣の椅子においた。彼女はそれには反応せず，彼女はもっていたハンドタオルで涙を拭いていた。

ここに置きますよ
　　　　　　　　　　　　　　　彼女の耳には入っていかないようだった。長い
　　　　　　　　　　　　　　　沈黙に彼女は入っていた。そしてすすり泣きな
　　　　　　　　　　　　　　　　がら，話し始めた。

Ｃ６：（１分20秒沈黙）からだの感じになかなか注意が向けられないみた
　　　いな感じで
Ｔ６：からだでなくてもいいけれど，いま，何を感じているのでしょうか
　　　　　　　　　　　　彼女はいま泣いている，私はその背景にある〈感
　　　　　　　　　　　　じ〉が知りたい。
Ｃ７：う〜ん，しんどいな，という言葉かな，思い浮かぶんですよね
Ｔ７：しんどいな，というコトバが浮かぶ？
Ｃ８：（長い沈黙）からだ…（10秒沈黙）に注意を向けようとすると，な
　　　んかこう，ドキドキして
Ｔ８：うん，じゃあ，からだに注意を向けようとしないようにしましょう
　　　　　　　　　　　彼女はすでに，十分何かを感じているのだから，
　　　　　　　　　　　〈からだを感じようとする〉という意識が強すぎ
　　　　　　　　　　　て，それが邪魔になっているように私には思えた。
　　　いまの，あるがままのところに一緒にいましょう。そこは涙も出て
　　　くるし，しんどいという言葉も浮かぶ，で，興味をもって，そこに
　　　一緒にいましょうか
Ｃ９：ちょっといま，話したくなってきていて
Ｔ９：うん，どうぞ
　　　　　　　　　　　　　心理療法面接では〈話したくなる〉もので，決
　　　　　　　　　　　　　して心理療法家が話を〈引き出す〉わけではない。
　　　　　　　　　　　　　私が直前の発言で〈一緒にいる〉ということを
　　　　　　　　　　　　　表明していることも関係あるのだろうか，彼女
　　　　　　　　　　　　　は彼女の〈凄い大事なこと〉を私に打ち明けた
　　　　　　　　　　　　　くなっている。光栄に思う。
Ｃ10：なんか，ここに，このワークショップに参加，今年できて，で，
　　　去年は申し込みしたんですけど，出来事が，そのことを思い出し（泣
　　　きだす）…しんどいなと…
Ｔ10：去年，ここに来れなくなった事態が発生して，それがとてもしん
　　　どい
Ｃ11：うん，今日？
　　　　　　　　　　　　彼女には私の発言が届いていないようだった。
Ｔ11：去年，ここに来れなくなった事態が発生して，それが今もなお，し
　　　んどい

私はもう一度,〈リフレクション〉という心理療
　　　　　　　　　　　　　　　　法の応答を用いて確認した

Ｃ12：うん,思い出すのがしんどい,というのか辛いのだけど（Ｔ：うん）
　　　まあ,ここに居ると思い出されるので,去年のことを,で,その
　　　ことにあまり向き合っていなかったな,という自分もいて,で向
　　　き合っていなかったことで,どっかで〈向き合った方がいいよね〉
　　　と言っている自分もいるんですね。それをしないと,先に進めな
　　　い感じもあって,ここは,蓋も大事なんだけど,ちょっと開いて
　　　いかないといけないのかな,みたいのがあって,どこかで。うん
Ｔ12：なんか,蓋を少し開きたい
Ｃ13：うん,（短い沈黙）開きたいのか,自分のからだに聞いてみます（5
　　　秒沈黙）
Ｔ13：あまり無理にからだに聞かなくてもいいですよ。（10秒沈黙）あま
　　　り無理に蓋を開ける必要もないし
Ｃ14：（3分沈黙）なんか,少し落ち着いてきたんですけど…（30秒沈黙）
　　　結婚して今年で9年目になるんですね。子どもを授かることがで
　　　きなくて,で,いろんなきっかけがあって,子どもをつくろうと思っ
　　　たのが遅かったというのもあるんですけど,治療をしはじめて,
　　　ちょうど3年くらいたつんですよね（Ｔ：うん）で,なかなか子ど
　　　もを授からないというのと,その治療自体が辛い,というのと,
　　　でも辛さを実感していると治療ができないんですよね。そこは蓋
　　　をしながらやってきた感じがあって…なんとなく今年に入って治
　　　療に専念する時間を1年半とって,仕事も全部やめて…（Ｔ：う〜
　　　ん）そういう時間をとったんだけども,あまりいい結果が得られ
　　　なくて,そのときに,その,仕事の話が舞い込んできて,で,こ
　　　の4月からスタイルも変えて,じゃないですけど,治療も続ける
　　　んだけど,仕事も戻そうかなというふうに,そういう感じで…（Ｔ：
　　　う〜ん）その治療をこれからも続けていくのかとか,この時点で
　　　諦めてもいいのか,とか,諦めたくないなとか,そんなことを思っ
　　　ていて…（すすり泣き30秒）…お医者さんにも,今度がラストチャ
　　　ンスだと言われたんですね。それは経済的なことだとか,ドクター
　　　も私たち夫婦のことを考えて,いろいろ配慮してくれてたんです
　　　ね,金銭的な面とか…ラストチャンスだと考えたときに,うん（30
　　　秒沈黙）,なんか,1年前に,実は子どもを授かったんだけど（泣
　　　きだす）流産してしまったときのことを…傷というのではなくて,

なんかちょっと後悔というような感じで残っていて。頭では，自分の行動のせいでそうなったわけではない，というのはあるんだけど（30秒沈黙）もし，自分があそこで，そうしていたらとか，ああしなければとか，どこかでそういう気持ちをもって，それがちょっと後悔という形で，どこかで残っている…なんか，そこに，（30秒沈黙）あまり蓋をしていると妊婦さんを見るのがとても辛くて…子どもを見ているのはぜんぜん辛くないんです。かわいいから，子ども自体が。でも妊婦だけは，見れないんですよ，やっぱり。どうしても羨ましいな，という気持ちが出てくるし，なんで自分は子どもをそこまでお腹の中で育てられなかったんだろう，っていう，そういう気持ちになるし，それは自分でもすごく嫌で

T14：そうですね。なんか後悔，みたいな感じがあって，もっとこうしていたらよかったんじゃないか，とか，こうしなかったらよかったんじゃないか，とか，自分を責めているような（彼女はうなずく）なんかそんな感じがありますよね。で，どこかで，頭ではわかっていて，いくら自分を責めたところで，それは関係のないことである，なんていうことは，頭ではわかっている

C15：そうですね

T15：ですよね

C16：はい

T16：う～ん，で，まず，この後悔の感じから，ちょっと遠ざかりたいなと思うんですね

C17：（うなずきながら）うん

T17：この後悔…後悔と言うんだろうか，後悔のようなからだの感じがそこにあると思うんですね（彼女はうなずく）どんな感じだろう？

C18：（涙を拭きながら1分半の沈黙）胸のあたりがすごい，圧迫されるような感じ…

T18：オーケー

C19：…で，息が苦しいな，という…

T19：胸が圧迫されるような感じ，息が苦しくなるような感じが，どこかに行きたがっていたとしたら，どこでしょう？

　　　　　　　フォーカシングのクリアリング・ア・スペースの応答をスペース・プレゼンシング風（Ikemi, 2015a；池見，2015a）に行っている。

C20：（沈黙20秒）空

T20：空？ 空に行かせてあげましょう

C 21：（激しくすすり泣く。1分半の沈黙。）なんか，空っていうと，やっぱり赤ちゃんのことが思い出されて。その手術をするときに看護師さんから「お空からみて守ってくれてるよ」って言われたんです（T：うん）で，そのとき，すごい，どっと涙が出たんだけど，なんかそのことが…（30秒沈黙）

         この沈黙の間に私は彼女を追体験していた。そして，私の追体験と彼女が語っていたことのギャップに気がついた。それを言ってみることにした。

T 21：私に，チラッと浮かんだことなんですけど，「空からその子が守ってあげてるよ」って言われた（彼女は泣きだす）でも，なんか，私が受けた感じは，でも，自分がその子を守ってあげたかったって（彼女はうなずく）…それで，うん…（20秒沈黙）

         この沈黙の中で，私は次に私が提案することを自分でやってみていた。

自分を責める思いとかは，実はその子を守りたい思い（彼女はうなずく）のように思えて，そして守れなかった後悔のようなものがある（彼女はうなずく）…その子の元に行きましょう，空へ。（彼女は何かを抱えるような腕の動作をしていた。そして私は続けた）その子を守れなかった後悔とか，守りたかった気持ちとか，胸を苦しめているその感じですね，その子がいる空へ

C 22：うん（彼女はタオルで涙を拭きながらすすり泣いていた）

T 22：どんな空かわかります？

         私は彼女の空を追体験したかった。

C 23：真っ青で綺麗な空…雲は真っ白で…ふわふわで

T 23：そこにその思いを…で，こんなことができるかどうかわからないけど，これはフォーカシングではないんですけど，これは「青空の瞑想」というものですけど，実は，あなたも空なんです

C 24：うん？

T 24：真っ青な空で，そこでは，お子さんも一緒にいる

C 25：子ども？

T 25：あなたの子どもも一緒にそこにいる（彼女：うん）で，いろいろ悩んでいるのは，いろんな雲。いろんな思いは雲みたいにプカプカと浮かんでいる。でもあなたは雲じゃない。あなたは空。（彼女：うなずいて目を閉じる。）それって，イメージできます？自分は空なんだ。で，空というところでは，あなたも子どもも一体，境目

2. 逐語記録にみる青空フォーカシング

はないし…そしていろいろな思いの雲はプカプカと下に浮かんでいる（沈黙1分10秒）

> 彼女は空になった体験をしているのだろう。

そして上から見ると，不妊治療のことや，いくつかの雲が上から見えるかもしれない。それから他の雲も浮かんでくるかもしれない（彼女：うなずく），上から，「この雲があるな」とか「あの雲もあるな」「ぜんぜん別の雲もあるなとか…（彼女：うん。目をあけて，タオルで涙を拭く）どんな雲があるか，ちょっとしばらく上から眺めてみましょう

（沈黙1分）

> 彼女は雲を眺めているのだろう。

ちょっとからだが楽になってきているように見えます

> 彼女のからだに注意を向けていた私には，そんなふうに見えた。

C26：うん（うなずく）（約1分沈黙）

T26：そこにもう少し居て，からだが楽になっていることに気づいて，十分楽になっていることを感じたら，言ってください。その次に別の瞑想をやってみようと思います

C27：（沈黙約1分）（彼女は目を開けた）呼吸も楽な感じです，あ〜

T27：じゃあ，もう1つ瞑想をします。空から，ずっと地上の方を見下ろすと，そこにあなた，綾さん（仮名）が見えます。上から観てくださいね。どっちもあなたなのですね。空も地上の綾さん（仮名）も

C28：はい（彼女は微笑んだ）

T28：で，これは仏教の基本的な瞑想です，念じるんですね。「私が健やかで幸せでありますように，私がすべての苦しみから解放されますように」

> 私はそれをゆっくりとした声で言った。彼女はそれに対してうなずいていた。

空から，下の綾さんに向かって。（彼女：はい）私が健やかで幸せでありますように，私がすべての苦しみから解放されますように（沈黙約1分。彼女はまた涙し，それを拭っていた）いま，涙が出てきましたけど，どういう感じですか？

C29：（沈黙10秒）解放されるといいな，という感じなんです（笑）

> これを話しているのは彼女の「我」だと私は思った。

T29：でも，「苦しみから解放されるといいな」と思っているのは，地上

を歩いている綾さんですね。上から念じていきましょう
C 30：空から（彼女は微笑んだ）
> この微笑みから私はなんらかの善いエネルギーを感じた。冒険心やプレイフルネスみたいな，なにか，初めてのことをやってみようという楽しみのような感覚がそこにあるように思えた。

T 30：(はっきりした調子で) からだも健やかに，ちゃんと身ごもることができるように，私が健やかで幸せでありますように，私がすべての苦しみから解放されますように。（彼女はニッコリした表情を浮かべた）
C 31：下にいる綾さんは，けっこう元気なんですよね
> 私は嬉しくなった。これを話している彼女は地上の綾さんではない。それは「考えている我」ではない。これを話しているのは，空だ。

T 31：元気なんだ
C 32：うん（笑い出す）
> こんなに深刻な話題の中でも笑いが出ることは，とても善いことに思えた。

T 32：元気だということに気づいておきましょう。元気なんだなあ，というように
C 33：(笑いながら) 元気というか，子どもみたい，というかキャンキャンキャンという感じなんですよね
T 33：ああ，そうなんだ
> 私は彼女が我を超えて，空になれていることを確認しておきたかった。

下にいる綾さんは元気でキャンキャンキャンという感じなんですけど，それ以外に綾さんがいるんですか？
C 34：いま，上にいる私がもう一人いて，なんかこう，暖かい眼差し，というか，キャンキャンという私を見守っている感じで（大きく両腕を両肩の斜め上にあげる，何かに包み込まれているような動作）（約１分沈黙）
> 私は彼女が「上にいる私が暖かい眼差しで私を見守っている」という言葉に感動していた。「上にいる私」は誰なのか？ それは綾さんではない，それは大きな命のようだった。

T 34：また涙が流れていますけど，何か浮かんでいますか？
> 新たに涙が出てきている，何が起こっているの

　　　　　　　　　　　　　　　　　　　　　　　　か私は知りたかった。
C 35：（沈黙約30秒）なんか，守られているという暖かい感じがあって…
　　　（沈黙10秒）…ちょっとホッとするような…（沈黙30秒）…穏や
　　　かな感じ
T 35：そこに漂っていましょう。守られているような，穏やかな感じ。
　　　そして，何回か「私が健やかで幸せでありますように，私がすべ
　　　ての苦しみから解放されますように」と念じていましょう（2分
　　　沈黙）（ときどき彼女は目をあけ，涙を拭いた。）（3分沈黙）（彼
　　　女は笑った。そしてまた涙が頬を降った）うん，悲しい感じが浮
　　　かんできたりしていたら，それは雲ですよ。今もなにか来ている
　　　のかもしれない。それは雲です。でも，あなたは空です。空から
　　　下を見て念じてください。私も，「綾さんが健やかで幸せであり
　　　ますように，綾さんがすべての苦しみから解放されますように」
　　　と念じていますから。（彼女はタオルを顔にあててすすり泣いていた）
　　　（5分沈黙）（目を開け1分沈黙）（目を閉じ2分沈黙）いい顔になっ
　　　てきましたね
　　　　　　　　　　　　　本当に顔が明るくなったように私には見えていた。
C 36：（彼女は声をあげて笑いだす。二人で笑う）
T 36：さっきとすごく違うよ。肌の感じがよくなっていますよ
C 37：肌ですかハハハ…本当ですか？　私，一回涙腺が緩むと，ずっと出
　　　ちゃうので，意外と大丈夫です，ハハハ。なんか思い出した時に
　　　出ちゃう，でもけっこう，からだが楽だし…なんか…なんだろう
　　　…なんか視界が広いみたいな感じで不思議です
T 37：そうそうそう
　　　　　　　　　　　　私自身の経験でも〈視界が広がった感じ〉にな
　　　　　　　　　　　ることがあるから，私はこの感覚がよくわかる。
　　1年間抱え込んでいたものを手放したんですからね。ちょっと広く
　　なったね
C 38：はい（1分沈黙）うん，ありがとうございます（彼女の吐く息に
　　　合わせて私が息を吐くと二人は自然に笑いだした。）泣き過ぎて，
　　　お腹が筋肉痛に！（二人で笑う）
T 38：いいですか，終わっても？
C 39：私はいいですけど…
　　　　　　　　　　　　　二人は互いにお辞儀をして，ここでこの55分程
　　　　　　　　　　　　　度の面接を終えた。

3. 逐語記録へのコメント

　前節の青空フォーカシングの逐語記録について，本節ではフォーカシングを専門とする6名のセラピスト（心理療法家）・研究者がそれぞれの視点から解説する。同じフォーカシングというオリエンテーションを共有していても，逐語記録のどの部分に注目したのかなど，それぞれの個性的な理解が読み取れるだろう。それらの理解は大きな部分では共通しているが，詳細な点では違いもあるだろう。それは，あたかも6人のケーキ職人があるケーキを食べて評しているようなものである。プロが食べてみると，ケーキが「美味しい」か「美味しくないか」はおおむね一致するだろう。しかし，「どう美味しかったか」となると，それぞれのケーキ職人は違った点に注目するかもしれない。そして，それぞれが注目した違った点を明らかにすることによって，職人たちが相互に学ぶことができる。本節では読者も読者自身の意見をもって，以下の解説を読んで相互に学ぶ機会となれば幸いである。

〔池見　陽〕

3.-1. セラピストのあり方が印象的

　とても苦しい体験をしたとき，私たちはその苦しみを乗り越えるためにはさらに辛い思いをしてでもそのことに向き合い，何らかのかたちで取り組まなければならないと思ってしまいがちだ。

　「どこかで向き合った方がいいよね（C12）」と話すクライアント（以下，CL）もまた，同じように感じていたのかもしれない。自分にとって『凄い大事なこと』をフォーカシングで取り上げたいが，話すうちに辛い苦しい思いをするのではないかとCLが考えていたとすれば，それを話し出すまでに相当の時間を要したというのも不思議ではない。一方で，そんなCLが「いま，話したくなってきていて」（C9）と発言するに至る過程は筆者にとって興味深い。

　セッションの冒頭，CLはストイックなまでにからだを感じようとしている。「なかなか注意が向けられない感じ（C6）」や「しんどいな，という言葉が思い浮かぶ（C7）」「ドキドキする（C8）」という発言に，たとえば『今は

からだに注意を向けたくない』といった気持ちが暗在しているように筆者には感じられるが，セラピスト（以下，TH）がコメントしているように，CLのからだを感じようとする意識はとても強そうである．この時点でのCLは第6章1.-3.で池見が言及している「我」が張った状態である．ところがTHが「からだに注意を向けようとしないようにしましょう」「いまの，あるがままのところに（中略）興味をもって，そこに一緒にいましょう（T 8）」と応答したこと，そしてCLが（恐らく）それをやってみたことにより，CLの体験のプロセスが動き始める．CLにとっては拍子抜けするようなTHの言葉だったかもしれないが，"しない"という行為によって，感じていたものとの体験的な距離が変わったとも考えられ，「いま，話したくなってきていて」（C 9）という発言につながったのではないだろうか．

　このセッションはフォーカシングとして始まったが，その後，青空瞑想，慈悲の瞑想へと進む．全体を通して見ると，セラピストとしてのあり方が筆者には印象的である．辛い体験に苦しんでいる人を前にしたとき，THのオリエンテーションが何であるかや，今はフォーカシングをする時間であるといった枠組みではなく，目の前にいる人のためにできることは何か，どのようにその人とともにいることができるかといったことが優先されている．当然とも言えるが，私たちは何かしらの技法で構えてしまいがちだ．ジェンドリン（Gendlin，1990／邦訳，1999，p.28）は「人とワークすることの本質は，生きている存在としてそこにいること（to be present）」，そして「フォーカシングであれ，リフレクションであれ，他のものであれ，二人の間にはさみこんではならない」と記述している．フォーカシング指向心理療法家としてだけではなく心理臨床家として大切なあり方をこのセッションを通して再考させられる．

[平野智子]

3.-2. やさしさのプレゼンスはエネルギーを生む

　なかなか距離が取りにくく，ほんのわずかでもそのことを思うと，強く揺さぶられたり，涙が溢れたりするようなことがある．そのことに本当はゆっくりとかかわったらよいだろうと頭ではわかっているが，実際には何か怖さのようなものもあって，かかわれない．日常生活を送るには，蓋をするようにして

生きるしかない。そのような体験は多かれ少なかれ誰しもあるだろう。そこに〈いのち〉が関連していると，一層そうではないだろうか。ここに掲示された逐語記録はそのようなケースである。そこで筆者は，誰かがともにいてくれることで，私の生が進み始めるという視点でこのケースを見てみたい。〈presence〉の視点である。

　クライアントは初めに，「せっかくの機会なので」と何か期待して臨んでいる。しかし，「ちょっと不安な部分もあって」と「躊躇」を告げる。期待して臨んでも，すぐには向かえない。しかしクライアントには，C4ですでに，何かが浮かんでいて，「注意を向けるのが辛くなるような感じ」がある。距離もかなり近く，C6では気持ちがいっぱいになっている。その様子にセラピストは，「あるがままのところに一緒にいましょう」「興味をもって，そこに一緒にいましょう」と繰り返す。日常生活においては必死に押さえていたり，どこかに置いていたりするかもしれない。悲しみたくても悲しめないかもしれない。それが今安心して溢れているようだ。このときのセラピストの「あるがままのところに一緒にいましょう」「興味をもって，そこに一緒にいましょう」という応答は，究極に，たった今のそのままの自分に〈やさしくする〉ことにつながるだろう。

　そして「後悔」が語られ，「後悔」から距離をとることになるが，おそらく「後悔」は〈置けない〉だろう。だから，セラピストの「どこかに行きたがっているとしたら」（T19）は，責める思いや胸を苦しめている感じだけれども，そんな自分の感じにやさしくかかわる居かたとなる。

　次に，セラピストの追体験による言葉「自分がその子を守ってあげたかった」から「その子の元に行きましょう，空へ」であるが，これはまた，究極にやさしい。引き離されていたものが，そこにいていいと保障され，セラピストに守られ，一緒にいられるのである。子どもと一体となって空になり，セラピストと一緒に眺めていると，クライアントはからだが楽になり，呼吸も楽になる。安心のスペースだろう。

　この間セラピストによって繰り返される「空」は，セラピストの守りの中にあること，安心して子と一緒にいられること，その中で一緒に見ていることが保障されていますよと告げられているように見える。瞑想の言葉が加わった

ときには、〈いのち〉とともにあるそれは、クライアントにとってはおそらく、聖なるスペースとなっただろう。最後にはそのスペースは拡張され、主体性をもち、エネルギーが湧き出てくるものとなった。

　このケースでのpresenceを、やさしさのpresenceと呼びたい。誰かにやさしく包まれることで、自分の全体をやさしくできる。そしてやさしさのpresenceはエネルギーを生むのである。

[矢野キエ]

3.-3.「ともにある」フォーカシング

　実践記録を拝見し、感じたことを述べていく。まず1つ目は、これは「青空フォーカシング」なのだろうかということである。瞑想の導入は、先述の教示と同様であるが、それ以外の問いかけは異なっている。おそらく、この事例後、教示等が変更されていったと思われるが、この事例では「空」を選んだのは話し手である。この箇所の解説にあるように、筆者もクリアリング・ア・スペース（CAS）（第5章）の延長にあるように思えた。CASでは、気がかりをベンチに並べる、箱や壺に入れる、机や本棚に収める、あるいは海や宇宙に置くことがある。その際、どのような箱や棚なのか、その気がかりをそのまま置くのか、何かで優しく包んであげるのかなど、質感を尋ねる場合がある。これを踏まえると、青空フォーカシングは、CASの延長にあり、空の質感を膨らます、あるいは話し手の体験を豊かにする「シカケ」のように考えることができる。それゆえ、この実践はこの話し手との〈フォーカシング〉を行っているように思えた。

　また、慈悲の言葉かけは〈通常のフォーカシング〉では用いないが、似たような言葉かけは存在する。アン・ワイザー・コーネルの方法では、批評家やフェルトセンスに対して、優しい言葉をかけるよう、教示することがある。また、ジェンドリンの言う「フレンドリーな態度」をとるということにつながってくるのかもしれない。いずれにしても、〈あるがまま〉に認めることが重要であることを伝えている。

　ここで解説しておきたい3つ目の点は、フォーカシングをいかに定義するかにもよるが、筆者は、体験と象徴のジグザグが重要と考えている。それゆえ、

青空フォーカシングであれ，アートであれ，ジグザグを重視し，それが生じていれば，それは体験的アプローチと言えると考えている。ジェンドリンは，その著書（邦訳，1999）の中で，どのような流派であろうと，体験的になりうることを主張している。したがって，今回は「青空フォーカシング」という「シカケ」を用い，体験と象徴とのジグザグを促した事例と思え，アートを用いるのと同様に〈通常のフォーカシング〉を行ったものと思われた。

最後に，この事例を拝見し，話し手と「ともにあること」の重要性を強く感じた。瞑想以外での丁寧なやりとりや，「話し手と聴き手がともに感じる」というあり様が，話し手の体験をより豊かなものへと推進しているように感じた。何を行おうとも，その場に「ともにある」，それが〈フォーカシングらしさ〉のようにも思えた。

[河﨑俊博]

3.-4. 青空フォーカシングという共創とクライアントの変化

前節の逐語記録は「青空フォーカシング」のイニシャル・ケースであるが，「青空フォーカシング」自体はここからさらにアップデートされ，教示例（第6章1節）が提示できるまでに実践を重ねてきた。筆者（筒井）も「青空フォーカシング」を何度も体験しているが，本節ではこのイニシャル・ケース特有の事象に着目したい。イニシャル・ケースは，初めから「青空フォーカシング」というものを行おうとしたわけではなく，フォーカシングのセッションとして始めたものである。ゆえに，他のコメントにもあるように，枠組みを超えることやともにいることといった，フォーカシングあるいは心理臨床において大切な要素が，このイニシャル・ケースからも見えてくるだろう。こうした視点を踏まえて，筆者は心理臨床学アップデートの観点から2点言及したい。

1点目は，セッションが共創的な営みだということである。第4章2節では，心理療法以外の専門面接とリスニングの違いについて言及している。しかし，実際には，心理療法面接においても専門面接のような情報収集型の面接を実践している心理療法家が少なからずいる。こうした状況の背景には，多くの情報からクライアントの課題を見立てて適切な治療方針を決めるという考えが存在する。この考え方は，心理臨床における常識として教えられるものである

が，クライアントの問題を解決するということを意識し過ぎるとクライアントを追体験することが疎かになってしまい，クライアントに適さない方針を押し付けてしまう危険がある。このイニシャル・ケースでは，クライアントが感じていることを追体験することに終始努めており，「青空フォーカシング」という方針は追体験の結果によるものである。それは決してセラピストが押し付けたものではなく，共創的なものである。これは，フォーカシングに限らず，どのようなオリエンテーションであっても大事にしたいことである。

　2点目は，クライアントの変化である。心理療法の多くは，その治療方針による変化の方向性が定まっている。それは，発達段階上の課題を達成することであったり，問題解決の方向性を示すことであったり，クライアントの認知の歪みを修正することであったり，といったものである。では，このイニシャル・ケースでは何が変化したのだろうか。セッションの前後比較における変化で言えば，とくに認知の修正を行ったわけではないし，クライアントの問題を解決する方向性が示されたわけでもない。しかし，からだのあり方は明確に変化している。C27では呼吸が楽になっているし，表情も変わり（T35），C37ではからだが楽になり視界が開けている。そして，それらはセラピストから見てもはっきりわかる変化である（T25，T35，T36）。からだのあり方が変化すると，からだの感じが指し示す未来も変化し（第2章3節参照），クライアントの生き進み方も変化する。また，セッション内の変化としては，〈凄い大事なこと〉を話したくなったり（C9），深刻な話題の中でも笑いが出たり（C32），「守られているという暖かい感じ」を感じられるようになる（C35）など，随所に見られる。クライアントを変化させようとすることよりも，こうした変化に目を向けることが重要であり，クライアントを追体験することがクライアントの変化につながるのである。

[筒井優介]

3.-5. 初期ジェンドリン哲学にはない「スペース」の考え方

　「逐語記録にみる青空フォーカシング」から感じたことを4点述べたい。
　まず，セッションが進むにつれてクライアントが「考えている我」ではない次元で話すようになるという点である。これに関して，セラピストのコメン

トに筆者も同感である。C29の「解放されるといいな」という「我」が頑張り続けていたら，クライアント本人の意図とは裏腹に余計につらくなっていたかもしれない。その後，C34で「私がもう一人」と述べ，「我」とは別の主体がいることをクライアント本人が明言する。しかし，よくよく見れば，セラピストのコメントにあるように，すでにその前のC31の「けっこう元気」の時点で，「境目のないわたし」「かたちのないわたし」の観点から地上や雲を眺められていたのであろう。

　次に，「青空フォーカシング」という名称とこの事例で起こっていることについてコメントしたい。「最初の」事例とセラピストによる断り書きがあるように，のちの第6章1にあるフォーカシング教示例に比べると，フォーカシングらしさがあまり前面には出ていないかもしれない。たとえば，「あなたの生活の何が○○なのでしょうか」「○○はあなたに何かを伝えていますか」といったいわゆるフォーカシング的応答はまだ見られない。しかし，フォーカシング的か否かという区別とは別に，「青空『心理療法』」であることは確かであろう。

　続いて，仏教瞑想とのつながりについて，素人なりにコメントしたい。「慈悲の瞑想」がこの事例においては，とても助けになっていたであろう。「私が健やかで幸せでありますように，私がすべての苦しみから解放されますように」という言い回しが，「仏教の基本的な瞑想（T28）」と解説されるだけでは，違和感を覚える読者もいるかもしれない。なぜなら，藤田・山下（2013）の共著で議論されているように，こうした「私が……」という言い回しは，日本に伝わった大乗仏教では必ずしも共有されているわけではないからである。しかし，共有されているか否かにかかわりなく，今回の事例では，クライアントの助けにはなっていると筆者には思えた。

　最後に，この事例とジェンドリンの理論や哲学との関係について，コメントになっているか心もとないが触れておきたい。筆者の専門がジェンドリンの体験過程理論のうちでも初期のものであるため，この事例に対して理論的なコメントは，現時点では大変難しい。今回の「青空」と「雲や地上」との距離に限らず，距離をとること全般に関して，フォーカシングの中でどう位置づけられるのかを，ジェンドリンは初期の理論の中では明確に論じていないからであ

る。よって，彼の初期の理論に基づいただけでコメントすると，この事例への単なる概念的な「お仕着せ」になってしまうきらいがある。少なくとも，距離（空間・スペース）ということに言及した彼の近年の理論文献に依拠する必要があることを改めて思い知った次第である。

[田中秀男]

3.-6.「地上の私」の臨床的意義

　空を見上げ，そこに想いを馳せるということを，私たちは誰に教わったわけでもないのに，いつのまにか身につけている。いつも頭上にある広大な空は，実は私たちが日常から少し距離をとろうとする際，最も身近な「スペース」の一つなのかもしれない。

　青空フォーカシングは，藤田老師や山下老師らによる仏教瞑想（藤田・山下，2013；山下，2014）からその着想を得ているが，フォーカシング指向の実践としては，「心の天気」のような，自分の気持ちや状況を天気に喩えるワークが知られている（土江，2008）。青空は，曇りや雨，嵐などさまざまな気象現象の最も〈背景〉となるものであり，雲を〈図〉とするなら，青空は〈地〉にあたる。私が雲ではなく，その背景である青空であるという青空瞑想の着想は，まさにこのような図地反転を促していると言える。

　青空フォーカシングに関して特に注目したいのは，「自分に慈悲をおくる」ということを通して，「地上の私」を振り返るというプロセスである。このワークは，〈我〉を捨て，広大な「空」への解放をただ促すことをねらいとしているわけでない。そうではなく，あくまで「地上」にいる私に対して，「私が健やかで幸せでありますように…」ということを伝え，空からもう一度地上を振り返るということを行うのである。

　空の上というメタレベルから，地上の私という自身の日常を振り返るというこの営みに，青空フォーカシングの臨床的な意義が認められる。セッションの逐語記録では，この慈悲の瞑想を通して，Cl.の見ている「地上の私」の姿に変化が生じているのがわかる（C33）。では，このとき何が起こっているのだろうか。「自分に慈悲をおくる」とは，一体どのようなことを指すのだろうか。「慈悲」という仏教的な発想を，フォーカシングではどのように捉えることが

できるのだろうか。

「マインドフルネス」という概念が，認知行動療法を第三世代へと〈アップデート〉させたように，青空フォーカシングに含まれているこの「慈悲」という概念が，フォーカシングの，そして心理臨床の次なるアップデートへの動因となる可能性が指摘できる。

[岡村心平]

4. フォーカシングと夢解釈

　フォーカシングを応用した夢解釈をジェンドリンが最初に紹介したのは著作 *Let your body interpret your dreams*（1986）である。日本においては『夢とフォーカシング』（村山，1988）というタイトルで紹介され，〈夢フォーカシング〉（田村，2013）の呼称でフォーカシングのワークとして親しまれている。本節では，まず夢解釈の歴史と現状，古典的心理療法における夢解釈を概説した後，ジェンドリンの夢解釈を説明する。次に，夢フォーカシングの実例として井野（2015）を取り上げ，最後に夢フォーカシングの応用として，筒井（2015）の夢PCAGIPを取り上げる。

4.-1. 夢解釈の歴史と現状

　心理臨床において夢は，フロイト精神分析に始まり，ユング深層心理学などの精神分析各派，ゲシュタルト療法，プロセス指向心理学，認知行動療法（松田，2010），そしてフォーカシングにおいても扱われる伝統的な素材である。日本の心理臨床においては，近年の森田（2009）や丸山（2013）のように，夢を扱った事例研究が多数存在している[1]。

　日本における夢とフォーカシングに関する研究者としては田村隆一が著名であり（1999，2005など），夢フォーカシングの特徴について研究が行われてきた。しかし，事例報告は少なく，『心理臨床学研究』や『人間性心理学研究』といった日本の代表的な研究雑誌では夢フォーカシングの実践例は報告されて

---

1) 島本（2014）によると，『心理臨床学研究』で夢の報告があった論文数は155編（2012年現在）であった。

いない。パーソン・センタードおよび体験過程療法の国際機関誌である*Person-Centered and Experiential Psychotherapies*においても，夢とフォーカシングについて取り上げた論文はコッホ（Koch, 2009）の文献研究とエリス（Ellis, 2013）の事例研究の2編が存在するのみである。

4.-2. 古典的心理療法における夢解釈

　心理療法として夢解釈を最初に試みたのはフロイトである。フロイトは『夢解釈』（Freud, 1899）で自身の夢を科学的視点から解釈することを試み，治療に応用した。フロイトの夢解釈には精神分析理論による理解が土台となっており（第1章2節），治療者は夢の意味についての理論を基に理解する。現代ではこれは「夢分析」として一般に知られている。

　フロイトによると，夢は「睡眠という意識の統制が弱まった状態下で抑圧されていた無意識が浮上してきたもの」（小川, 1999）である。夢は願望充足であり，無意識にある感情や欲望が活性化された結果として出現する（Bateman & Holmes, 1995）。願望はたいてい幼児性欲の現れであり，このような願望は心をかき乱して安らかに眠ることを脅かすため，圧縮や加工，置き換えといった夢の仕事（dream work）という検閲を通して，ばらばらでまとまりのない夢として意識される。フロイトはこのように夢を理解し，潜在的な内容を読み解き夢見者の無意識的な欲動を解明しようとした。

4.-3. ジェンドリンの夢解釈

　一方，フォーカシングにおける夢解釈として，ジェンドリン（Gendlin, 1986）は3つの利点を挙げている。本項では，まずそれぞれの利点に関連するジェンドリンの理論を解説する。次に，夢フォーカシングの手順を示す。最後に，夢フォーカシングの態度論に触れる。

　第1の利点は，フォーカシングの夢解釈は1つの理論や信念の体系に限定されていないことである。ジェンドリン（邦訳, 1999）は，他の心理療法のシステムを「ある前提される基本的内容にこだわり，人をそれらの内容を通して取り扱おうとする」単一理論システム（single-theory systems）と「ひとつの狭い手続きだけが必要であるとされる」単一技法型（single-technique type）

に分類し、両者のタイプが排他的であろうとするために問題が生じ、ひとつの理論や技法にこだわるのではなく、これらの理論と技法を「どのように使うか」が問題であると述べている。夢解釈においても、ジェンドリン（Gendlin, 1986）は一つの理論を応用してある結論に達する夢解釈の方法を否定している。また、理論によって導き出された結論は仮説に過ぎず、その仮説によって何かが生まれない限りは解釈したことにならないとしている。夢フォーカシングで用いられる問いかけとして16の質問（表6-2）があるが、これはフロイトやユング、パールズなどの夢解釈を参考にして、これらを質問形式に組み替えたものである。

　第2の利点は、夢解釈の基準は夢見者自身のからだの感じ（フェルトセンス）にあることである。前述したように、精神分析では治療者が夢の意味について解釈を行う。一方、ジェンドリンの夢へのアプローチは現象学を基本にしており、推論を体験（夢）にお仕着せないことを原則としている（筒井、2015）。夢フォーカシングでは、16の質問のうちいくつかを「夢をみた人が自分のからだに聞くため」（Gendlin, 1986）に使う。からだの感じが反応しなければ別の質問をして、どの質問にからだの感じが反応するかを試してみる。質問によってからだの感じが反応したとき、夢見者の体験過程が推進されるのである。そして、夢の意味はその瞬間に創造されるのである。夢の意味はあらかじめ存在しているわけではないとジェンドリンは考えているため、夢は誰にも「分析」することができない。「夢をみた人のからだだけが、夢を解釈できる」のである（Gendlin, 1986）。

　第3の利点として、この方法は教えることと学習することが可能だということである。精神分析では転移／逆転移のような治療関係を重視しており、夢という無意識の内容を治療関係で扱うことに意味があるとしている。ジェンドリンの理論は人が変化するプロセスを記述したものであり、必ずしも治療場面に限定されるものではない。ジェンドリン（Gendlin, 1981）はフォーカシングを職場や学校、病院などでも教えることが可能なものとして提示している[2]。

---

2) *Focusing*の第2版（Gendlin, 1981, Bantam Books）は、キオスクで売られているようなペーパーバック（日本でいう文庫本に近い）である。このことからも、ジェンドリンが一般に向けてフォーカシングを教えようとしていたことがうかがえる。

表6-2　質問早見表（田村，2013）

1. 何が心に浮かんできますか
   夢について，どんなことを連想しますか。
2. どんな感じがしますか
   夢の中でどんな感じがしましたか。その夢がもっていた全体の感じを感じてください。
   生活の中で，どんなことがその感じに近いでしょうか。
3. きのうのことは
   （昨夜の夢）きのう何をしましたか。（以前見た夢）夢を見たころに，何がありましたか。
4. 場所は
   夢に出てきた主な場所から，何を思い出しますか。そういう感じのする場所はどこでしょうか。
5. 夢のあら筋は
   夢のあら筋を要約してください。生活の中でどんなところがその話に似ているでしょうか。
6. 登場人物は
   この人から何を思い出しますか。からだはどんな感じがしますか。
7. それはあなたの中のどの部分ですか
   登場人物があなたの心のある部分を象徴していると仮定してみましょう。
   その人のような性格や気持ちが自分の一部としたら，どう感じますか。
8. その人になってみると
   夢の登場人物の一人（あるいは夢の中に出てきた物，動物）になってみましょう。
   イメージの中でその人（物，動物）になってみましょう。
   その人（物，動物）は，どんなことを言いたいでしょうか。どんな気持ちでしょうか。
9. 夢の続きは
   夢の最後か重要な場面を思い浮かべましょう。
   そして，そのまま待ってみましょう。次にどんなことが起こるでしょうか。
10. 象徴は
    夢で出てきた物や人が，何かの象徴だとしたら，どういう感じがするでしょう。
11. 身体的なアナロジーは
    夢で出てきた物や人が，あなたのからだの一部を表わしているとしたら，それはどこでしょう。
12. 事実に反するものは
    夢の中で目立って事実と違っているのは何ですか。夢と現実とで，感じ方の異なる部分は？
13. 子どもの頃のことは
    夢に関連して，子どもの頃のどんな思い出が出てきますか。
    子どもの頃に，この夢と似た感じを感じたことはあったでしょうか。
14. 人格的な成長は
    あなたはどんなふうに成長しつつありますか。
    あなたは何と闘っているのですか。何でありたいのでしょうか。何をしたいのでしょうか。
15. 性に関しては
    もし夢が，あなたの性的なものに関連があるとすると，夢は何を言おうとしているのでしょうか。
16. スピリチュアリティに関しては
    夢は，創造的な可能性，スピリチュアルな可能性について何かを語っていませんか。

夢解釈においても同様であり，ジェンドリン（Gendlin, 1986）はフェルトセンスを感じるという難しいことが夢を扱うと簡単にできることがよくあると述べており，夢を取り扱いながらフォーカシングを学習できるとしている。

　田村（1997）によると，夢フォーカシングの手順は簡略化すると次の6つのステップである。①夢を詳しく思い出す，②（16の）質問を自分自身にしてみる，③1つの質問をしたら何かからだが反応してくるまでしばらく待つ，④質問をしたら常にフェルトセンスに戻る，⑤バイアスコントロール，⑥終了。ジェンドリン（Gendlin, 1986）によると，フォーカシングによる夢解釈には2つの段階があり，以前から知っていたことについての気づきは第一段階に過ぎず，第二段階のバイアスコントロールがうまくいくことで夢見者の成長にとって新しい発見が生まれるとしている。夢解釈におけるバイアスとは，夢のある部分が悪いものに見えたり否定的に見えたりすることであり，こうした部分からは成長の方向が得られないと思いがちである。これは自己解釈特有の落し穴であるため，お決まりの行動や解釈とは逆の解釈を行ったり，夢の中の最も創造性に富んだ部分を取り上げたりするといったバイアスコントロールを行うことで自分の解釈をチェックする必要がある。

　また，フォーカシングにおける夢解釈で重要になってくる態度として，解釈ができても，できなくても，夢を好きになって楽しむことが挙げられる。ジェンドリン（Gendlin, 1986）は実際に行う時のポイントの1つとしてこれを挙げており，夢について「何とかしなければならない」と一生懸命になり過ぎて，夢がおもしろくなくなったりときめきがなくなったりしないようにするよう警告している。大切なのは夢を歓迎し，好きになって夢との関係をつくり，夢をあれこれとひっくり返して，その創造性を楽しむことである。

4.-4. 夢フォーカシングの実例

　これまでフォーカシングにおける夢解釈の理論について解説してきた。以下ではその実践を取り上げる。まずは，夢フォーカシングで実際にどのような応答がなされるのかを，井野（2015）に基づいて紹介する。井野は夢フォーカシングにおけるセッション全体の応答に着目し，夢フォーカシングの2セッションにおける聴き手（以下リスナー）の応答を分類し，加えて夢の語り手（以

表6-3 応答分類における定義（井野, 2015を一部改変）

カテゴリー	記号	定義
リフレクション	RF	話の要点，実感，論理の展開や自己概念などの伝え返し（表情・夢の内容を除く）
表情のリフレクション	RF-F	RFのうち表情についての伝え返し
夢の内容のリフレクション	RF-D	RFのうち夢の内容の伝え返し
パーソナルレゾナンス	PR	リスナー自身に響いていた気持ち，願望など
フォーカシングの応答	FR	フォーカシング特有の応答
夢フォーカシングの応答	DFR	質問早見表に記載されている16の質問応答
オープンリード	OL	答えを限定せず，自由に話すことができる応答
分類不能	UCL	上記のいずれにも当てはまらない応答

下ドリーマー）自身が，理解が進んだと感じた箇所の応答について検討した（各セッションの夢の概要は紙幅の関係で割愛する）。

井野はリスナーの応答を8つに分類した。その応答分類を表6-3に示し，各応答の例を以下に示す（D＝Dreamerドリーマー；L＝Listenerリスナー，以下では池見が務めた）。

①リフレクション（reflection：RF）

D：その夢を考えると，起きても，いつものあれってなるぐらい，楽しい感じがありますね。
L：楽しい感じがある。（RF）
D：そんなにこう，めちゃくちゃ心から楽しいとかっていうことではなくて，何かそれを見ると，少しこうあの，ほんわかしたりとか，ちょっと多少こうホッとするような面白みもあって。

②表情のリフレクション（reflection of facial expressions：RF-F）

D：あ，楽しんでます。
L：何か今にっこりしていたね。（RF-F）
D：いやぁ本当にそうだと思いました。何かこう一人を最初から楽しむというわけではなく，みんなを見ながら，みんなを見ている時も楽しいですし，それを見ながら浮いている自分も楽しくて。

③夢の内容のリフレクション（reflection of dream contents：RF-D）

L：自分が飛行機に乗って．それで，乗ったらおばぁちゃんも乗ってた？（RF-D）
D：おばあちゃんも乗ってた．
L：乗る時は一緒じゃなくて？（RF-D）
D：はい．

④感じたことを伝える（personal resonance：PR）

D：何かその，フワフワフワフワ浮いている状態が，そんなに，しんどいことでもないし．
L：もう一つ浮かんだことなんだけど．（省略）集団の中で，どこか浮いているとか？（PR）
D：あります．《笑う》
L：《笑う》それで，浮いているのを楽しんでいたりする？（PR）

⑤フォーカシングの応答（focusing responses：FR）

D：何か，こんな風になっていて，何か話しているんですけど，何を話しているのかわからない．
L：（省略）それをしていたら何が伝わってくる？（FR）
D：（沈黙10秒）あの…言葉とかこうわからなくても，何か，共有というか，何か伝わるものがあるっていうような．

⑥夢フォーカシングの応答（dream focusing responses：DFR）

質問早見表（表6-2）の16問のことである．DFRの後に使用した質問項目の番号を記す．

D：（省略）ちょっと中国語なんかをしゃべるんですけど．でもほとんど多分，他の言葉とかわからない．何かそのアラブ人と意気揚揚としているのは面白いなぁと．
L：おばぁちゃんになってみることはできる？（省略）自分がおばぁちゃんであるかのように，その椅子に座ってみて．（DFR-8）
D：えぇー．えーっとですね．どんな感じかな．えっとそのまま出てきたのは，おばあちゃんはこんな感じですね．（姿勢をとる）

⑦オープンリード（open lead：OL）

D：あ。はい。あ，あ，はい。
L：何か今浮かびました？（OL）
D：浮かびました。あの，浮かんだことが今，ちょっとびっくりしていて。

⑧分類不能（unclassifiable：UCL）

L：僕の中ではここで止まってもいいかなって気がしているんだけど，それはちょっとどうかな？（UCL）
D：うーん。はい。

　井野（2015）は２つのセッションについて①総応答割合，②セッション時間の前半，中盤，後半に３等分し，それぞれの応答割合を算出した。その結果，両セッションにおいて総応答割合が最も高かったのはRF，RF-F，RF-Dの３種のリフレクション（RF）であり，前半，中盤，後半いずれにおいても最も高い割合を示した。次に総応答割合が高かったのはPRであり，中盤と後半でも３種のRFに次いで高い割合を示した。夢フォーカシングの特徴であるDFRの割合は，10％以下であった。また，ドリーマーがセッション中に変化が生じたと報告した箇所について，その２分前後の応答を検討した。その結果，変化の前後では３種のRFが最も多く用いられており，変化の前にはFRやPRの応答が出現していた。

　リフレクションはリスニングの基本的な応答であり，その性質は第４章１節で解説した。また，personal resonanceについては第４章３節「追体験」で解説した。井野は，ドリーマーの変化がDFR，FR，PRの後に生じたと検討しており，夢フォーカシングにおいてRFとDFR，FR，PRの応答は単体でなく併せて用いられることが有効であると考察している。また，井野はDFR，FR，PRの応答は田村（2002）の「注意スイッチング機能」を持つ応答であるとしている。注意スイッチング機能とは，「現在クライアントが注意を向けている対象から，別の対象へ注意を移すことを促して，行き詰った状態を打破し」，フェルトセンスの変化を狙うもの，また「クライアントの持つ認知的枠組みや心的構えの変化を促す」機能のことである。これはバイアスコントロールなどによる夢解釈の第二段階で起こる。こうした注意スイッチング機能を持つ応答とド

リーマーのフェルトセンスが「交差」(第4章3節) し，それによって変化している体験に触れることをリフレクションによって可能にしているのである。

4.-5. 夢PCAGIP

次に，夢フォーカシングをグループワークに応用した実践として，筒井 (2015) が試みている夢PCAGIPを取り上げる。

夢PCAGIPとは，小グループで夢提供者が自身の夢の意味を見出すことを援助するワークである。夢提供者がグループメンバーの質問や感想，問いかけなどから夢を理解し，夢の持つ新たな側面に気づくことがワークの目的である。所要時間は90分から120分が目安であり，8人程度のグループで行う。

夢PCAGIPの手順やグループのコンセプトはPCAGIP法（村山・中田，2012）を，夢の理解と意味の検討には夢フォーカシングを参考にした。PCAGIP法とは，カール・ロジャーズのパーソン・センタード・アプローチ（第1章2節）とグループ，インシデント・プロセスという事例検討の方法を組み合わせたグループワークである。事例提供者を主役にして，ファシリテーターと参加者が安全な雰囲気の中で，事例提供者に役立つ新しい取り組みの方向や具体策のヒントを見出していく事例検討法であり，質問を1人1問ずつ順番に行うという方法や，事例提供者のやり方を批判しない，メモを採らずにホワイトボードなどで情報を視覚化して共有する等のルールが特徴として挙げられる。PCAGIP法でテーマとなるものは，友人との関係や職場での悩み，心理臨床におけるクライエントへのかかわりなど，現実に起こっている事例を扱う。このPCAGIP法を夢解釈に応用したのが夢PCAGIPである。

夢PCAGIPの手順を簡単に示す。

段階1【構造を決める】：夢提供者とファシリテーターを決め，残りの参加者はメンバーとする。役割が決まれば夢提供者の隣にファシリテーターが座り，参加者全員で円を作る。

段階2【夢を語る】：夢提供者はファシリテーターに夢の内容を語る。この時，ファシリテーターがメインリスナー（聴き手）になる。

段階3【夢の理解を確認する】：ファシリテーターは，夢を一通り聴いた後，確認のために理解した内容を夢提供者に伝え返す。夢提供者は，ファシリテー

ターの理解した夢の内容が違う場合に修正し，理解を一致させる。

段階4【夢の内容について質問する】：メンバーは，夢についての理解を広げるため，夢提供者に夢の内容について質問する。1人1問が原則である。夢提供者はメンバーの質問に対して，答えられるものに答える。答えたくない質問には答えなくてもよい。

段階5【感じられたことを共有する】：メンバーが1人ずつ順番に，夢の感想や思ったこと，夢を聞いて連想したこと，感じられたフェルトセンスなどを夢提供者に伝える。夢提供者は，メンバーの発言を聞いて思ったことや感じたフェルトセンスがあれば自由に述べてもよい。

段階6【夢提供者の体験過程に問いかける】：メンバーが夢提供者の体験過程に問いかけを行う。問いかけはどのようなものでもよい。夢フォーカシングの『質問早見表』（表6-2）から問いを選んでもいいし，フォーカシング以外の理論に基づく問いかけをしてもよいし，段階5のように連想したことやフェルトセンスを伝えてもよい。夢提供者に「どのように問いかけてもらいたいですか？」と尋ねることもできる。夢提供者は，メンバーの体験過程への問いかけによって何か浮かんできたら答える。

段階7【夢の体験を共有する】：メンバーが1人ずつ，体験のプロセスを振り返って，夢提供者に感想を伝える。最後に夢提供者が体験のプロセスを振り返って感想を述べる。

段階8【クロージング】：夢PCAGIPという手法を体験した感想を1人ずつ述べて，体験をシェアする。

　　夢PCAGIPで何が起こっているのかを，フォーカシングの観点から説明する。このワークでは，追体験と交差（第4章3節）が随所で行われる。段階2と3で夢の概要を聞き，段階4でメンバーが質問を行うことで参加者それぞれの夢の理解が豊かになっていく。追体験の在り方は人それぞれで違うため，各メンバーの多様な視点から夢を理解することが可能になる。そして，メンバーの追体験と夢提供者の体験が交差し，よりよい理解が成立する。メンバーの数だけ交差が連鎖し，夢の理解が豊かになっていくのである。

5. アートセラピーとフォーカシング

5.-1. 序論

　アート，と聞くと，読者のみなさんにはどんなことが浮かぶだろうか。どのような感じがするだろうか。ある人は美術館や博物館を思い浮かべるかもしれない。あるいは，大好きな音楽のアーティストが浮かぶかもしれない。あるいは，絵？工作？昔から苦手だな，とか，芸術？！縁がない，と思うかもしれない。しかし，アートは私たちの生活と切っても切り離せない。たとえば，印象深い出来事や美しい自然にふれたときに，詩や俳句のように言葉を紡いでみることもあるだろう。こういうときの言葉はからだから生まれ出てくる感じだ。また，服や雑貨，文房具，食器を選ぶときに，その柄やデザインを見て，これがいい感じ，気に入った，なんか目に留まって，なんか引きつけられて，と手に取る。音楽を聴いて，悲しくなったり，元気になったり，なつかしくしんみりと感じたりすることもあれば，今日の気分に合う曲を探したりもする。いろいろな曲を聴いてみて，これじゃない，これもなんか違う，これだ！と選ぶ。悲しくて気分が落ち込んでいるときには，からだはうなだれた感じになるし，とても幸せな気分のときは足取りも軽く，力がみなぎっているときには，胸をどんとはっているかもしれない。嬉しく幸せいっぱいのときは，ピンク系が，暗い気分のときには，グレーや黒っぽい色が目につくかもしれない。

　これらはすべてアートであり，「なんとなく」「なんか…」「いい感じ」「ぴったりな感じ」「しっくりくる」といった感覚がある。何かの出来事と「なんとなく」などの感覚が関係しているのだ。そしてここに創造のプロセスがある。このことはあとで詳しく見ていこう。

　さて，アートセラピーは，ムーヴメント（動き），絵，粘土，音楽，音，書くこと，即興，コラージュ，さまざまな素材を用いて作ること，演劇，ダンスなどのアートを媒体としたセラピーであるが，一口にアートといっても，種々の試みや実践があり，幅広く，特徴も基本としている理論もさまざまである。フロイト（S. Freud）やユング（C. G. Jung）の影響は強く，精神分析や分析心理学の理論が用いられることが多い。アートセラピーの歴史やその考え方，

方法，実践に関しては多くの著作があるので，そちらを参照されたい[1]。また，歴史の流れとして学会の設立を記しておく[2]。

さて，本書では，さまざまなアートセラピーの中で，フォーカシング指向のアートセラピーについて見ていこう。キーワードは"フェルトセンス"である。

5.-2. フォーカシング指向アートセラピー

　フォーカシング指向アートセラピーは，フォーカシング指向心理療法とアートセラピーを統合したもので，フォーカシング・インスティテュート認定コーディネーターでアートセラピストでもあるローリー・ラパポート（Laury Rapapport）博士により創設された。ラパポート博士がどのような経緯でアートセラピーとフォーカシングを統合したのか，どのような実践があるのか，その詳細は，ラパポート博士の著書を参照されたい（Rapapport, 2009／邦訳, 2009）。ここでは，簡単に紹介しておこう。もともとフォーカシングにおいてはフェルトセンスを表現するために，コラージュ，粘土，詩，絵などさまざ

---

1) 参考図書：
池見　陽・ローリー　ラパポート・三宅麻希（2012）．アート表現のこころ　誠信書房
Klein, J.-P. (2002). *L'art-thérapie*. Que Sais-Je? Paris: Presses Universitaires de France.（阿部惠一郎・髙江洲義英（訳）（2004）．芸術療法入門　白水社）
Rogers, N. (1993). *The creative connection: Expressive arts as healing*. Palo Alto, CA: Science & Behavior Books.（小野京子・坂田裕子（訳）（2000）．表現アートセラピー：創造性に開かれるプロセス　誠信書房）
小野京子（2005）．表現アートセラピー入門　誠信書房
小野京子（2011）．癒しと成長の表現アートセラピー　岩崎学術出版社
関　則雄・三脇康生・井上リサ（編）（2002）．アート×セラピー潮流　フィルムアート社
徳田良仁・大森健一・飯森眞喜雄・中井久夫・山中康裕（監修）（1998）．芸術療法1理論編　岩崎学術出版社
徳田良仁・大森健一・飯森眞喜雄・中井久夫・山中康裕（監修）（1998）．芸術療法2実践編　岩崎学術出版社
2) アートセラピーの学会の歴史：
1959年にヨーロッパにて国際表現病理学会が設立され，その日本支部である日本芸術療法学会が1969年に設立された。国際表現病理学会は1994年に京都で開催され，そのおりに国際表現病理学・芸術療法学会に名称を変更された。一方，アメリカでは，1940年代からアートセラピーの創始者とされているマーガレット・ナウムブルグ（Margaret Naumburg: 1890-1983）らが活躍し，1969年にアメリカ・アートセラピー協会が設立された。その後も種々に発展し，さまざまな表現媒体を統合して用いる表現アートセラピーが1970年ごろに生まれ，1994年に国際表現アートセラピー学会が設立された。

なアート素材が用いられることがあるので（近田・日笠，2005；村山，2005；村山，2013），フォーカシング指向アートセラピーはどのような特徴があるのかわかりにくいかもしれない。また，アートセラピーの中でも，とくにパーソン・センタード・アプローチによる表現アートセラピー[3]とどのような違いがあるかと問われると，ほとんど変わりがないように思える。しかし，違いは，やはり〈フェルトセンス〉である。フォーカシングにおいてしばしば用いられるアートとの違いについては，フォーカシング指向アートセラピーにおいては，アートセラピーの理論が合わせて用いられることであろう。

　さて，ラパポート（2009）に依拠して，フォーカシングとアートセラピーの統合についてもう少し述べておこう。まずは，フォーカシングにおいては，フェルトセンスにかかわることが中心で，そこから体験的な一歩が開かれていく。一方，アートセラピーでは，色の選択や材料選び，イメージを発展することなどの作業はフェルトセンスに基づいて行われるものの，フェルトセンスは意識されず，アートのプロセスに夢中になることが多い。つまり，フェルトセンスは創造的な行為のうちに，"暗に在る"のである。フェルトセンスに注意を向けるフォーカシングと，フェルトセンスが暗に在るアートセラピーは，どちらも生を推し進めるのに力強く働くものである。そこでこれらを組み合わせたのである。言い換えれば，フォーカシングの「内側の方向性を示す」ところと，アートセラピーの「外側への表現を与える」ところが相互につながり，強力なものとなったのである。そこで，フォーカシング指向アートセラピーでは，フェルトセンスをアートで表現しつつ，フェルトセンスに常に注意を向け，フェルトセンスに触れながら行われる。たとえば，表現されたアートについて話し手と聴き手が分かち合い，聴き手はフォーカシングで行われる問いかけを行う。話し手に何か浮かんだら，それを再びアートで表現する。表現されたらフェルトセンスに戻って確かめる。変化が訪れると，アートとからだの感じをともに

3）パーソン・センタード・表現アートセラピー：
パーソン・センタード・表現療法研究所がナタリー・ロジャーズ（Natalie Rogers：1928-2015）によって1984年にカリフォルニアのサンタローゼに設立された。日本では，ナタリー・ロジャーズに師事した小野京子氏によって，トレーニングやワークショップが広く進められている。パーソン・センタード・表現アートセラピーの詳細は文献欄参照のこと。

確認する。アートは作製していくとどんどん変化していくが、いつもフェルトセンスに戻ることが特徴である。具体的なセッションはテキストを参照されたい。

　フェルトセンスはさまざまなアートの素材（シンボル）で言い表すことができるが、アートの素材から、あるいはできあがった作品からフェルトセンスは呼び起され、さらに新たな創造の可能性が生まれる。フェルトセンスからシンボルへ、シンボルからフェルトセンスへ、の両方の動きがあるのである。ラパポート（2009）では、シンボルからフェルトセンスへという動きについてはほとんど論じられていない。しかし、筆者らが考えるアート表現は、両方を重視する。これに加え池見はアート表現の二律的運動を提唱している（羽田野、2015）。池見の提唱している前反省的覚知、反省的覚知の側面からアート表現を考察すると、アート作製においては、前反省的な意識の様式で行い、表現された作品を振り返って観る、反省的に捉える（二律的運動）ことで意味が創造される（池見、2015b）。このことについては、次の体験過程流コラージュワークで詳細に見てみよう。

5.-3. 体験過程流コラージュワーク

　コラージュとは、広辞苑（第六版、2008）を引いてみると、「（貼ることの意）20世紀絵画の技法の一つ。画面に紙・印刷物・写真などの切抜きや様々な物体を貼りつけ、一部に加筆などして構成する。広告・ポスターなどにも広く応用。ブラック・ピカソらがパピエコレとして創始」とある。もともとは近代美術の中で生まれたものである。しかし、コラージュは私たちの日常の中にもある。たとえば、色紙やカードを誰かに贈るときに、写真やシール、きれいな紙や絵を貼って作ることもあるだろう。アルバムや写真立てを作製するときに、写真をいろいろな大きさに切ったり、シールや文字、ときにはビーズ、色とりどりのテープを貼ったりすることもあるだろう。美術史上に位置づけられるが、コラージュは身近に作られることもある。

　日本ではこのコラージュが心理療法の1つとして発展した。2009年には日本コラージュ療法学会も設立された。コラージュ療法は、森谷（1990）が箱庭療法から発想を得て、持ち運びできるものとして開発し、以降さまざまな方

法が考案され，広く用いられている。研究も数多くなされ，事例研究，基礎研究が続く。これらの研究の概観については青木（2000），佐野（2007a，b），加藤（2011）が参考になる。これとは別に，フォーカシングにおいては，おもにワークショップでコラージュがよく用いられていた。ゆっくり時間をかけて作り，作った後には，その作品を見て聴き手に話をする。このときに意外な気づきや発見が生じて実に面白いのであった。このコラージュについて刊行されたものは，神野（2005）のものだけであった。そこで筆者らは，フォーカシングで用いられていたコラージュをまとめ，体験過程流コラージュワーク（Experiential Collage Work略してECW）と名づけた（Ikemi et al., 2007；矢野，2010）。体験過程流コラージュワークの具体は後で解説しよう。

　さて，アート表現については二律運動（羽田野，2015）があることをすでに紹介した。コラージュにおいては，コラージュを作製する過程Part 1と，コラージュにかかわる過程Part 2がこれに当たり，フォーカシングにおけるコラージュワークの特徴である。広く行われているコラージュ療法においては，作品を作ることに重点が置かれ，事例研究ではセラピストが作品を解釈し，面接過程を検討する。また，グループで行ったときには作った後にシェアをし，シェアをすることは効果的であるとされているが，その意味は検討されていない。しかし，近年コラージュ作製後に目を向けている研究も見られる。安田（2012，2013，2014）や大前（2012）である。コラージュを通して語ることによって，作り手に気づきをもたらしたり，新たな生につながったりしていることが観察されている。ところが，〈今ここ〉で，作り手にとっての意味が見出されていることには注目されていない。加えて，コラージュ作品は「内的世界」とみなされているのである。

　一方，体験過程流コラージュワークでは，体験の表現（であるコラージュ）を，体験のコピーとは考えない（Gendlin, 1997）。もちろん内的世界を映し出したものとも考えない。コラージュ作品は，まだはっきりとしていない「感じられた意味」が，写真などの切抜きによって，「意味として成立」（三村，2012）したものである。そして，ここにはさらにもっと多くの意味が含意されている。それが聴き手との関係性の中で，つまり今日のその場にあって，コラージュからフェルトセンスが呼び起され，言語化されながら創られていく。

5. アートセラピーとフォーカシング　185

つまり，振り返って観る行為によって，暗在的（implicit）であったものが，写真や話し手の語られることや聴き手の言葉などが刺激となって，意味が立ち現われてくるのである。同時に含意されているもの（implying）は変化するので，もっと何かが感じられ，あるいは何か別のことが浮かんで言語化され，再び写真を眺めると…とプロセスは進んで行くのである。コラージュについて話してみると，作り終えたときとは，切抜きの印象が変わっていることもある。たとえば，ある顔写真が初めはきつそうな顔に見えていたのが，話し終わったときにはさみしそうな顔に見えることもある。作品自体が動き始めると言ってもいいかもしれない。このように考えると，コラージュ作品が完成された固定したもの，あるいは何かを映し出したものではないことがわかるだろう。コラージュ作品の表現は，変化し続けるのである。

　このようにして，コラージュから新たな意味が創られていく。したがって，別の日にコラージュを眺めてみると，また新たな気づきが生まれることもある。いつかかわってもそこには新鮮な意味が生まれるのである。コラージュは，これから意味が開かれていく可能性であり，いつも生き生きと私たちに新しさを与えてくれるのである。

　ここで，コラージュを作るときのことを想像しながら，具体を紹介していこう。まずは，台紙になる色画用紙を選ぶ。選び方は，数種の色を眺め，なんとなく目に留まるものを選ぶようにする。好きな色やいつも選ぶ色など，あらかじめ決めない方がよい。色を選ぶところから，〈今の感じ〉に合わせているのである。次に雑誌をぱらぱらと眺めながら，気になる写真，絵，文字などを自由に切り取っていく。ここでも，あらかじめテーマを決めて切り取るのではなく，また，○○を集めようと決めて取り掛かるのではなく，〈なんとなく〉を大事にして，気になるものや，目に留まるものを切っていく。切り取るときに，なぜこれが気になるのだろうとか，これは○○を意味しているのだろうかなどと考えない方がよい。もし考えが浮かんだら，さらりと流して，ぼんやりとぱらぱらとめくりながら雑誌を見るようにするとよい。

　こうしてある程度の切抜きが集まったら，台紙に自由に貼っていく。このときに，切り取ったものの，なんとなくこれはいらないとか，これはどうしても貼りたい感じがあるとか，ざっくりと切り取った切抜きを見て，もう少し切

りたい，ここの部分はいらない，丸く切りたい，手でちぎってみたいなどが浮かぶことがある。もちろん，思うようにやってみる。そして，台紙に置いてみると，ちょっと違うな，もう少しこっちかな，など少し位置をずらすだけでぴったりくるときがある。これらの〈なんとなく〉の感覚で，貼っていく。また，貼り終えると，何か足りないような感じがしたり，これでいい，と完了を感じたりする。何か足りなくて付け加えるものが浮かんだら切り取って貼ってみるとよいだろう。このときに，さきほどはいらないと思ったものが再びいるものになったり，雑誌の中の〈さっき見た，あれ〉が気になって，探したりすることもある。

　このように作製の過程では，フェルトセンスがたえまなく働いているのがわかるだろう。何か感じているから，目に留まったり，気になったりする。あるいは，〈なんとなく〉まっすぐ切ってみたいとか，丸く切ってみたいとか，ちぎりたいなどを感じ，やってみると〈なんとなく〉ぴったりする。台紙に貼るときも，ここに置くと〈なんか〉違う，こっちがぴったりするとか，これでよしといった完了の感覚や，〈なんか〉足りない感じ など〈なんとなく〉の感覚で進められる。フェルトセンスに基づいて作業が行われていくのである。

　作製後は，コラージュにかかわる。作製者が話し手となって，コラージュについて自由に話す。話し手と聴き手がコラージュを挟んで，一緒に味わうのである。話す前に，まずはゆっくりと一緒に眺めてみるのもいいだろう。そして話し手は，写真の説明，たとえば，○○の写真で雑誌には△△と書いてあって，といったことは最小限にして，その写真を眺めてみるとどんな感じがするか，どんなところが気になったかなどを話す。これが，フェルトセンスに基づいてできたコラージュから，作製者にとっての意味が創られていく意味創造のプロセスになるのである。つまり，写真や絵，文字といったシンボルを眺め，そこからフェルトセンスが呼び起され，言葉や想起されることなどと相互作用し，意味が見出されるのである。フェルトセンスが浮かぶには少し時間が必要な場合もあるので，話し手はゆっくりと眺めて話すとよいだろう。聴き手は一緒に写真を眺めながら，話し手から伝わってくる感じを感じながら聴いていく。同時に聴き手の方も，話し手の話を聴きながら写真を眺めていると，フェルトセンスが呼び起されることもある。それも感じながら話し手の話を聴くのであ

る。聴き手は写真を眺め感じ，話し手の話を聴き，話し手や写真から伝わってくる感じを感じながら居る，という重層的な感じで居るのである。

　聴き手はときどき，問いかけをしてみてもよい。この切抜きからどんなことが伝わってくるだろう？この切抜き（動物，人）になってみると，どんな感じ？この切抜き（動物，人）はどんなことを言っているだろう？この場所のどこにあなたはいる？この切抜きから連想されることはある？などである。夢の質問（Gendlin, 1986／邦訳，1998）も参考になるだろう。つまり，聴き手は質問したいことが浮かんだら，どんどん質問してもよい。もちろん，話し手の話をじっくりと聴いたうえで，である。聴き手の質問が刺激となって，フェルトセンスと相互作用し，プロセスが進む可能性があるからである。話し手の方は，無理に答えないようにする。話し手に質問がぴんと来ないようであれば，聴き手はすぐにその質問を引き下げる。また，じっくり聞いた後で，聴き手に浮かんできたことを伝えるのもよい。ただし，お仕着せないように伝えることが大事である。聴き手に感じられたことを伝えることで，話し手の感じと交差し，新たな気づきが生まれることもある。

　最後に例を見てみよう。あるコラージュ作品の中に，動物の顔をデフォルメした奇妙な顔の置物があった（写真1　コラージュ1の右上）。作り手はこの顔に引きつけられた。見れば見るほど，奇妙であった。しかし，眺めて話して

写真1　コラージュ1

写真2　コラージュ2

いるうちに，この大きく笑っている顔に親しみが感じられ，助けられる感じもした。深刻なことを深刻すぎずにいられる感じ，安心できる感じがしたのである。そのうち，父親の笑っている顔に見えたり，友人の顔に見えたりした。最後には，自分にとって，とても大切なものに感じられた。もう1つの例は，別のコラージュ作品の中の1枚の写真である（写真2　コラージュ2の左下）。神社などでよく見られる色とりどりの帯が風にたなびいている写真である。作り手はこれを眺めていると，からだが楽になる感じがした。しばらくしてそれは胸のあたりにも感じられた。自然に流れる感じで，気持ちがいい。再び写真を見ると，それは美しく，自由で創造的な感じにも見えた。何か自分につながる感じがした。さらに味わって話していると，生活の中のいろいろな場面で窮屈さを感じることもあるが，風にたなびくこの帯のように自然に，足取り軽く自由自在に動ける感じ，そんな感じでいたい。それが自分らしい生き方のように感じられた。

　以上，コラージュ2例のごく一部を紹介した。さらなる意味創造の具体は，矢野（2010）を参照されたい。コラージュは，作り手の生きる過程である。コラージュを間に，聴き手とともにプロセスをプロセスするのである。

6. 日本語とフォーカシングの交差：「漢字一字」と「なぞかけ」

6.-1. はじめに

　　ジェンドリンによって英語で刊行された著作 *Focusing*（Gendlin, 1981）は，発表されてすぐに日本に"伝来"し，「フォーカシング」として享受され，多くの実践が展開されていった。もともとは英語で発想されたフォーカシングが，日本語の言語運用の世界と「交差」（第3章2節）していくなかで，そこに何か独自の展開はなされているのだろうか。

　　本節では，日本語とフォーカシングの交差によって生まれた2つの実践，「漢字フォーカシング」と「なぞかけフォーカシング」を取り上げる。それぞれの実践に言及する前に，漢字表現やなぞかけのような言葉遊びに親しむことの心理臨床的な意義についても，体験過程的な観点から示したい。

6.-2. 漢字フォーカシング

(1) 漢字表現の面白さ

　　今年一年を漢字一字で表すとしたら，どんな漢字が当てはまるだろうか。年末になると，このような話題がテレビや紙面で特集されるのを一度は目にしたことがあるだろう。日本漢字能力検定協会は1995年より，その年の世相を表す漢字を公募する『今年の漢字』キャンペーンを実施している。漢字を見ながら「あぁ，そう言えばこんなことがあったな」とか，「いや，自分としてはこの一字がはずせない！」というように，一年を振り返っている人も少なくないだろう。

　　このように，漢字一字で表すという「言葉遊び」は，実は非常にポピュラーなものであり，かつどこか人を飽きさせない魅力がある。池見（2012）が指摘しているように，「漢字一つには意味があるが，その意味は他の漢字との組み合わせで単語になる。そのため，漢字一字には未完の意味がある」。たとえば，2009年の『今年の漢字』は『新』だったというが，その年には政権交代による〈新〉政権，〈新〉型インフルエンザの脅威，水泳の世界〈新〉記録…など，「新」という字が，それ一字では未完であるがゆえに，さまざまな事柄を表す

ことができる（筆者にとって2009年は，〈新〉設された大学院の課程に入学し，〈新〉生活が始まった年だった）。

　漢字の面白さはそれだけではない。とくに日本語では，漢字は音読みと訓読みに分けられるが，そのヴァリエーションは非常に多様である。「みる」という動詞ひとつ取っても，「見／観／視／診／看る…」というように，これらの漢字を状況や文脈に合わせて使い分けている。訓読みには,いわば「当て字」の要素がある。筆者は今「みる」を漢字変換するなかで，初めて「覽る」という表現が存在することを知った（「閲覧する，目を通す」ことを意味する）。「みる」という非常に素朴な動詞に，さまざまな漢字を交差（6.-3.（2）参照）させることで，その文脈や状況に独自の意味を精緻に示すことができる。

　「よむ」という動詞も面白い。これを「読む」と書くとの「詠む」のとでは，意味内容が異なる。さらには「訓む」と書くこともできるらしい（「訓読み」するという意味！）。漢字の訓読みによる多様性，言葉と状況の交差がもたらす創造性もまた，漢字表現のもつ面白さである。

⑵ 漢字フォーカシングについて

　漢字フォーカシングは「ある状況（事柄）についてのフェルトセンスを漢字一字で表現する方法」である（河﨑・前出・岡村，2013）。この試みは，編者（池見）が連続して実施した中国でのワークショップに端を発する（池見，2012）。中国や日本語のような漢字文化圏では，漢字一字で事柄を示すことは自然なことである。状況についての〈感じ〉を〈漢字〉で言い表すことの有用性や臨床的な意義がフォーカシング指向の観点から再確認できる。

　これまでに，漢字を用いたフォーカシング指向のいくつかワークが開発されている（池見，2012；河﨑・前出・岡村，2013）。中国の徐鈞氏による研究協力や，臨床面接による実践（池見，2012），グループワークの実施（前出，2011）などが報告されている。ここでは「漢字フォーカシング簡便法」やそのいくつかのワークについて，例を交えて紹介しよう。

(3) 漢字フォーカシング簡便法

【ステップ１】ある状況（事柄）をフェルトセンスとして感じ取る

　　まずは，状況について振り返ってみたい。たとえば漠然と「最近，どんなふうに過ごしているかなぁ」と日常に思いを巡らせることから始めることができる。もし，何か気になっていることで，このワークとして取り組みたい事柄があれば，そのこと全体についてどのように感じるか，からだの感じを確かめてみる（例：実際に，筆者と一緒に漢字フォーカシングを実践してみよう。最近は，何だか仕事ばかりの日常だなぁ。忙しいのが嫌なわけではないけれど，すっきりはしなくて…）。

【ステップ２】フェルトセンスを漢字一字で表現する

　　漠然と感じていることを，漢字一字で表すとしたら，どのような漢字がぴったりだろう。漢字を当てはめるというより，自然と浮かんでくるインスピレーションを手掛かりにして，漢字を探ってみる（例：最近の状況を感じてみると，なんだかずっしりと重たい「岩」のような…ただの「石」ではなくて，「岩」という字の見た目がぴったりだ）。

【ステップ３】表現した漢字がぴったりか響かせる

　　その漢字一字がぴったりか，もう一度確かめてみる。ここで辞書を引いて，その意味を調べてみることも助けになるかもしれない。一つの漢字に絞れなくても，あるいは一つの漢字も思いつかなくても，そのようにうまく言い表せない「感じ」がそこにあることを大切にする。あるいは新たに漢字を「創作」しても構わない（例：たしかに「岩」のような質感なんだけど，少し湿っているみたいな気もする。試しに「氵」（さんずい）を付けて…「氵」＋「岩」？）。

【ステップ４】問いかける

　　その状況の「何が／どこが／どのように」，その漢字のようなのか，自分自身に問いかけながら振り返ってみよう（例：今の状況のどこが「氵」＋「岩」のようなんだろう？…こんなふうに岩に水が滴っていたら，苔むしてしまいそう）。

【ステップ5】気がついたことを受け取る

何か浮かんできた感じや考えは，批評せずにまずは大切に受け取る。そんなふうに感じていることを，吟味してみよう（そうか，「氵」+「岩」のような今の状況だと，なんだか「苔」むして，そのままさらに動けなくなってしまいそうな気がする。今の生活の中で，何か新しい動きが欲しくなっているんだなぁ）。

⑷「漢字表現グループ」

漢字表現グループは，複数のメンバーでグループをつくり，他のメンバーにぴったりな漢字一字を表現して，それぞれのメンバーに漢字を贈るというワークである（前出，2013）。他のメンバーを表す漢字はあくまで「贈り物」であり，揶揄をしたり嫌な思いになることなく，その人へのプレゼントとなるように心がける。メンバーから思いがけない漢字が贈られたり，偶然に同じ漢字が挙げられたり，漢字一字のやりとりを通じてメンバー同士のさまざまな交差が生じることがある。

⑸ 質的研究法としての「漢字表現法」

漢字フォーカシングの方法を応用して，ある研究対象を漢字一字で表し，その漢字を集積することで，対象についての暗在的な意味を捉えるという試みも行われている（池見，2012；石原，2011）。自分が実際に通っている学校やクラス，コミュニティを，漢字一字で言い表すとどのような漢字がぴったりだろうか。同じコミュニティに所属しているメンバーたちは，どのような漢字を選び，そこにはどのような差異や共通点が認められるだろうか。

⑹ 辞書を引く面白さ

漢字フォーカシングのワークにおいては，漢字辞書も重要なアイテムである。フォーカシングを創造的思考へと応用したThinking at the Edge（TAE）でも，辞書を引くことをステップに含んでいる（Gendlin, 2004）。TAEでは，辞書という公共言語の集積を参照することで，より新鮮な表現を導き出すねらいがある。一方で，漢字フォーカシングで漢字辞書を用いる場合には，漢字と

いう歴史的な象徴に含意されている，成り立ちなどの叡智と「交差」させ，新たな意味を汲み取るというねらいもある。感じていることを言い表した漢字を辞書と交差させることで，その意味がより豊かになっていくのである。

(7) **漢字フォーカシングのまとめ**

　状況を漢字一字で言い表すなかで，その意味はより精緻になっていく。かつ，漢字は暗在的な意味を多く含意しながら，人との共有がしやすいという特徴を持つ。このような漢字一字で言い表すという行為が持つ特徴は，臨床実践や質的研究に貢献しうるだろう。

6.-3. なぞかけフォーカシング

(1) **なぞかけ：〈わからなさ〉を楽しむ言葉遊び**

　「回転寿司と掛けて，影の支配者と解きます，その心は…裏で握っています」。これは「なぞかけ」という，日本独自の言葉遊びである。特にカケ・トキ・ココロという3つの部分からなるタイプのものは「三段なぞ」と呼ばれ，ウィットの効いたこの言葉遊びは，テレビや演芸など現在も広く親しまれている。

　なぞかけは，メタファー（第3章2節）と共通の構造を持っている（山梨，2012）。先の例で言えば，カケ（回転寿司）は趣意に，トキ（影の支配者）は媒介に，その2つの類似性であるココロ（裏で握っている）が根拠に対応している。なぞかけの特徴は，ココロの意外性を楽しむことであり，ココロが意外でかつわかりやすいなぞかけが，秀逸なものとなる。

　なぞかけ芸は，巧みなアイデアを間髪入れずすぐに提示することに面白みがあるが，これにはコツがあるようだ（阿刀田，2006）。まずは，何かお題となるカケ（回転寿司）についての特徴を挙げ（例：裏で握っている人がいる），これをココロに置く。次に，その特徴と共通点のある別の事柄（トキ）を見つける（「裏で握っている」という言い方は，隠れて何かを首謀している人に使われる表現だ。たとえば影の支配者のような）。そして順番を入れ替え，カケ（回転寿司）とトキ（影の支配者）のみを提示し，聞き手にその類似性（ココロ）をあれこれと詮索してもらうのである。

　答えのわからないなぞかけのココロを詮索するのは，なぜ面白いのだろう。

回転寿司と影の支配者には，一見すると何の共通性もないように思える。しかしこの2つを並べ，その類似点に思いを巡らせるとき，2つの事柄が「交差」する（第3章2節）。答えを思いつくか，その意外なココロが提示されると，なるほど，と「腑に落ちる」感覚が生じる。フォーカシングでは，このような「腑に落ちる」感覚を伴う新たな理解を「フェルトシフト」と呼んでいる（Gendlin, 1982）。

　フォーカシングとなぞかけは，この「交差」という特徴と「腑に落ちる」感覚を伴った理解を促すという点で共通している（岡村，2013a）。フォーカシングあるいは心理療法のプロセスの中で，話し手やクライアントが取り組む状況についての感じは，何かがそこにあるのが薄々と感じられるが，まだ答えのわからない「なぞなぞ」に似ている。言葉を媒介とした心理療法において，言葉自身の自由な振る舞いをみせる言葉遊びは，心理療法という営みを考えるうえで格好のモチーフである。

　ルイス・キャロルの『不思議の国のアリス』の第7章に，"Why is a raven like a writing-desk?" というなぞなぞ（riddle）が登場するのをご存知だろうか。「帽子屋のなぞなぞ」と呼ばれるこのなぞなぞは，直訳すれば「ワタリガラスと書物机が似ているのはなぜ？」となるが，いくつかの邦訳（高橋訳・河合訳など）では，このなぞなぞを「ワタリカラスと掛けて，書物机と解く，その心は？」と三段なぞの形式を利用して訳出されている。三段なぞ自体は日本独自のものであるが，「交差」の面白さを含む言葉遊びは，言語の枠を超えて，世界中に共通して存在しているのである。

　「帽子屋のなぞなぞ」の答えは結局，作中には登場しない。アメリカの作家で『不思議の国のアリス』の注釈を発表しているガードナー（Gardner, 1960／邦訳，1980）によれば，「帽子屋の有名な答えのない謎はどこでも茶の間の話題になり，団らんのうちに知恵が絞られた（p.113）」という。興味深いことに，このなぞなぞの答えを作者のキャロル自身ももともと考えておらず，たくさんの投書を受けて，初版から30年後に作者自らが新しい答えを発表するに至っている。その後もこの「帽子屋のなぞなぞ」は人々を魅了し，1989年にはイギリスのルイス・キャロル協会が新解答のコンテストまで開いているという（Gardner, 1990／邦訳，1994, p.142）。

帽子屋のなぞなぞが人々を魅了し続けているように，なぞかけのような言葉遊びは，「〈わからないこと〉を楽しみながら探求する」ための格好のインターフェイスとなる。なぞかけのもつ力を利用し，自身の状況について楽しみながらその意味の探求を促すフォーカシング法が「なぞかけフォーカシング」である。

(2) **なぞかけフォーカシングについて**

なぞかけフォーカシング（岡村，2013a，2013b）は，「Aと掛けて，Bと解く，その心はC／C'…」というなぞかけの言い回しを用いて，状況とその表現を交差させ，状況についての理解を進展させることを促すワークである。なぞかけを用いた問いかけは，通常のアスキングと共通の特徴をもっており（岡村，2013b），通常のフォーカシングや臨床実践の中でも用いることができる。

岡村（2013a）は，なぞかけフォーカシング簡便法として聴き手と話し手がペアで（あるいは話し手1人で）進めていくためのステップを挙げている。以下では，ある15分ほどのセッションを例にステップを紹介する。なお以下のセッションでは，本人に掲載に許可の得たうえで，例示に必要な箇所以外は省略している。

(3) **なぞかけフォーカシング簡便法**

【導入】なぞかけの説明

なぞかけのやり方や仕組みを説明しておく。リスナーが促していくプロセスの意図を事前に伝えておくことは，話し手が自身のプロセスに集中するうえで助けになる。Aさん（20代男性）はフォーカシングを学んでいる大学院生でなぞかけフォーカシングについては知っていたが，実際に行うのは初めてである。

【ステップ1】今の状況を思い浮かべる。

Aさんが最近の日常を振り返ると，課題に追われ，忙しい日々が続いているように思えた。ただ，以前から忙しさは変わってはいないが，ここのところは少しそれに「着いていけていない」ように思えた。

【ステップ２】からだの感じにぴったりな表現や"喩え"を見つける。

　最近のことを話していると，Ａさんにはからだの真ん中あたりに「熱い感じ」があることに気がついた。より正確に言えば，熱いというよりも，「熱をもっている」という表現がぴったりである。

【ステップ３】なぞかけアスキングを試してみる。

　ぴったりな表現が見つかったので，なぞかけの言い回しを試してみる。

　「〈熱をもっている〉と掛けて，今の自分の状況と解く，その心は…」。何か答えを当てはめるのではなく，なぞなぞの答えが急にひらめくのを待つように，Ａさんはその心に思いを巡らせてみる。

【ステップ４】浮かんできた「その心」を吟味してみる

　突然Ａさんにイメージとして思い浮かんできたのは，パソコンの画面だった。たくさんのファイルを立ち上げて，ＣＰＵが情報を同時に処理していくなかで，パフォーマンスが遅くなり，パソコン自体がどんどんと熱をもっていく…。「そうだ，今の状況はそれにぴったりだ！」。

　納得した感じがしたあとで，Ａさんには続けて「いまは使っていないファイルを少しずつ終了していく必要があるんだなぁ，まずどのファイルを閉じようか…」というアイデアが湧いてきた。次の課題が見えてきたところで，そのアイデアを受け取り，少し時間を取ってからセッションを終えた。

⑷ なぞかけフォーカシングのまとめ

　なぞかけフォーカシングは，なぞかけの言い回しを用いて，状況について「振り返ってみる」ことを促すワークであり，フォーカシングのプロセスをもっと手軽に，かつ誰にも親しめるかたちに改良したものである。そのうえ，「状況と言葉の交差」というフォーカシングを特徴づけるプロセスを体験できるため，リスニングを学ぶための稽古としても有用であろう（岡村，2013ｂ）。

6.-4. さいごに

　フォーカシングは，世界中の多くの国や地域，民族，言語において実践さ

れている。このことは、フォーカシングという身体のプロセスが、文化を超えて、私たちに共通した特徴として存在していることを示している。その一方で、フォーカシングのプロセスは文化の中にも、あるいは文化とともに存在している。

　漢字の使用や、なぞかけのような言葉遊びがそうであったように、もともと私たちのすぐそばにある文化的なリソースを利用して、私たちはフォーカシングを楽しむことができる。フォーカシングをアップデートするなかで、それぞれの言語に"最適化"することで、フォーカシングの面白さをより多くのユーザーに届けられるだろう。

7.　心理臨床家のためのセラピスト・フォーカシング

7.-1.　はじめに

　フォーカシング（Gendlin, 1981/2007）は、自分自身の気がかりや問題などについてのフェルトセンス（第2章参照）に丁寧に注意を向け言い表していくというのが一般的な進め方であるが、心理臨床に携わるセラピストが自らの個人的な気がかりではなく、担当するクライアントとの面接過程で生じた自分自身の体験についてフォーカシングを行う「セラピスト・フォーカシング（平野、2012a；池見ら、2006a, 2006b；伊藤・山中、2005；吉良、2002a, 2005, 2010；他）」と呼ばれるものがある。クライアントの理解やクライアントとの関係理解、そしてセラピスト自身の理解も促進されることから、セラピスト支援として有益であると言われている。また、この方法はセラピストに限らず、医療や教育、福祉などさまざまな領域の対人援助職の支援にも有益であることが実践により報告されている（平野、2012b；松村、2006；牛尾、2009）。本節ではセラピスト・フォーカシングについて代表的な先行研究を交えて紹介し、その後、セラピスト・フォーカシングが心理臨床家にとってどのように有益であるかを実際のセッションを用いて概説していく。なお、心理臨床に携わる職については、職場や対象者の違いによってカウンセラー、セラピスト、心理相談員、心理療法家などいくつかの呼び名があるが、本節ではそれらを総じて心理臨床家もしくはセラピストと称し、臨床の場面は心理療法面接

と呼ぶこととする。

7.-2. セラピスト・フォーカシング

　心理療法面接でクライアントは，自身の問題や困りごとについて，事実関係のみならず考えや感じていることを吟味し，その中で自己理解や進みたい方向を見出していくという作業をセラピストとともに行っている。セラピストはマラソン伴走者のようにクライアントの体験過程（第3章1節）に寄り添い，それをさらに促進していけるようなお手伝いをしていると言える。池見は心理療法面接を「人がおかれている状況や人の生を『振り返って観る』場である」（第4章2節）と言い表しているが，そのような心理療法の場においてクライアントから発せられる情報は，言語的なものだけではない。クライアントの声の大きさや話す速さ，表情，視線，雰囲気など非言語的情報も含まれ，実に多様，かつ多量である。

　セラピストが面接直後や面接場面を振り返った（反省した）ときに，「なんだか気になる」「はっきりとはわからないけれど，でも…」といった独特のフェルトセンスを感じるのは，セラピストがクライアントから発せられた主訴や治療歴，生育歴などの明在的（explicit）な情報だけではなく，たとえば，クライアントの話し振りや，セラピストの応答を聞いたときの表情に暗在的（implicit）な何かを感じ取っているからである。第2章2.-1.にあるように，フェルトセンスには多くの暗在的な意味が含まれている。セラピストが心理療法面接を振り返り，感じられるフェルトセンスにフォーカシングすることは，クライアントやケースの暗在的な側面を言い表し，その意味を知ることであり，それはクライアントやケース全体，そしてセラピスト自身を理解する助けとなる。セラピスト・フォーカシングはそんなセラピスト支援の方法である。

7.-3. セラピスト・フォーカシングの先行研究

　フォーカシングを行うセラピストの間では，担当するクライアントとの面接過程で生じたセラピストの体験についてフォーカシングを行うことは有益であると言われてきていたが，最初に3つのステップで構成されている「セラピスト・フォーカシング法（TFM）」として記述したのは吉良（2002a）である。

吉良は自らの心理療法の経験から，激しい怒りなどのとても強い感情を体験しているクライアントは，セラピストが体験的応答（Gendlin, 1968）を軸にしてかかわっていても，抱えている問題との適度な体験的距離を取ることが難しいこと，そして問題や感情に圧倒されたり振り回されて「体験に伴う自律性の感覚（主体感覚）」（吉良，2002b）が損なわれた状態にあることを指摘した。またそのようなクライアントとの面接ではセラピストの自律性の感覚も損なわれがちとなることから，セラピストの自律性の感覚を取り戻すことにフォーカシングが役立つだろうとTFMを手順化した。以下にTFMの基本的な手順（吉良，2002a，2010，2015）を紹介する。

【セッションで扱うテーマを決める】
あるクライアントとのかかわりにおいて感じていること，あるいはさまざまな事例を担当するなかでセラピストとして感じていることなど，セッションで扱うテーマを決める。

【ステップ1〔全体を確かめる〕】
選んだテーマに沿って，自分が感じていることの全体をゆっくり振り返り，思い浮かぶ感じを一つずつからだの感じで確かめていく。

【ステップ2〔方向を定める〕】
思い浮かんだ複数の感じの中から，どの感じをさらに吟味したいと思うかを確かめ，セッションの方向を定めていく。

【ステップ3〔フェルトセンスを吟味する〕】
ステップ2で選んだ感じについて，フェルトセンスをゆっくりと味わい吟味していく。その中で思い浮かぶことを言葉にしていくことにより，新たな発見や気づきが生まれることが期待できる。

　吉良は，上記のTFMの基本的な手順—3つのステップ—を維持して実践を積み重ねているが，次の2点，①適度な体験的距離を保ちながら，②フェルトセンスに触れていくことが大切にされていれば「手順はさまざまに変化しう

る」(吉良, 2010, p.35) と述べており, 単発的／継続的に行うセッション, 担当事例と限らずにセラピストの職場環境をテーマとしたセッション, ステップ1〔全体を確かめる〕のみの実施など, セッションの進め方を多様に発展させている。

TFM以外のセラピスト・フォーカシングの先行研究には, ①標準的なフォーカシングを用いたもの（池見ら, 2006b), ②スーパー・ヴィジョンでセラピスト・フォーカシングを用いたもの（伊藤・小林, 2014；伊藤・山中, 2005；小林・伊藤, 2010), ③初学者や経験が浅いセラピストなどのトレーニング・セラピーに用いたもの（冨宅, 2013；池見・河田, 2006a；三宅・松岡, 2007), ④他領域での活用（平野, 2012b；松村, 2006；牛尾, 2009), ⑤セラピスト・フォーカシング・マニュアルを用いた報告（平野, 2012a, 2013）がある。

7.-4. セラピスト・フォーカシング・マニュアルの紹介

セラピスト・フォーカシングは, 心理療法の面接過程におけるフェルトセンスを言い表すフォーカサー（セラピスト）と, 言い表されたことを邪魔せず丁寧に傾聴し, フォーカサーの体験過程に寄り添うリスナーの2人でセッションを進めていく。フォーカシング未経験者同士でのセッション実施は難しく感じる場合もあるが, 多くの心理臨床家にセラピスト・フォーカシングを体験してもらうべく, この項では先に挙げたセラピスト・フォーカシング・マニュアル（平野, 2012a) を紹介する。

20XX年Y月某都道府県臨床心理士会において, 編者（池見）を講師とする「セラピストのためのフォーカシング」の研修会が行われた。研修内で参加

表6-4 セラピストのためのフォーカシング・マニュアル

準備として		セッションを行う場所や座る位置は,フォーカサーとリスナーがともに落ち着ける場所を見つけます。	
手順		教示	解説とアドバイス
A	クライエント／ケースを一つ選ぶ	1)「対応の難しさを感じている, または, 気がかりな担当クライエント（以下, Cl.) もしくは, ケース（以下, Ca.) があるかな」と尋ねてみましょう。そして, いまから注意を向けてみようかなと思えるCl./Ca.を選びましょう。	*Ca.とは, Cl.を含めCl.を取り巻くすべての状況を指します。 * Cl./Ca.が思いつかない場合は, 同僚についてや, 仕事における気がかりでもかまいません。

7. 心理臨床家のためのセラピスト・フォーカシング

B	選んだクライエント/ケースについて、どのような感じがあるのか、見渡すように確認する	2）選んだCl./Ca.とかかわっているところを思い浮かべると、どのような感じがするでしょうか。Cl./Ca.の詳細ではなく、感じられることを言い表してみましょう。 ・そのCl./Ca.について「こんな感じがあるんだ」ということに、まずは気づいておきましょう。 ・そのCa.に対しては、いま感じられていることだけでしょうか？ ・「他にも何か感じていることがあるかなあ」と自分に問いかけてみましょう。 ・「もうこれ以上は思い浮かばないな」というところまで、いま行った手順を繰り返します。	＊もしも、そのCl./Ca.のことで圧倒されそうになったら、深呼吸してみましょう。 ＊ゆっくりと吐き出す息とともに、Ca.についての気がかりを横の椅子などに置いてみるようにして、その気がかりと問を置いたり、すこし遠ざけたりしましょう。 ＊Cl./Ca.について浮かんでくる感じが一つだけという場合はステップCに進みます。 【リスナー】 ・「そのCl./Ca.について、〜という感じがあるんですね」というように、感じられていることへのリフレクションを大切に傾聴してください。 ・フォーカサーに対して、Cl.の症状や、Ca.の状況など、詳細を尋ねる質問はしないようにしましょう。
		3）全体を見渡すように確認してみましょう。 ・感じられていることのすべてを挙げたところで、「Cl./Ca.ついて、こういう気持ちがあったんだな」と、全体を見渡すように確認する時間を持ちましょう。	【リスナー】 ・「そのCl./Ca.については、〜と感じていたり、〜だったりするんですね」と、フォーカサーと一緒に確認しましょう。
		4）3）で挙げた感じられていることの中で、「いまからさらに注意を向けてみてもいいかな」と思える感じを一つ選びましょう。	＊一つに選べない場合は、全体の感じをとらえるようにします。
C	選んだクライエント/ケースについて、感じられていること（フェルトセンス）とかかわる	5）B-4）で選んだ感じに、興味を持ってさらに丁寧に注意を向ける時間を取ります。 ・ゆっくりと眺めるようにその感じに注意を向けていると、何か新しく浮かんでくることはあるでしょうか。どのような感じがするか言い表してみましょう。 ・もしかすると、喉の奥や胸やお腹に何か感じられることがあるかもしれません。どのあたりにどんなふうに感じられるか言い表してみましょう。	＊新しく浮かんでくることがなければないでかまいません。無理に感じようとしないことが大切です。その場合はB-3）にもどりセッションを終えましょう。 ＊Ca.についての詳しい情報や状況（Cl.の職業や環境、または病歴や生育歴などの説明は必要ありません。 ＊どんな感じを体験しても、たとえば、それが自分では嫌だなと思うことでも、それを否定したり、批評したりせず、やさしく一緒にいるようにしてみましょう。
		6）いま感じられていることをぴったりと言い表すようなハンドル表現（ことば、フレーズ、ジェスチャー、漢字一字など）を見つけましょう。	＊たとえば、ぴったりとくる漢字一字というのでもいいでしょう。
		7）見つけた表現と感じられていることがぴったりかどうかを確かめましょう。 ・「いま感じられていることは、○○（選んだことばなどの表現）で合っているだろうか？」ぴったりだという感覚があるかどうかを、その表現と感じられていることの間を行ったり来たりするようにして確かめましょう。	＊「なんだか違うようだ」と感じるようなら、また別のぴったりとくる何かが浮かんでくるまであわてずに待ってみましょう。 【リスナー】 ・「○○というのがその感じとぴったりですか？」というように、尋ねてみましょう。
		8）感じられていることにぴったりのハンドル表現が得られたら、次のように問いかけてみましょう。 「そのCl./Ca.の何がそんなに○○のように感じられるのだろう」 上記の問いを最初にやってみましょう。 何も浮かんでこない場合、次のような問いを用いることができます。 「このことの何がこう感じさせているのだろう」 「○○な感じは何を必要としているのだろう」 「○○はこのCl./Ca.の何を伝えているんだろう」 「○○の感じの本当によくないことってなんだろう」 「何か邪魔をしているものがあるのだろうか」	＊フォーカサーは「どうして？」と考えようとするのではなく、感じられていることに注意を向けたまま、やさしく声を掛けるように尋ねてみましょう。 ＊問いかけてみることで、自然と湧き上がってくるものを待ちましょう。そうすると、いままで気づいていなかったことが思い浮かんだり、問題の感じ方に変化が起こることがあります。
		9）問いかけに対して浮かんできたことにやさしく耳を傾けましょう。 ・少し時間をとって、浮かんできたものをじっくりと味わうように感じてみましょう。	＊いままで思ってもおらず、気づきもしていなかったようなことが表れるかもしれません。意外なものであることが多いですが、新しく気づいたことをやさしく受け止めるように接しましょう。 ＊新しいことが何も浮かばない場合もあります。無理に感じようとはせず、ステップB-3）と同じように、「このCl./Ca.について、こんなにいろいろなことを感じていたんだな」と確認して終わりましょう。
		10）十分に味わえたと思えたらセッションを終えましょう。 ・Cl./Ca.について新しくわかったことがあれば、それを大切にしたいと思います。	終わる際に ＊最後に、リスナーからどんな感じがあったのかを確認しながら振り返りをするのもいいでしょう。「一つは重苦しい感じでしたね、もう一つは重苦しさとは異なる柔らかい感じでしたね、そして尖った感じもありましたね」といった具合に。

者はペアになり，本マニュアルの簡易版を用いて20分のセラピスト・フォーカシングを体験した。研修主催者が実施したアンケートでは，研修会の内容が勉強になったかという質問に対して，「まあまあ」，「とても」を合わせると回答者の約99％が勉強になったと回答し，また，これから仕事をするうえで役立つと思うかとの質問には「ある程度」，「とても」を合わせ約97％が役立つと回答したという結果が講師に伝えられた（編者談）。

　同日，筆者は，マニュアルを用いて行ったセラピスト・フォーカシングについて，自由記述によるアンケートを実施した。感想および，どのような体験だったかを記した内省報告からは，フォーカシング未経験者でもフォーカシング特有のプロセスを体験していたこと，そして先行研究と同様にクライアントやケース，セラピスト自身の理解が促進されていたことが認められた。さらに，「ケースの見立てに変化が生じた」，「クライアントとの距離感の変化により気持ちが楽になった」ことなども報告された。平野（2012a；Hirano & Ikemi, 2011）はフォーカシングをセラピスト支援に用いる利点として，詳細を語らなくてもセッションを行えること（守秘義務の遵守）や聴いてくれる人がいることの安心感を指摘しているが，それらについての内省報告も同様に確認された。

7.-5. セラピスト・フォーカシング・セッション例

　次に，実際のセラピスト・フォーカシング・セッションの概要を紹介する。このセッションのフォーカサー（セラピスト）／リスナー（筆者）共にフォーカシング経験者であったことから，マニュアルどおりに進んでいないところもあるが，マニュアルの該当する段階を【　】で，フェルトセンスを〈　〉で，ハンドル表現を《　》で括っている。セッション内の個人を特定し得る情報については内容が変わらない範囲で筆者により削除または修正されている。

　フォーカサーのAさんは主に大学付属施設で心理臨床に携わる臨床心理士である。セッション内ではフォーカサー（セラピスト）をF，クライアントをCLと表記している。

セラピスト・フォーカシング・セッション概要

【A-1】気にかかるような担当クライアント（以下，CL）やケースはあるだろうかと日々の業務を振り返って観たところ，3つのケースが浮かんだ。CLからの反応があまりなく，〈役に立てているのかなと気になるような〉フェルトセンスが3ケースに共通していた【C-5】。そのフェルトセンスを言い表していくと，面接においてフォーカサー（以下，F）が大事だと思っていることと，3人のCLの問題意識とは違うのかもしれないという感じがした。たとえば面接場面において，FはCLがどんな気持ちでいるのかを聴くことが大事だと思っているが，CLにとっては気持ちを話す場ではなく，具体的な手立てをセラピストからもらう場だと思っている，といった具合である。この感じを話している時のFには，特定のCL─親子面接の母親─がずっと浮かんでいた。そこで改めてそのCL（母親）とかかわっている場面に注意を向けると【B-2】，〈ザワザワした感覚〉と，〈胸の辺りに水切りの石のように平べったいような重たいような〉2つのフェルトセンスが感じられた【C-5】。後者のフェルトセンスを丁寧に言い表していくと，《意志あってそこにある，石。でも石っころ》というフェルトセンスにぴったりのハンドル表現がみつかった【C-6】。ハンドルを声に出して反芻し味わっていると【C-7】，「（子どものことを）諦めてはいないし，できるなら動きたいが…。今は，しゃあないな（仕方がないな）。この子は意志を持って動かないとわかっている」そんな感じがした。そしてこれはCLである母親が子どもに対して感じていることに近いように感じられるとFは言った【C-7〜8】。次の瞬間「あっ！」と声をあげたFは「"しゃあなさ"につき合わなあかん」と何かに気づいた【C-9】。なんとかしてあげたいけど，今はしゃあないよねという思いは，FがCLに感じていたことともぴったりくるものだった【C-9】。Fがいろいろと提案しても，自分に合わなければ頑として動かないCLに「え！？なんで？提案を求めてたのに？」と思っていたが，動かないという反応そのものが「すごくそのお母さんらしく，自分（F）とは違うお母さんという存在がいる」とFには感じられた。「子どもに対して，あれこれしたいけど，自分と違うこの子がいると思っているのかな」「ただ意志を持ってここにいるんだなというのは，お母さんとかかわるなかでお母さんに対して自分が思う気持ちであり，お母さんがその子に対して思う気持ちでもあ

るのかな。そう思うと，ちょっとお母さんが愛おしくなる。そっかあ」と言ってFは笑った。

　セッションの終わりにFは，CLからの反応がないことに安心できずにいたことに言及した。嫌だという反応を示すことはないが，気に入らない提案には乗らないという意志があるのがそのお母さんであり，反応しないという反応をしていたのだと気づけて少し安心できるということであった。そして「お母さんとの交流がもう少し欲しいし，言い合いたい。それで一緒に考えていきたい」と思っている自分にも気づいた。また，互いに遠慮している感じがあるため，「この提案にはあまり乗ってませんね」などと冗談めかして言える関係性が持てるようなアプローチをしていきたいと，今後のかかわりにも言及しセッションを終えた。

7.-6. セッションの検討
⑴ 前反省的な体験を反省すること

　セッションをしたセラピストは，常日頃〈役に立てているのかなと気になる感じ〉を明在的に感じていたわけではない。【A-1】で日々の業務を振り返って観て（反省して：第4章2節）生じたフェルトセンスである。そのフェルトセンスをもとに体験過程が進むと，クライアントの反応がないということに安心できていなかった自分に気がついた。「からだは何かを知覚する以前に状況と相互作用している」とジェンドリン（Gendlin, 1992）の哲学的見解にあるように，また，池見（2013）がそれをさらに広げて「関係性（ジェンドリンのいう『相互作用』）は反省以前的に私たちに作用するが，反省するまでは関係性に何が影響したのかを知ることはできない」と強調した記述にあるように，セラピストも振り返って観て，初めて前反省的に影響を受けていたことに気づいたのである。嫌とも言わず反応があまりないというクライアントのプレゼンスに影響され，セラピストがそうだと知覚する以前に「安心できない」状態になっていた。池見（2013）は，「クライアントのプレゼンスがセラピストに影響を与えるような特有のあり方に気づくことやそれらを反省することは，セラピストの役に立つ」と指摘しているが，本セッションのセラピストもクライアントの特有のあり方に気づいたことで，もう少し交流が欲しいことや，言い合っ

たり一緒に考えたいと思っていることに気づき，そのための新たなアプローチをしたいと言及するに至った，そんなセラピストの生きる過程が進んだセッションだったと言える．

(2) フェルトセンス：そこに含まれる関係の多層性と体験の交差

　ジェンドリン（Gendlin, 1996, p.20）は，フェルトセンスの特徴のひとつとして「複雑微妙な全体として体験される」ことを挙げている．フェルトセンスというひとつの感じではあるものの，その中には糸が複雑に織り込まれたように，人との関係性，状況，体験などが暗に含まれ相互に作用している．本セッションにおいてもそのような特徴が観察された．

　【C-6】でハンドル表現が言い表され，それを味わっていたセラピストには【C-7～8】，「何とかしてあげたいけれど，今はしゃあないよね」という感じがクライアントが子どもに感じていることに近いようであり，そして，【C-9】で，その感じはセラピストがクライアントに感じていたことともぴったりくると感じられた．

　読者にとって，この一連の流れは，誰が主語なのか？と紛らわしいものだったかもしれないが，このようなことはセラピスト・フォーカシングではよく起こる．セラピストのフェルトセンスを感じていたら，クライアントの感じていることかもしれないという実感が感じられてくることについて，池見ら（2006b）や吉良（2010, p165）は，セラピスト・フォーカシングの特徴として，フェルトセンスに含まれる多層的な関係を報告している．

　通常のフォーカシングでは，①フォーカサーとリスナーとのかかわり，②フォーカサーと自身の体験とのかかわりという関係が見られるが，セラピスト・フォーカシングではさらに多層的な関係性が見られる．このセッションでも③フォーカサー（セラピスト）がケースについて認知していることとのかかわり，④フォーカサーとクライアントとのかかわり，⑤フォーカサーがクライアントを通して感じるクライアントの子どものプレゼンスとフォーカサーのかかわり，⑥フォーカサーを通してリスナーが感じるクライアントのプレゼンスとリスナーとのかかわりという多層的な関係が観察されている．

　また，セラピストとクライアントの体験が重なり交錯（本書では交差：第

4章3節参照）している（吉良，2010，p.164）こともフェルトセンスの特徴である。セラピストが感じているフェルトセンスは，面接場面を振り返って感じたものであるから，それはすでにクライアントと交差しており，セラピストかクライアントかという，どちらかのものではない。セラピストのものでもあるが，クライアントのものでもあるため，セラピストが感じられたフェルトセンスを吟味していると，クライアントの体験しているものではないかと実感するのである。このセッションでは，ハンドル表現を得た【C-6】以降，セラピストがハンドル表現を味わい，クライアントとセラピスト双方に感じられたことを話していたのも同様のことである。

相互の体験が交差している面接場面のフェルトセンスには，豊かな意味が含まれている。そして，それを言い表すことはクライアントの体験過程を言い表すことになる（池見，2013）のである。

7.-7. 心理臨床家のためのセラピスト・フォーカシング

クライアントやケースの理解，セラピストの自己理解が促進されることの他にもセラピスト・フォーカシングの利点（平野，2012a）がある。

(1) 詳細を話さなくても体験過程を進められる（守秘義務の遵守）

セラピスト・フォーカシングでは，クライアントやケースについてのフェルトセンスを丁寧に感じることが大切であり，注意を向ける対象の詳細（診断名や生育歴など）を話さなくてもセッションを進めていくことができる。守秘義務を遵守しながらケースを振り返ることができることは，セラピスト支援の方法として重要な利点である。職場にまつわるテーマを取り上げる際の心理的抵抗も少なくて済むだろう。

(2) スーパー・ヴィジョンとは異なる体験

スーパー・ヴィジョンでは，スーパー・ヴァイザーからセラピスト（スーパー・ヴァイジー）に専門的な指導や助言が行われるが，セラピスト・フォーカシングでは，リスナーはフォーカサーに対して同様の役割は担っていない。指導する／されるという上下関係ではなく，対等な関係でセッションを行うた

め，フォーカサーは面接過程で生じた自らの体験やケースについて，評価を気にすることなく吟味することができる。

(3) **聴いてもらうという体験**

　セラピストは人の話を聴くことに多くの時間を費やすが，指導や評価もなくただ聴いてもらうような体験は実は少ない。また，非常勤やひとり職場という勤務形態が多く，ちょっとしたことを話せる相手も少ない。フォーカシング・セッションのわずかな時間であっても，自分が感じたことだけに集中することができ，それを聴いてくれる人がいる，そのような機会があることはセラピストのケア，そして安心感につながるだろう。

7.-8. まとめ

　本節では，心理臨床家がセラピスト・フォーカシングを行うことにより，担当ケースやクライアント，自分自身についての理解が促進されること，またセラピストの支援にも有益であることを概説した。セラピスト・フォーカシングは心理臨床家だけではなく，医療・教育・福祉領域の対人援助職従事者にとっても有益であることが実践により明らかにされていると冒頭に記したが，その有益性は対人援助という職に就いている人に限られるわけではない。なぜなら，私たちは必ずと言っていいほど誰かが誰かの援助をしていると考えることができるからである。職業としてはいなくても，家族に対して，友人に対して，あるいは同僚に対してというように，私たちは誰かが誰かとかかわり，援助し合って生きている。したがってセラピストを含めた対人援助職ではなくてもこの方法を用いることはとても有意義なことと言える。

　あなたも身近な誰かと一緒に過ごしている場面を思い浮かべ，フェルトセンスを感じてみてはどうだろうか。そこにはとても豊かな意味が含まれており，これまでとは異なる感じ方に出逢えるであろう。

8. フォーカシング的態度をめぐる質問紙研究

　本章ではこれまで，フォーカシングの実践に関するさまざまな方法が紹介

されてきたが，本節ではフォーカシングを研究する方法の1つとして，これまで行われてきた質問紙研究を紹介する。フォーカシングの研究は，主に本書でも論じられているような，理論研究や各種実践の方法を開発し紹介するものなど，質的な研究が多くを占めている。一方で，青木（2010）や上西（2011）が論じているように，そのような質的な研究を裏づけるような数量的研究もこれまで確かになされてきた。本節では，そうした数量的研究の中でも，近年さかんに研究されているフォーカシング的態度についての質問紙研究を取り上げる。

8.-1. フォーカシング的態度について

　第2章で紹介されているように，フォーカシングは〈からだ〉にアプローチする1つの方法である。ジェンドリン（Gendlin, 1996）自身も著書『フォーカシング指向心理療法』で「フォーカシングは，特定のやり方で内側からからだに注意を向ける方法」（p.1）と述べているように，フォーカシングにおけるからだへのかかわりには特有のものがある。フォーカシングを行う際，フォーカサーは取り上げている事柄がからだの中心でどのように感じられるかに注意を向け，静かに待つことが求められる。このからだの中心で感じられている「感じ」はフェルトセンスを指し，そのフェルトセンスに注意を向け，静かに待つことが必要とされているのである。他にも，ジェンドリンは最初にフォーカシングを紹介した著書『フォーカシング』（Gendlin, 1981）で，フォーカサーが自身のフェルトセンスに友好的な態度をとることが重要であるとも述べている。ジェンドリンがフォーカシングを開発した当初は，フォーカシング的態度という用語は用いていなかったものの，上述のようにフォーカシングに特有のフェルトセンスに対するフォーカサー自身の態度については記述されていた。その後，多くの臨床家によって，そうしたフェルトセンスに対する態度が取り上げられ，それらの総称としてフォーカシング的態度（focusing attitudes）と呼ばれるに至ったようである。

　フォーカシング的態度は臨床家によってさまざまに論じられている（たとえば，田村，1987；Cornell, 1996；Hinterkopf, 1998；Rappaport, 2009）。本書は，フォーカシングで見られるプロセスについて多く論じているが，フォー

カシング的態度は総じてフォーカシングのプロセスを促進する1つの重要な点と考えられている（青木，2015）。また，このフォーカシング的態度とロジャーズ（Rogers, 1961）の十分に機能する人間の特徴として重視されている，「経験に開かれること（openness to one's experience）」や「有機体への信頼（trust in one's organism）」との関連も指摘されており，青木ら（Aoki & Ikemi, 2014）はフォーカシングのみならず，広い意味でのパーソンセンタードアプローチの実現傾向と関連する可能性があることについても論じている。

8.-2. フォーカシング的態度を測定する質問紙について

⑴ Floatabilityに関する尺度（田村，1987；田村，1990開発）

　この尺度は，フォーカシングの過程を促進する要因についての研究の中で開発された。floatabilityというフォーカサーの自身のフェルトセンスに対する関わりの様式を測定しているもので，フォーカシング的態度の1つを測定していると考えられる。そのため，筆者が知る限りにおいて，フォーカシング的態度に関する最初の質問紙ではないかと考えられる。floatableな状態を表す9項目，unfloatableな状態を表す7項目から構成されている。田村（1987）では，floatableな状態がフォーカシングの成功に関わっていることが見出された。さらに，このfloatableな状態は，「問題との距離がとれた」「空間ができた」状態をさらに厳密に記述したものとされており，フォーカシング的態度として後に挙げられる，「問題と距離を置く態度」を構成するものとも考えられる。

　その後，田村（1990）はfloatabilityに関する研究をさらに進め，新たにfloatabilityに関する項目を作成し，因子分析を行った。その結果，「落ち着き」因子（15項目），「体験の新鮮さ」因子（7項目），「プロセスへの信頼」因子（7項目），「体験への集中」因子（3項目）で構成されていた。

⑵ **体験過程尊重尺度**（Focusing Manner Scale：FMS）（福盛・森川，2003開発）

　総じてフォーカシング的態度について注目し，最初に質問紙を作成したのが福盛・森川（2003）である。森川は以前よりフォーカシング的な考え方や体験様式が自然と生き方の中に取り入れられることの重要性を指摘しており（三坂・村山，1995）．その後，フォーカシング経験によって日常化されるような

フォーカシング特有の体験様式について，調査研究によってどのような因子から成っているのかを明らかにした（森川，1997）。福盛は体験との距離に関して注目し，体験的「間」に関する尺度の開発（福盛，2000）などを行っていた。そのような関心の元，種々に論じられているフォーカシング的態度について，日常にも見られるようなことを項目化し，因子分析を行うなどしてFMSが作成された。FMSは全23項目で，「体験過程に注意を向けようとする態度」因子（7項目），「問題との距離をとる態度」因子（4項目），「体験過程を受容し行動する態度」因子（8項目）の3因子からなり，その他にも，どの因子にも特定されない項目（4項目）から構成されていた。また，福盛・森川はこの研究で，FMSとゴールドバーグ（Goldberg, 1978）の精神健康調査票（The General Health Questionnaire：GHQ）との間で相関分析を行い，フォーカシング的態度と精神的健康との関連を明らかにした。

(3) **体験過程尊重尺度改訂版**（Focusing Manner Scale-Revised：FMS-R）（上西，2009開発）

　上西は，フォーカシング体験の中でということではなく，とくに日常生活におけるフォーカシング的態度がどのような現象，あるいは構造であるのかという問いに対し，数量的に調査を行うために新たな尺度を開発した。FMSやその他の尺度なども参考に，7名の研究者との討議によって項目が作成され，統計的に検討された。その結果，「体験過程の受容と行動」因子（7項目），「体験過程の吟味」因子（6項目），「体験の感受」因子（4項目），「間を置く」因子（3項目）から構成されていた。上西（2009）ではGHQおよび自己肯定意識尺度（平石，1990）との関連が，さらに上西（2010a）ではToronto Alexithymia Scale-20日本語版（TAS-20：小牧他，2003）との関連が明らかにされた。上西（2010b）では，曖昧さへの態度尺度を作成し，共分散構造分析を通してその尺度がFMS-Rとの関連していることも明らかにされている。また，上西（2009）は，FMS-Rを用いて，日常生活におけるフォーカシング的態度の構造を共分散構造分析を用いて明らかにした。

(4) 日常生活におけるフォーカシング的経験尺度（Focusing Experience Scale：FES）（上西，2011開発）

　　上西はFMS-Rを用いた共分散構造分析によるいくつかの研究を経て，日常生活におけるフォーカシングを流動的に捉えるために，フォーカシング特有の態度に加え，そうした態度によって得られる状態あるいは，そうした態度を導く状態を含む，FESを開発した。因子分析の結果，「体験の感受」因子（5項目），「体験過程の確認時間・空間の確保」因子（5項目），「体験過程の受容と行動」因子（6項目），「体験過程の吟味」因子（5項目），「閃き」因子（5項目），「間が取れている」因子（4項目）で構成されていた。また，上西（2012）では，FESと構造拘束尺度（高沢ら，2009）との関連も相関分析により明らかにされた。

(5) 青木版体験過程尊重尺度（Focusing Manner Scale-Aoki version：FMS-A）（青木，2013；Aoki & Ikemi，2014開発）

　　フォーカシング的態度に関する数量的研究は，日本国内ではさかんに行われていたものの，日本国外では知られていなかった。そこで，青木と池見は日本国外の研究者と共同でFMSの英語版の作成にあたった。作成にあたり，上西（2009）を参考に教示文が加えられたり，共同研究者による逆転項目化の提案や，新たなフォーカシング的態度の知見を踏まえ，項目の修正や追加が行われたりと，FMSとは多少異なる質問紙となった。そのため，原版のFMSと異なって，日本語版がFMS-A. J（青木，2013），英語版がFMS-A. E（Aoki & Ikemi，2014）と名づけられた。FMS-A. Jの因子分析の結果，「体験過程を受容し行動する態度」因子（6項目），「体験過程に注意を向けようとする態度」因子（7項目），「問題との距離を取る態度」（3項目）で構成されていた。FMS-A. JとGHQとの相関も明らかになり，原版FMSとおおむね同様の結果となった。

(6) 日常的フォーカシング態度尺度（Daily Focusing Manner Scale：DFMS）（中谷・杉江，2014開発）

　　中谷らは，これまでの質問紙には「行動的側面にフェルトセンスの象徴化（言語化，イメージ化）行為が含まれていない」点，「感情や身体の感覚に気づ

き，それを受容するという認知的側面と，現実に行動を起こすという行動的側面が同一因子として構成されている」点を問題点として挙げている。そこで，それらを解決するためにDFMSを開発した。DFMSの因子分析の結果，「自己感覚距離」因子（5項目），「自己感覚注意」因子（5項目），「自己感覚表現」因子（3項目），「自己感覚行動」因子（4項目），「自己感覚受容」因子（4項目）で構成されていた。原版のFMSやGHQ，自己意識・内省尺度（辻，2004）との間の相関が明らかにされ，また共分散構造分析を実施してDFMSにおける「日常的フォーカシング態度のプロセスモデル」が検討されている。

(7) 体験過程尊重尺度改訂版（FMS-18）（森川・永野・福盛・平井，2015開発）

　森川らはこれまでのフォーカシング的態度尺度の安定性や因子ごとの項目数にばらつきが生じがちなこと，項目のわかりやすさを考慮し，原版FMSの改訂版を作成した。その結果，「注意」因子（6項目），「受容」因子（6項目），「距離」因子（6項目）で構成された。また，妥当性の検討もなされ，心理的Well-being尺度（西田，2000），Authentic scale（Wood et al., 2008）ストレスチェックリスト・ショートフォーム（今津ら，2006）との間での相関が得られた。

8.-3. フォーカシング的態度に関する質問紙を用いた研究の概観

　先述のとおり，フォーカシング的態度に関する質問紙は，FMSの開発に端を発して，その後もいくつかの質問紙が開発されている。これまでに先述した質問紙の中で，最も多くの研究に用いられているものは，FMSであった。そこで，青木ら（Aoki & Ikemi, 2013）や永野ら（2014）のFMS研究の概観を中心として，フォーカシング的態度に関する質問紙を用いた研究の概観を行い，フォーカシング的態度について明らかになっていることを紹介する。

　FMS開発の際，福盛・森川（2003）はフォーカシングプロセスを促進することが，精神的健康の促進にもつながるとの仮説の元，GHQとの相関を検討し，フォーカシング的態度と精神的健康がポジティヴに関連していることを明らかにした。そうしたこともあり，後続の研究でも多くの精神的健康尺度との関連が検討された。結果として，FMS研究で最も多いのが，種々の精神的

健康を測定する尺度との相関分析を行った研究である。河﨑・青木（2008）は，それまでの研究を概観し，フォーカシング的態度がさまざまな理論的背景の精神的健康尺度とポジティヴな相関を示していることから，理論を越えて精神的健康と関連すると論じた。また，FMSと精神的健康尺度に関する研究は，相関研究以外の研究もなされている。たとえば，自己実現尺度とレジリエンス尺度のそれぞれにどの程度影響を及ぼしているかを重回帰分析で検討した研究（青木，2008）や抑うつ尺度との間でパス解析を用いた研究（山崎ら，2008），アサーション尺度との間でパス解析を用いた研究（斎藤，2009）である。そうした研究でも，フォーカシング的態度がそれらに影響を与えていることが明らかにされている。

　そこで課題が浮かぶ。フォーカシング的態度が精神的健康を促進する要因であるとして，フォーカシング的態度は果たして変化しうるものなのだろうか。理想としては，フォーカシング的態度が変化しうる，つまり促進されうるものであり，フォーカシング的態度を促進することで，結果として精神的健康も促進されることが望ましい。

　この課題への答えを先行研究から考えることとする。まず，宮本（2009）と青木（Aoki, 2011）の研究に注目したい。宮本は高校生と大学生との間でFMS得点を比較した。その結果，両者の間に有意な差はなかった。一方で，青木は大学生とその親との間で同様の研究を行った。その結果，大学生より親のFMS得点が有意に高かった。このことから，高校から大学にかけての短いスパンでは変化しないが，大学から大学生の親世代という長いスパンでは変化することと考えられる。これらから，フォーカシング的態度は変化する可能性が見出せるのである。

　フォーカシング的態度が促進されるとして，どのような体験がフォーカシング的態度の促進へとつながるのだろうか。これについても，植中（2009）と三上ら（2008）の研究に注目したい。植中は，パーソンセンタードアプローチを専門とする大学教員のゼミ生と，そうでない教員のゼミ生との間で4ヵ月のプレ－ポストでFMS得点の推移を比較検討した。その結果，どの点においてもゼミ間に有意差がなかった。一方で，三上らは，フォーカシングそのものは行わないが，フォーカシング指向心理療法の視点から企画された企業研修の前

後でFMS得点の差を検討した。その結果，企業研修の後で有意にFMS得点が高かった。これらから，とくに介入がなければフォーカシング的態度は変化しないが，フォーカシング指向の介入があれば，フォーカシング的態度は促進されると考えられる。

　しかし，三上らが調査した企業研修は，フォーカシング指向の観点から運営されているが，フォーカシングを教えることやフォーカシングそのものを体験することは研修に盛り込まれてはいなかった。そもそも質問紙で測定されるフォーカシング的態度は，フォーカシング能力（focusing ability）を反映したものなのだろうか。こうした課題について，中垣（2007）と河﨑（2010）の研究と，青木ら（Aoki & Ikemi, 2014）の研究から考えたい。中垣と河﨑は，FMSの得点とクラインら（Klein et al., 1969）の体験過程尺度（Experiencing Scale：EXPスケール）得点について相関分析を用いてフォーカシング的態度とフォーカシング能力との関連を検討した。中垣の研究では，両者間に有意傾向の正の相関が見出された。この中垣の研究の追研究を行ったのが河﨑の研究であった。しかし，河﨑の研究では，有意な相関は見られなかった。これらの研究では，調査協力者の数が少ない問題点もあった。また，EXP得点の換算には数名の採点者を要し，採点者が逐語記録から調査面接のすべてのやりとりを得点化するため，かなりの労力がかかる。そのため，多くの調査協力者を集めて調査を行うことが困難である。このような点を考慮し，青木らは，フォーカシングトレーナーとその同世代のフォーカシングの経験のない人との間でフォーカシング的態度を比較した。フォーカシングトレーナーはフォーカシングについて訓練を受けた人たちで，それ以外の人たちはフォーカシングを受けたことのない人たちであった。そのため，両者の間で比較することで，フォーカシング的態度がフォーカシング能力を反映しているのか否かを検討できると考えられた。この研究の結果，フォーカシングトレーナーの方が有意にフォーカシング的態度を有していることが明らかになった。

　以上の概観より，フォーカシング的態度は変容可能であること，フォーカシング的態度はフォーカシング能力を反映していて，フォーカシング指向の介入によって促進可能であることが明らかになったと言えるだろう。押江（2014）は臨床群でない大学生を対象とした調査研究で，中田（2005）の問題意識性に

関する尺度を作成し，FMSと自己実現尺度との間で構造方程式モデリングによるパス解析を行っている。その結果から，心理療法において自らの問題意識を抱えて吟味しようとしているクライアントに対して，体験過程に注意を向けることができるように促すことができれば，心理的成長につながり，そうでなければ心理的成長の阻害につながる可能性を示している。このように，心理療法においてフォーカシング的態度に注目し，その促進することが効果的である可能性は見出されている。とはいえ，こうしたフォーカシング的態度という視点が，実際の臨床群を対象とした事例において有意義なものであることを示した研究はない。そのため，今後の課題としては，フォーカシング的態度という観点から事例を検討し，臨床群の介入に活かされることを示すこと，どういったセラピストとクライアントのかかわりがフォーカシング的態度の促進に有効かを具体的に示すことも必要であるだろう。

8.-4. まとめ

この節ではフォーカシング的態度の研究について解説してきたが，そもそもフォーカシング的態度とは何だろうか。FMSでは3つの側面を測定している。それらは「〈感じ〉に触れる」という側面，「〈感じ〉と適切な距離をとってみる」という側面，そして「〈感じる〉ところから行動する」といったものである。そして，本節でみてきたように，これらが種々の質問紙法で測定される健康の尺度と関連していることが明らかになっている。「〈感じる〉ことを大切にして生きる」ということの重要性が裏づけられてきていると言えるだろう。

あとがき

　「臨床心理学」とか「臨床心理士」といった言葉に対して，読者はどのようなイメージを抱いておられるでしょうか。その語は，英語のクリニカル・サイコロジー（Clinical Psychology）を翻訳したものですが，それを今日，もっと直接的に訳し直すことが許されるのならば，それを「クリニックの心理学」とすることができるでしょう。アメリカ合衆国のクリニカル・サイコロジーは病院臨床における心理学であることは明らかなのですが，日本の「臨床心理学」のイメージは，どうやら様子が少し違っているように思えます。それは，「臨床心理士」がスクール・カウンセラーとして学校現場でカウンセリングに携わっているといったように，「臨床」はクリニックや病院に限定されていません。おそらく日本の読者は「臨床心理士」と聞くと，「カウンセラー」など心理療法に携わる「セラピスト」（心理療法家）をイメージしているように思えます。そこで本書では文中に「カウンセラー」「セラピスト」「心理療法家」といった表現を用いています。「臨床心理士」や「心理士（師）」といった表現は用いていません。本書は病院臨床の心理学ではなく，心理療法を中心的に取り上げたものです。

　書名にある「心理臨床学」は筆者にとって，「臨床心理学」よりも実際に近い表現のように感じられます。本来は病院臨床の心理学である「臨床心理学」に対して，この語では「心理学の臨床」が強調されるように響きます。つまり，心理学の知識や方法を用いて，病院臨床に限らず，さまざまな分野で援助や支援をしていくことに関する学問。これを表現するならば，やはり「心理臨床学」が適切に思えます。そして，この場合の援助と言えば，やはり心理療法を指しています。

　本書の大胆とも言える主張は，その「心理臨床学」すなわち心理療法諸理論がアップデートされる，というものでした。さて，どのような意味でアップ

デートされたのでしょうか。

　今日の社会の中で，私たちがある物を見て，それについて考えるとき，それをある構造をもった工業製品のように考えてしまう傾向があるように思えます。そして，「それは，誰が作ったの？」「いつ作ったの？」「どうやって作ったの？」「故障の原因は？」といったことを問うてみるでしょう。視線の先にある物がコップやパソコンのように，実際の工業製品ならば，それらは妥当な問いだと言えるかもしれません。しかし，眼差しの先にあるものが森の木々や川を流れる水や，川縁を歩くイノシシならば，このような問いは本当に妥当なのでしょうか。眼差しの先にあるのが人の「こころ」，すなわち具体的に体験され感じられるという現象であれば，これらの問いの妥当性についてはますます疑わしくなってきます。

　「こころのメカニズム」「こころの構造」「原因」─心理臨床学はこのようなことに拘り過ぎているのかもしれません。はっきり言って，「こころ」と呼ばれるものはメカではないから，メカニズムはありません。そして，「こころ」は構造体でもありません。また，それは原因だけで動いているものでもありません。原因論，構造論，説明概念，そういったものが多過ぎてはいないでしょうか。そして，これらは実際の現象そのものを言い表すことから，私たちの目を背けさせているのではないでしょうか。

　ここに，「寂しい」と訴えるクライアントがいて，私は寂しさの奥行きを感じながら，クライアントの傍に身を寄せておくことができます。しかし，クライアントの「寂しさの原因」「寂しさを感じるような性格の構造」を考え始めた一瞬において，私はその場から不在になってしまいます。クライアントはすぐに私の存在感の不在に気づき，孤独に自閉された寂しさに没入していきます。原因や構造ではなく，実際に〈感じられている〉ところに立ち帰る，ということが本書のアップデートなのです。〈感じる・話す・聴く〉の基本的な性質を大切にしたうえで心理臨床を考えてみましょう。簡単に言えば，本書はこんなアップデートを提唱しています。

　傾聴（リスニング）においては，本書にあるアップデートは今日の日本には切実に必要なのではないでしょうか。本文にあったように，日本で一般的に教えられている「傾聴」や「カウンセリング」はカール・ロジャーズの1957

年あるいは1959年論文に基づいていますが，そのカール・ロジャーズ自身による1975年のアップデートを，私は心理臨床学やカウンセリング心理学の教科書で見たことがありません。なぜでしょうか？

　ロジャーズ1975年の「共感的理解の再定義」を理解するためにはユージン・ジェンドリンによる「リスニング（傾聴）の手引き」と「フォーカシング」を理解しておく必要があったのです。この３つが結びつかなければ，ロジャーズ1975年の再定義の意義は十分に理解することができません。日本の多くの教科書がロジャーズのカウンセリングとジェンドリンのフォーカシングを別々のものだと決めつけているので，この結び目が理解できなかったのではないでしょうか。このようにして，本書では，1950年代の傾聴を1970年代までアップデートしました。しかし，そこで本書のアップデートが止まったわけではありません。

　ジェンドリンは1990年代後半から，心理療法関係の学会に参加したり，心理療法に関する論考を発表することが少なくなり，彼自身の哲学を精力的に執筆するようになりました。その哲学を援用しながら，本書はジェンドリンが1970年代に発表した傾聴やフォーカシングの背景を解説しています。

　2000年以降，私も自分の心理療法に関する考察を発表するようになってきました。とくに，2010年以降，私は毎年，心理療法に関する新しい論考を英米の専門ジャーナルに発表し続けてきました。どうやら，私は理論を「英語チャンネル」で考えるようです。それらを日本語で表現しようとする以前に，また新たな理論展開が私の英語チャンネルの中に現れてきて，次々と英語で発想が進んでしまいます。その結果，多くの日本の同僚の方々や読者の方々を「おいてきぼり」にしているように感じていました。本書では2010年以降の私の理論的展開を日本語で，あるまとまった形にすることができました。

　私の中で育ってきたものは理論展開ばかりではありません。2007年には「体験過程流コラージュワーク」と呼ばれる，アートを用いたフォーカシングの実践を提唱しています。そして，2012年には「漢字フォーカシング」を発表し，また，2015年より「青空フォーカシング」の実践に取り組み始めました。本書では，私が工夫してきた新しいフォーカシングの方法をも解説して，アップデートし続けるフォーカシング実践の一端を紹介することができました。

あとがき

　アップデートはこれからも続いていきます。関西大学の大学院生たちを含む日本全国の研究者・実践家たちの努力によって，フォーカシングの研究と実践は少しずつ前進し続けています。本書校正中に発行されたAPAアメリカ心理学会編の最新の人間性心理学ハンドブック[1]のフォーカシング指向心理療法の章には，大学院生たちの研究を含め，日本の研究が多く紹介され，参考文献の4割程度が日本の研究となっています。また，本書には私と一緒に研究している関西大学大学院心理学研究科の博士後期課程修了者および現在在籍中の方々全員が執筆しています。彼らの研究や臨床実践が私にとっては大きな刺激となり，その相乗効果もあって，私は次々に新しい理論や方法を提唱することができたのだと思っています。そして，今後も彼らを含む日本の，そして世界の研究者たちの手によって，傾聴や心理臨床学やフォーカシングのアップデートは川のように流れ続けるでしょう。それに感謝しつつ，流れに乗っている幸せを感じるとともに，この流れが惜しみなく注ぎ込まれている，この一冊の著作を，私は自信をもって世におくりだしたい。

2015年12月11日
編著者　池見　陽

---

1) Krycka, K., & Ikemi, A. (2016). Focusing-oriented-experiential psychotherapy: From research to practice. In D. Cain, K. Keenan, & S. Rubin, (Eds.), *Humanistic psychotherapies: Handbook of research and practice* (2nd ed.). Washington, DC: American Psychological Association. pp. 251-282.

参考文献

第1章

Breuer, J., & Freud, S. (1883/1955). Studies on hysteria. In J. Strachey (Trans. Ed.), *Standard edition of the complete psychological works of Sigmund Freud*. Vol.Ⅱ. London: Hogarth Press.

Bruch, M., & Bond, F. W. (Eds.) (1999). *Beyond diagnosis: Case formulation approaches in CBT*. New York: John Wiley & Sons.（下山晴彦（編訳）(2006). 認知行動療法ケースフォーミュレーション入門　金剛出版）

Freud, S., & Breuer, J. (1883/1955/1974). In J. Strachey (Trans.), *Studies on hysteria*. London: Penguin Books (Pelican Book Edition).

Freud, S. (1901/1960). The psychopathology of everyday life. In J. Strachey (Trans. Ed.), *Standard edition of the complete psychological works of Sigmund Freud*. Vol. VI. London: Hogarth Press.

Freud, S. (1905/1953). Three essays on the theory of sexuality. In J. Strachey (Trans. Ed.), *Standard edition of the complete psychological works of Sigmund Freud*. Vol. VIII. London: Hogarth Press.

Freud, S. (1915/1963). Papers on metapsychology. In J. Strachey (Trans. Ed.), *Standard edition of the complete psychological works of Sigmund Freud*. Vol.XIV. London: Hogarth Press.

Freud, S. (1916/1961). Introductory lectures on psychoanalysis I & II. In J. Strachey (Trans. Ed.), *Standard edition of the complete psychological works of Sigmund Freud*. Vol.XV. London, Hogarth Press.

Freud, S. (1916/1961). The ego and the id. In J. Strachey (Trans. Ed.), *Standard edition of the complete psychological works of Sigmund Freud*. Vol.XIX. London: Hogarth Press.

Freud, S. (1920/1955). Beyond the pleasure principle. In J. Strachey (Trans. Ed.), *Standard edition of the complete psychological works of Sigmund Freud*. Vol.XVIII. London: Hogarth Press.

Freud, S. (1927/1961). Civilization and its discontents. In J. Strachey (Trans. Ed.), *Standard edition of the complete psychological works of Sigmund Freud*. Vol.XXI. London: Hogarth Press.

Freud, S. (1933/1964). New introductory lectures on psychoanalysis. In J. Strachey (Trans. Ed.), *Standard edition of the complete psychological works of Sigmund Freud*. Vol.XXII. London: Hogarth Press.

福島伸康 (2015). Genuineness と純粋性を巡る一考察：Genuine なセラピストは人格者

なのか　Psychologist：関西大学臨床心理専門職大学院紀要, 5, 119-128.
Ikemi, A.（2005）. Carl Rogers and Eugene Gendlin on the bodily felt sense: What they share and where they differ. *Person Centered and Experiential Psychotherapies*, 4（1）, 31-42.
Ikemi, A.（2014）. Sunflowers, sardines and responsive combodying: Three perspectives on embodiment. *Person Centered and Experiential Psychotherapies,* 13（1）, 19-30.
池見　陽（2012）. ヒューマニスティック・サイコロジーと東洋　日本人間性心理学会（編）人間性心理学ハンドブック　創元社
池見　陽（2015）. 中核三条件，とくに無条件の積極的関心が体験される関係のあり方　飯長喜一郎（監修）　受容：カウンセリングの本質を考える2　創元社
Kabat-Zinn, J.（1990）. *Full catastrophe living.* New York: Delacort Press.（春木　豊（訳）（2007）. マインドフルネスストレス低減法　北大路書房）
Kabat-Zinn, J.（1994）. *Wherever you go, there you are: Mindfulness meditation in everyday life.* New York: Hyperion.（田中麻里（監訳）　松丸さとみ（訳）（2012）. マインドフルネスを始めたいあなたへ　星和書店）
武藤　崇（2011）. フォーカシングとの小さな一歩：体験過程的アプローチとしてのACT　武藤　崇（編）　ACTハンドブック―臨床行動分析によるマインドフルなアプローチ―　星和書店　pp.303-317.
中島義明・安藤清志・子安増生・坂野雄二・繁桝算男・立花政夫・箱田裕司（編）（1999）. 心理学辞典　有斐閣
中田行重（2013）. Rogersの中核条件に向けてのセラピストの内的努力：共感的理解を中心に　心理臨床学研究, 30（6）, 865-876.
Ricoeur, P.（1977）. D. Savage（Trans.）. *Freud & philosophy: An essay on interpretation.* New Haven, CT: Yale University Press.
Rogers, C. R.（1951）. *Client-centered therapy: Its current practice, implications and theory.* Boston, MA: Houghton-Mifflin.
Rogers, C. R.（1957）. The necessary and sufficient conditions of therapeutic personality change. *Journal of Consulting Psychology*, 25, 95-103.
Rogers, C. R.（1961）. *On becoming a person.* Boston, MA: Houghton-Mifflin.（諸富祥彦・保坂　亨・末武康弘（訳）（2005）. ロジャーズが語る自己実現の道　ロジャーズ主要著作集第3巻　岩崎学術出版社）
Rogers, C. R.（1977）. The politics of the helping professions. In H. Kirschenbaum, & V. Henderson（Eds.）, *The Carl Rogers reader.* Boston, MA: Houghton-Mifflin. pp.127-134.
Rogers, C. R.（1980）. *A way of being.* Boston, MA: Houghton-Mifflin.
Rogers, C. R.（1986）. Reflections on feelings and transference. In H. Kirschenbaum, & V. Henderson（Eds.）, *The Carl Rogers reader.* Boston, MA: Houghton-Mifflin.
Segal, Z. V., Williams, J. M. G., & Teasdale, J. D.（2002）. *Mindfulness-based cognitive therapy for depression: A new approach to preventing relapse.* New York: Guilford Press.（越川房子（監訳）（2007）. マインドフルネス認知療法―うつを予防する新し

いアプローチ──　北大路書房）
Stevens, R. (2008). *Sigmund Freud: Examining the essence of his contribution* (revised ed.). London: Palgrave Macmillan.
氏原　寛・亀口憲治・成田善弘・東山紘久・山中康裕（共編）（2004）．心理臨床大事典（改訂版）　培風館
Watson, J. B., & Rayner, R. (1920). Conditioned emotional reactions. *Journal of Experimental Psychology,* 3, 1-14.
Weishaar, M. (1993). *Aaron T. Beck, key figures in counselling and psychotherapy.* London: Sage. (大野　裕（監訳）岩坂　彰・定延由紀（訳）（2009）．アーロン・T・ベック──認知療法の成立と展開　創元社)

第2章

Gendlin, E. T. (1962/1997). *Experiencing and the creation of meaning: A philosophical and psychological approach to the subjective* (Northwestern University Press edition). Evanston, IL: Northwestern University Press.
Gendlin, E. T. (1964). A theory of personality change. In P. Worchel, & D. Byrne (Eds.), *Personality change.* New York: John Wiley & Sons. pp.100-148. (池見　陽・村瀬孝雄（訳）（1999）．セラピープロセスの小さな一歩　金剛出版)
Gendlin, E. T. (1973a). Experiential psychotherapy. In R. Corsini (Ed.), *Current psychotherapies.* Itasca, IL: Peacock. pp.317-352.
Gendlin, E. T. (1973b). Experiential phenomenology. In M. Natanson (Ed.), *Phenomenology and the social sciences.* Vol. I. Evanston, IL: Northwestern University Press. pp. 281-319.
Gendlin, E. T. (1997). *A process model.* New York: The Focusing Institute.
Ikemi, A. (2013). You can inspire me to live further: Explicating pre-reflexive bridges to the other. In J. Cornelius-White, R. Motschnig-Pitrik, & M. Lux (Eds.), *Interdisciplinary handbook of the person-centered approach: Research and theory.* New York: Springer. pp.131-140.
Ikemi, A. (2014). Responsive combodying, novelty and therapy: Response to Nick Totton's embodied relating, the grounds of psychotherapy. *International Body Psychotherapy Journal: The Arts and Science of Somatic Praxis,* 13(2), 116-121.
池見　陽（1995）．心のメッセージを聴く：実感が語る心理学　講談社

第3章

Barker, P. (1985). *Using metaphors in psychotherapy.* New York: Brunner/Mazel. (堀　恵・石川　元（訳）（1996）．精神療法におけるメタファー　金剛出版)
Cornell, A. W. (2013). *Focusing in clinical practice: The essence of change.* New York: W.W. Norton. (大沢美枝子・木田麻里代・久羽　康・日笠摩子（訳）（2014）．臨床現場のフォーカシング　変化の本質　金剛出版)
de Shazer, S. (1994). *Word were originally magic.* New York: W.W. Norton. (長谷川敬三

(監訳)(2000). 解決志向の言語学―言葉はもともと魔法だった 法政大学出版局)
Dilthey, W. (1927). *Der Aufbau der geschichtlichen Welt in den Geisteswissenschaften* (Gesammelte Schriften. Band 7). Stuttgart: B. G. Teubner. (西谷 敬(訳)(2010). 西村 皓(編) 世界観と歴史理論(ディルタイ全集 第4巻) 法政大学出版局)
土井晶子(2007). フォーカシング指向心理療法における「体験的傾聴」の特質と意義―語りに「実感」が伴わないクライエントとの面接過程から― 人間性心理学研究, 24(1), 11-22.
Ebel, R. L. (1951). Estimation of the reliability of ratings. *Psychometrika*, 16, 407-424.
Fink, B. (1995). *The Lacanian subject : Between language and jouissance*. Princeton, NJ: Princeton University Press. (村上靖彦(監訳)小倉拓也・塩飽耕規・渋谷 亮(訳)(2013). 後期ラカン入門:ラカン的主体について 人文書院)
Freud, S. (1900/1953). The interpretation of dreams. In J. Starchey (Trans. Ed.) *Standard edition of the complete psychological works of Sigmund Freud*. Vols.Ⅳ-Ⅴ. London: Hogarth Press.
深田 智・仲本康一郎(2008). 概念化と意味の世界 研究社
Gendlin, E. T. (1950). *Wilhelm Dilthey and the problem of comprehending human significance in the science of man*. Unbublished Master's thesis. University of Chicago, Department of Philosophy.
Gendlin, E. T. (1961). Experiencing: A variable in the process of therapeutic change. *American Journal of Psychotherapy*, 15(2), 233-245. (村瀬孝雄(訳)(1966). 体験過程:治療による変化における一変数 村瀬孝雄(編) 体験過程と心理療法 牧書店 pp.19-38.)
Gendlin, E. T. (1962/1997). *Experiencing and the creation of meaning: A philosophical and psychological approach to the subjective* (Northwestern University Press edition). Evanston, IL: Northwestern University Press.
Gendlin, E. T. (1964). A theory of personality change. In P. Worchel & D. Byrne (Eds.), *Personality change*. New York: John Wiley & Sons. pp.100-148. (池見 陽・村瀬孝雄(訳)(1999). セラピープロセスの小さな一歩 金剛出版)
Gendlin, E. T. (1986). *Let your body interpret your dreams*. Wilmette, IL: Chiron. (村山正治(訳)(1988). 夢とフォーカシング 福村出版)
Gendlin, E. T. (1995). Crossing and dipping: Some terms for approaching the interface between natural understanding and logical formulation. *Minds and Machines*, 5(4), 547-560.
Gendlin, E. T. (1996). *Focusing-oriented psychotherapy: A manual of the experiential method*. New York: Guilford. (村瀬孝雄・池見 陽・日笠摩子(監訳)(1998). 体験過程を促す聴き方 フォーカシング指向心理療法上巻 金剛出版;村瀬孝雄・池見 陽・日笠摩子(監訳)(1998). 心理療法の統合のために フォーカシング指向心理療法下巻 金剛出版)
Gendlin, E. T., Tomlinson, T. M., Mathieu, P. L., & Klein, M. H. (1967). A scale for the rating of experiencing. In C. R. Rogers (Ed.), *The therapeutic relationship and its*

impact: A study of psychotherapy with schizophrenics. Madison, WI: University of Wisconsin Press. pp.589-592.（友田不二男・手塚郁恵（訳）(1972). サイコセラピィの研究：分裂病へのアプローチ ロージァズ全集 別巻1b 岩崎学術出版社）
Gibbs, R. W. (1994). *The poetics of mind: Figurative thought, language, and understanding.* New York: Cambridge University Press.（辻 幸夫・井上逸兵（監訳）(2008). 小野 滋・出原健一・八木健太郎（訳）比喩と認知：心とことばの認知科学 研究社）
Guilford, J. P. (1954). *Psychometric methods.* New York: McGraw-Hill.（秋重義治（監訳）(1959). 精神測定法 培風館）
Hendricks, M. N. (1986). Experiencing level as a therapeutic variable. *Person-Centered Review,* 1, 141-162.（大田民雄（訳）(1991). 治療変数としての体験過程レベル フォーカシング・セミナー 福村出版 pp.150-174.）
Hendricks, M. N. (2001). Focusing-oriented/experiential psychotherapy. In D. J. Cain, & J. Seeman (Eds.), *Humanistic psychotherapy: Handbook of research and practice.* Washington, DC: American Psychological Association. pp.221-251.
池見 陽（1993）. 人間性心理学と現象学：ロジャーズからジェンドリンへ 人間性心理学研究, 11 (2), 37-44.
池見 陽（1998）. 産業メンタルヘルスと傾聴教育 産業精神保健, 6 (4), 245-248.
池見 陽・田村隆一・吉良安之・弓場七重・村山正治(1986). 体験過程とその評定：EXPスケール評定マニュアル作成の試み 人間性心理学研究, 4, 50-64.
Kabat-Zinn, J. (1990). *Full catastrophe living.* New York: Delacorte Press.（春木 豊（訳）(2007). マインドフルネスストレス低減法 北大路書房）
Kiesler, D. J. (1971). Patient experiencing and successful outcome of schizophrenics and psychoneurotics. *Journal of Consulting and Clinical Psychology,* 37, 370-385.
吉良安之・田村隆一・岩重七重・大石英史・村山正治（1992）. 体験過程レベルの変化に影響を及ぼすセラピストの応答―ロジャースのグロリアとの面接の分析から― 人間性心理学研究, 10 (1), 77-90.
北山 修（1993）. 言葉の橋渡し機能およびその壁（日本語臨床の深層 第2巻）岩崎学術出版社
Klein, M. H., Mathieu, P. L., Kiesler, D. J., & Gendlin, E. T. (1970). *The experiencing scale: A research and training manual* (vol. 1). Madison, WI: Wisconsin Psychiatric Institute, Bureau of Audio Visual Instruction.
Klein, M. H., Mathieu-Coughlan, P. L. & Kiesler, D. J. (1986). The experiencing scales. In L. Greenberg, & W. Pinsof (Eds.), *The psychotherapeutic process: A research handbook.* New York: Guilford Press. pp.21-71.
Krycka, K., & Ikemi, A. (2016). Focusing-oriented-experiential psychotherapy: From research to practice. In D. Cain, K. Keenan, & S. Rubin (Eds.), *Humanistic psychotherapies: Handbook of research and practice* (2nd ed.). Washington, DC: American Psychological Association. pp. 251-282.
久保田進也・池見 陽（1991）. 体験過程の評定と単発面接における諸変数の研究 人間

性心理学研究, 9, 53-66.
Lakoff, G., & Johnson, M. (1980). *Metaphors we live by*. Chicago, IL: University of Chicago Press.（渡部昇一・楠瀬淳三・下谷和幸（訳）(1986). レトリックと人生 大修館書店）
三宅麻希 (2003). 体験過程の様式の文献的研究―関係認知との関連を中心に ヒューマンサイエンス, 6, 17-24.
三宅麻希 (2007). カウンセリング導入と体験過程様式についての一考察―フォーカシングを中心としたトライアルカウンセリングセッションを用いて― 産業カウンセリング研究, 9 (1), 39-46.
三宅麻希・松岡成行 (2007). セラピスト・フォーカシングにおけるケース理解の体験過程様式：対人援助職とのフォーカシング・パートナーシップの1セッションからの考察 文学部心理学論集, 1, 59-71.
三宅麻希・田村隆一・池見 陽 (2008). 5段階体験過程スケール評定マニュアル作成の試み 人間性心理学研究, 25 (2), 193-205.
中田行重 (1999). 体験過程スケール 村山正治（編）現代のエスプリ, 362, pp.50-60.
岡村心平 (2013). なぞかけフォーカシングの試み―状況と表現が交差する"その心"― Psychologist：関西大学臨床心理専門職大学院紀要, 3, 1-10.
岡村心平 (2015). Gendlinにおけるメタファー観の進展 Psychologist：関西大学臨床心理専門職大学院紀要, 5, 9-18.
Purton, C. (2004). *Person-centred therapy: The focusing-oriented approach*. New York: Palgrave Macmillan.（日笠摩子（訳）(2006). パーソン・センタード・セラピー：フォーカシング指向の観点から 金剛出版）
Rennie, D. L. (1998). *Person-centred counselling: An experiential approach*. London: Sage.
Richards, I. A. (1936/1964). *The philosophy of rhetoric*. Oxford, UK: Oxford University Press.（石橋幸太郎（訳）(1961). 新修辞学原論 南雲堂）
Rogers, C. R. (1958). A process conception of psychotherapy. *American Psychologist*, 13, 142-149.（伊東 博（編訳）(1966). サイコセラピィの過程 ロージャズ全集4 岩崎学術出版社）
佐藤信夫 (1992). レトリック感覚 講談社
Stott, S., Mansell, W., Salkovskis, P., Lavender, A., & Cartwright-Hatton, S. (2010). *Oxford guide to metaphors in CBT: Building cognitive bridges*. Oxford, UK: Oxford University Press.
田村隆一 (1994). 体験過程レベルと治療関係―EXPスケールによる事例の分析と考察 福岡大学人文論叢, 26 (2), 391-402.
田中秀男 (2004a). ジェンドリンの初期体験過程理論に関する文献研究：心理療法研究におけるディルタイ哲学からの影響（上） 図書の譜：明治大学図書館紀要, 8, 56-81.
田中秀男 (2004b). 「直接のレファランス」の「直接の」って？：「レファランス」と「照合」の異同を見定める The Focuser's Focus：日本フォーカシング協会ニュースレター, 7 (2), 1-6.

Törneke, N. (2009). *Learning RFT: An introduction to relational frame theory and its clinical application*. Thousand Oaks, CA: New Harbinger Publications.（山本淳一（監修）武藤 崇・熊野浩昭（監訳）(2013). 関係フレーム理論（RFT）をまなぶ―言語行 動理論・ACT入門　星和書店）

土江正司（2008）. こころの天気を感じてごらん　コスモスライブラリー

Worsley, R. (2012). Narratives and lively metaphors: Hermeneutics as a way of listening. *Person-Centered & Experiential Psychotherapies*, 11（4）, 304-320.

山梨正明（2012）. 認知意味論研究　研究社

第4章

Freud, S. (1910/1957). Leonardo da Vinci and a memory of his childhood. In J. Strachey (Trans. Ed.), *The standard edition of the complete works of Sigmund Freud*. Vol. XI. London: Hogarth Press. p.100.

Gendlin, E. T. (1964). A theory of personality change. In P. Worchel, & D. Byrne (Eds.), *Personality change*. New York: John Wiley & Sons. pp.100-148.（池見　陽・村瀬孝雄（訳）(1999). セラピープロセスの小さな一歩　金剛出版）

Gendlin, E. T. (1981). *Focusing* (2nd ed.). New York: Bantam Books.（村山正治・都留春夫・村瀬孝雄（訳）(1982). フォーカシング　福村出版）

Gendlin, E. T. (1986). Process ethics and the political question. In A-T. Tymieniecka (Ed.), *Analecta Husserliana*. Vol. XX. *The moral sense in the communal significance of life*. Boston, MA: Reidel. pp.265-275.

Gendlin, E. T. (1996). *Focusing-oriented psychotherapy: A manual of the experiential method*. New York: Guilford Press.（村瀬孝雄・池見　陽・日笠摩子（監訳）(1998). 体験過程を促す聴き方　フォーカシング指向心理療法上巻　金剛出版；村瀬孝雄・池見　陽・日笠摩子（監訳）(1998). 心理療法の統合のために　フォーカシング指向心理療法下巻　金剛出版）

Gendlin, E. T. (1997). The responsive order: A new empiricism. *Man and World*, 30（3）, 383-411.

Gendlin, E. T. (2007). *Focusing* (revised ed.). New York: Bantam Books.

Ikemi, A. (2011). Empowering the implicitly functioning relationship. *Person-Centered & Experiential Psychotherapies*, 10（1）, 28-42.

Ikemi, A. (2013). You can inspire me to live further: Explicating pre-reflexive bridges to the other. In J. Cornelius-White, R. Motschnig-Pitrik, M. & Lux (Eds.), *Interdisciplinary handbook of the person-centered approach: Research and theory*. New York: Springer. pp.131-140.

Ikemi, A. (2014a). Sunflowers, sardines and responsive combodying: three perspectives on embodiment. *Person-Centered & Experiential Psychotherapies*, 13（1）, 19-30.

Ikemi, A. (2014b). A theory of focusing oriented psychotherapy. In G. Madison (Ed.), *Theory and practice of focusing-oriented psychotherapy: Beyond the talking cure*. London, Jessica Kingsley Publishers. pp.22-35.

池見　陽（2010）．僕のフォーカシング＝カウンセリング：ひとときの生を言い表す　創元社
三村尚彦（2011）．そこにあって，そこにないもの：ジェンドリンが提唱する新しい現象学　フッサール研究，9，15-27．
Ovid (2004). *Metamorphoses*. London: Penguin Classics Edition.（Ovid: Publius Ovidius Naso, 47BC-7 AD, ここに解説された作品は 8 ADに書かれたと考えられている）
Rogers, C. R. (1942). *Counseling and psychotherapy: Newer concepts in practice*. Boston, MA: Houghton Mifflin.
Rogers, C. R. (1942/1989). The use of electrically recorded interviews in improving psychotherapeutic techniques. In H. Kirschenbaum, & V. L. Henderson (Eds.), *The Carl Rogers reader*. Boston, MA: Houghton Mifflin.（サイコセラピー技術の改善における電気録音面接の利用　伊東　博・村山正治（監訳）池見　陽（訳）(2001)．ロジャーズ選集（上）誠信書房）
Rogers, C. R. (1980). *A way of being*. Boston, MA: Houghton-Mifflin.
Rogers, C. R. (1986). Reflections on feelings and transference. In H. Kirschenbaum, & V. Henderson, (Eds.), *The Carl Rogers reader*. Boston, MA: Houghton Mifflin. pp.127-134.
Schmid, P. F., & Mearns, D. (2006). Being-with and being-counter: Person-centered psycho- therapy as an in-depth co-creative process of personalization. *Person-Centered and Experiential Psychotherapies*, 5, 174-190.

第5章

Cornell, A. W. (1990). *The focusing guide's manual* (3rd ed.). Berkeley, CA: Focusing Resources.（村瀬孝雄（監訳）大澤美枝子・日笠摩子（訳）(1996)．フォーカシングガイド・マニュアル　金剛出版）
Cornell, A. W. (1994). *The focusing student's manual* (3rd ed.). Berkeley, CA: Focusing Resources.（村瀬孝雄（監訳）大澤美枝子（訳）(1996)．フォーカシング入門マニュアル　金剛出版）
Cornell, A. W. (1996). *The power of focusing: A practical guide to emotional self-healing*. Oakland, CA: New Harbinger.（大澤美枝子・日笠摩子（訳）(1999)．やさしいフォーカシング：自分でできるこころの処方　コスモスライブラリー）
Cornell, A. W., & McGavin, B. (2002). *The focusing student's and companion's manual*. Berkeley, CA: Calluna Press.（大澤美枝子・上村英生（訳）(2005)．フォーカシング・ニューマニュアル：フォーカシングを学ぶ人とコンパニオンのために　コスモスライブラリー）
福島伸泰（2015）．"Genuineness"と純粋性をめぐる一考察：Genuineなセラピストは人格者なのか．Psychologist：関西大学臨床心理専門職大学院紀要，5，119-128．
Gendlin, E. T. (1973). Experiential psychotherapy. In R. Corsini (Ed.), *Current psychotherapies*. Itasca, IL: Peacock. pp.317-352.
Gendlin, E. T. (1981). *Focusing* (2nd ed.). New York: Bantam Books.（村山正治・都留春

夫・村瀬孝雄（訳）(1982). フォーカシング　福村出版)
Gendlin, E. T. (1996). *Focusing-oriented psychotherapy: A manual of the experiential method.* New York: Guilford Press.（村瀬孝雄・池見　陽・日笠摩子（監訳）(1998). 体験過程を促す聴き方　フォーカシング指向心理療法上巻　金剛出版；村瀬孝雄・池見　陽・日笠摩子（監訳）(1998). 心理療法の統合のために　フォーカシング指向心理療法下巻　金剛出版)
Gendlin, E. T. (1997). How philosophy cannot appeal to experience, and how it can. In D. Levine (Ed.), *Language beyond postmodernism: Saying and thinking in Gendlin's Philosophy.* Evanston, IL: Northwestern University Press. pp. 3-41.
Gendlin, E. T. (2007). *Focusing* (revised ed.). New York: Bantam Books.
Grindler Katonah, D. (2010). Direct engagement with the cleared space in psychotherapy. *Person-Centered and Experiential Psychotherapies*, 9(2), 157-168.
Ikemi, A. (2005). Carl Rogers and Eugene Gendlin on the bodily felt sense: what they share and where they differ. *Person-Centered and Experiential Psychotherapies*, 4(1), 31-42.
Ikemi, A. (2015). Space presencing: A potpourri of focusing, clearing a space, mindfulness and spirituality. *The Folio: A Journal for Focusing and Experiential Therapy*, 26(1), 66-73.
池見　陽（1995). 心のメッセージを聴く：実感が語る心理学　講談社
池見　陽（2009). ユージン・ジェンドリンの心理療法論：体験・表現・理解が実践される体験過程　ディルタイ研究, 20, 45-62.
池見　陽（2015a). スペースをめぐる臨床と瞑想―アレクシソミアへの話題提供―〈身〉の医療, 1, 60-67.
池見　陽（2015b). 中核三条件、とくに無条件の積極的関心が体験される関係のあり方　飯長喜一郎（監修）坂中正義・三國牧子・本山智敬（編）ロジャーズの中核三条件〈受容：無条件の積極的関心〉：カウンセリングの本質を考える2　創元社
池見　陽・ラパポート, L.・三宅麻希（2012). アート表現のこころ：フォーカシング指向アートセラピーetc.　誠信書房
河﨑俊博・池見　陽（2014). 非指示的心理療法の時代に観られるCarl RogersのReflectionという応答　Psychologist：関西大学臨床心理専門職大学院紀要, 4, 21-30.
Klein, M. H., Mathieu-Coughlan, P. L., & Kiesler, D. J. (1986). The experiencing scales. In Greenberg, L., & Pinsof, W. (Ed.), *The psychotherapeutic process: A research handbook.* New York: Guilford Press. pp. 21-71.
増井武士（1995). 治療関係における間の活用　星和書房
増井武士（2007). こころの整理学―自分でできるこころの手当―　星和書店
中田行重（2013). Rogersの中核条件に向けてのセラピストの内的努力：共感的理解を中心に　心理臨床学研究, 30(6), 865-876.
Rogers, C. R. (1942). *Counseling and psychotherapy: Newer concepts in practice.* Boston, MA: Houghton Mifflin.
Rogers, C. R. (1951). *Client-Centered Therapy: Its Current Practice, Implications and*

Theory. Boston, MA: Houghton Mifflin.
Rogers, C. R. (1957). The necessary and sufficient conditions of therapeutic personality change. *Journal of Consulting Psychology*, 21, 95-103.
Rogers, C. R. (1959). A theory of therapy, personality and interpersonal relationships, as developed in the client-centered framework. In S. Koch (Ed.), *Psychology: A Study of a Science, Study 1 . Vol.3*. pp.184-256.
Rogers, C. R. (1961). *On becoming a person*. Boston, MA: Houghton Mifflin. (諸富祥彦・保坂 亨・末武康弘 (訳) (2005). ロジャーズが語る自己実現の道 ロジャーズ主要著作集第3巻 岩崎学術出版社)
Rogers, C. R. (1975). Empathic: An unappreciated way of being. *The Counseling Psychologist*, 5 (2), 2-10.
Rogers, C. R. (1980). *A way of being*. Boston, MA: Houghton Mifflin.
Rogers, C. R. (1986). Reflection of feelings and transference. In H. Kirshenbaum, & V. Henderson (Eds.), *The Carl Rogers Reader*. New York: Houghton Mifflin. pp.127-134.
徳田完二 (2009). 収納イメージ法 創元社

第6章

青木智子 (2000). コラージュ技法・療法の現状と課題─コラージュ技法の解釈, 現状の成果と問題点─ カウンセリング研究, 33 (3), 89-99.
Aoki, T. (2011). Focusing attitude and mental health. Paper presented at the 23rd Focusing International Conference, Asilomar, CA., June, 2015.
Aoki, T., & Ikemi, A. (2014). The Focusing Manner Scale (FMS): Its validity, research background and its potential as a measure of embodied experiencing. *Person Centered & Experiential Psychotherapies*, 13 (1), 31-46.
青木 剛 (2008). 大学生における精神的健康に関する研究：フォーカシング的態度とレジリエンス, 自己実現との関連から 関西大学大学院社会学研究科修士論文
青木 剛 (2010). フォーカシングに関する数量的研究の国際動向をめぐって：2009年フォーカシング国際会議シンポジウムでの発表から 関西大学心理臨床カウンセリングルーム紀要, 創刊号, 1-7.
青木 剛 (2013). FMS ver.a.jの妥当性と信頼性の検討 Psychologist：関西大学臨床心理専門職大学院紀要, 2, 33-41.
青木 剛 (2015). フォーカシングとフォーカシング的態度 心理相談研究：京都橘大学心理臨床センター紀要, 創刊号, 3-9.
阿刀田高 (2006). ことば遊びの楽しみ 岩波書店
Bateman, A., & Holmes, J. (1995). *Introduction to psychoanalysis: Contemporary theory and practice*. London: Routledge. (館 直彦 (2010). 臨床家のための精神分析入門 ―今日の理論と実践― 岩崎学術出版社)
Blazier, D. (2002). *The feeling buddha: A buddhist psychology of character, adversity and passion*. New York: Palgrave.

Carroll, L. (1865/2006). *Alice's adventures in wonderland & Through the looking-glass.* New York: Bantam Books.（高橋康也・高橋　迪（訳）(1988).　不思議の国のアリス　河出文庫／河合祥一郎（訳）(2000).　不思議の国のアリス　角川文庫）

近田輝行・日笠摩子（編）(2005).　フォーカシングワークブック　日本・精神技術研究所

Cornell, A. W. (1990). *The focusing guide's manual* (3rd ed.). Berkeley, CA: Focusing Resources.（村瀬孝雄（監訳）大澤美枝子・日笠摩子（訳）(1996).　フォーカシングガイド・マニュアル　金剛出版）

Cornell, A. W. (1994). *The focusing student's manual* (3rd ed.). Berkeley, CA: Focusing Resources.（村瀬孝雄（監訳）　大澤美枝子（訳）(1996).　フォーカシング入門マニュアル　金剛出版）

Cornell, A. W. (1996). *The power of focusing: A practical guide to emotional self-healing.* Oakland, CA: New Harbinger.（大澤美枝子・日笠摩子（訳）(1999).　やさしいフォーカシング：自分でできるこころの処方　コスモスライブラリー）

Ellis, L. (2013). Incongruence as a doorway to deeper self-awareness using experiential focusing-oriented dreamwork. *Person-Centered and Experiential Psychotherapies,* 12(3), 274-287.

Freud, S. (1899). *Die Traumdeutung.* Leipzig: Franz Deuticke.（金関　猛（2012).　夢解釈　中央公論社）

藤田一照・山下良道（2013).　アップデートする仏教　幻冬舎

福盛英明（2000).　フォーカシングにおける体験と「距離」を測定する試み：Focusing Distance Scale (FDS) を用いて　心理臨床学研究, 18(4), 345-352.

福盛英明・森川友子（2003).　青年期における「フォーカシング的態度」と精神的健康度との関連：「体験過程尊重尺度」(The Focusing Manner Scale；FMS) 作成の試み　心理臨床学研究, 20(6), 580-587.

冨宅左恵子（2013).　大学院生同士による継続したセラピスト・フォーカシングセッションの意義　Psychologist：関西大学臨床心理専門職大学院紀要, 3, 31-39.

福島伸泰（2015). "Genuineness"と純粋性をめぐる一考察：Genuineなセラピストは人格者なのか　Psychologist：関西大学臨床心理専門職大学院紀要, 5, 119-128.

Gardner, M. (1960). *The annotated Alice: Alice's adventures in wonderland & Through the looking glass by Lewis Carroll.* New York: Bramhall House.（石川澄子（訳）(1980).　不思議の国のアリス　東京図書）

Gardner, M. (1990). *More annotated Alice: Alice's adventures in wonderland and Through the looking glass.* New York: Random House.（高山　宏（訳）(1994).　新注不思議の国のアリス　東京図書）

Gendlin, E. T. (1968). The experiential response. In E. Hammer (Ed.), *The use of interpretation in treatment.* New York: Grune & Stratton. pp.208-227.

Gendlin, E. T. (1973). Experiential psychotherapy. In R. Corsini (Ed.), *Current psychotherapies.* Itasca, IL: Peacock. pp.317-352.

Gendlin, E. T. (1981). *Focusing* (2nd ed.). New York: Bantam Books.（村山正治・都留春夫・村瀬孝雄（訳）(1982).　フォーカシング　福村出版）

Gendlin, E. T. (1986). *Let your body interpret your dreams*. Wilmette, IL: Chiron. (村山正治 (訳) (1998). 夢とフォーカシング 福村出版)

Gendlin, E. T. (1990). The small steps of the therapy process: How they come and how to help them come. In G. Lietaer, J. Rombauts, & R. Van Balen (Eds.), *Client-centered and experiential psychotherapy in the nineties*. Leuven, Belgium: Leuven University Press. pp.205-224. (池見 陽・村瀬孝雄 (訳) (1999). セラピープロセスの小さな一歩：フォーカシングからの人間理解 金剛出版)

Gendlin, E. T. (1992). The primacy of the body, not the primacy of perception. *Man and World*, 25, 341-353.

Gendlin, E. T. (1995). Crossing and dipping：Some terms for approaching the interface between natural understanding and logical formulation. *Minds and Machines*, 5 (4), 547-560.

Gendlin, E. T. (1996). *Focusing-oriented psychotherapy: A manual of the experiential method*. New York: The Guilford Press.(村瀬孝雄・池見 陽・日笠摩子 (監訳) (1998). 体験過程を促す聴き方 フォーカシング指向心理療法上巻 金剛出版；村瀬孝雄・池見 陽・日笠摩子 (監訳) (1998). 心理療法の統合のために フォーカシング指向心理療法下巻 金剛出版)

Gendlin, E. T. (1997). How philosophy cannot appeal to experience, and how it can. In D. M. Levine (Ed.), *Language beyond postmodernism: Saying and thinking in Gendlin's Philosophy*. Evanston, IL: Northwestern University Press. pp.3-41.

Gendlin, E. T. (2004). Introduction to 'Thinking at the Edge'. *The Folio*, 19(1), 1-8.

Gendlin, E. T. (2007). *Focusing* (revised ed.). New York: Bantam Books.

Goldberg, D. P. (1978). *The General Health Questionnaire*. London: GL Assessment. (中川泰彬・大坊郁夫 (訳) (1985). 日本版GHQ精神健康調査票 日本文化科学社)

Gray, L. (2014). *New world meditation*：*Focusing-mindfulness-healing-awakening*. Los Angeles, CA: New Buddha Book.

Grindler Katonah, D. (2010). Direct engagement with the cleared space in psychotherapy. *Person-Centered and Experiential Psychotherapies*, 9(2), 157-168.

羽田野映子 (2015). 自分の特徴を振り返るツールとしてのカンバセーション・ドローイング―前反省的な体験を反省的に覚知する― Psychologist：関西大学臨床心理専門職大学院紀要, 5, 19-27.

Hinterkopf, E. (1998). *Integrating spirituality in counselling; A manual for using the experiential focusing method*. Alexandria, VA: American Counseling Association. (日笠摩子・伊藤義美 (訳) (2000). いのちとこころのカウンセリング：体験的フォーカシング法 金剛出版)

平石賢二 (1990). 青年期における自己意識の発達に関する研究 (1)：自己肯定性次元と自己安定性次元の検討. 名古屋教育大學教育學部紀要 教育心理学科, 37, 217-234.

Hirano, T., & Ikemi, A (2011). Developing a self-help manual of focusing for therapists. *Proceeding of the 2nd World Conference on Focusing-Oriented Psychotherapies*. Stony Point, NY., 31.

平野智子(2012a). フォーカシングに馴染みがない心理臨床家のためのセラピスト・フォーカシング・マニュアルの作成　Psychologist：関西大学臨床心理専門職大学院紀要, 2, 97-107.
平野智子 (2012b). 対人援助職支援としてのフォーカシングの有益性の検討―産業保健師を対象として―　心身医学, 52 (12), 1137-1145.
平野智子・越川陽介・角　隆司・岩井佳那・中井美彩子・青木　剛 (2013). セラピスト・フォーカシングを用いたセルフ・ヘルプ・グループの試み　日本人間性心理学会第32回大会プログラム発表論文集, 98-99.
Ikemi, A. (2005). Carl Rogers and Eugene Gendlin on the bodily felt sense: what they share and where they differ. *Person-Centered and Experiential Psychotherapies*, 4 (1), 31-42.
Ikemi, A. (2013). You can inspire me to live further: Explicating pre-reflexive bridges to the other. In J. Cornelius-White, R. Motschnig-Pitrik, & M. Lux (Eds.), *Interdisciplinary handbook of the person-centered approach: Research and theory*. New York: Springer. pp.131-140.
Ikemi, A. (2014). A theory of focusing oriented psychotherapy. In G. Madison (Ed.), *Theory and practice of focusing-oriented psychotherapy: Beyond the talking cure*. London: Jessica Kingsley Publishers. pp.22-35.
Ikemi, A. (2015a). Space presensing: A potpourri of focusing, clearing a space, mindfulness and spirituality. *The Folio: A Journal for Focusing and Experiential Therapy*, 26 (1), 66-73.
Ikemi, A. (2015b). Blue sky focusing. Paper presented at the 26th International Focusing Conference, Seattle, August 2015.
Ikemi, A., Yano, K., Miyake, M., & Matsuoka, S. (2007). Experiential collage work. *Journal of Japanese Clinical Psychology*, 25 (4), 464-475.
池見　陽 (1995). 心のメッセージを聴く：実感が語る心理学　講談社
池見　陽 (2009). ユージン・ジェンドリンの心理療法論：体験・表現・理解が実践される体験過程　ディルタイ研究, 20, 45-62.
池見　陽 (2010). 僕のフォーカシング＝カウンセリング：ひとときの生を言い表す　創元社
池見　陽 (2012). 漢字フォーカシング：暗在に包まれた漢字一字と心理療法　Psychologist：関西大学臨床心理専門職大学院紀要, 2, 1-11.
池見　陽 (2013). 他者への反省以前的な架け橋を言い表す：僕が生き進むことを君は促してくれるのか　Psychologist：関西大学臨床心理専門職大学院紀要, 3, 11-20
池見　陽 (2015a). スペースをめぐる臨床と瞑想―アレクシソミアへの話題提供―〈身〉の医療, 1, 60-67.
〈http://ratik.org/wp-content/uploads/ikemi2015.pdf〉
池見　陽 (2015b). フォーカシングの源流（下）―池見陽さん, 札幌ワークショップで語る　日本フォーカシング協会ニュースレター, 18 (1), 8-12.
池見　陽・河田悦子 (2006a). 臨床体験が浅いセラピストとのセラピスト・フォーカシン

グ事例：トレーニング・セラピーの要素を含むセラピスト援助の方法について　心理相談研究（神戸女学院大学大学院心理相談室紀要）, 7, 3-13.

池見　陽・矢野キエ・辰巳朋子・三宅麻紀・中垣美知代（2006b）．ケース理解のためのセラピスト・フォーカシング：あるセッション記録からの考察　ヒューマンサイエンス（神戸女学院大学大学院人間科学研究科紀要）, 9, 1-13.

今津芳恵・村上正人・小林　恵・松野俊夫・椎原康史・石原慶子・城　佳子・児玉昌久（2006）．Public Health Research Foundationストレスチェックリスト・ショートフォームの作成：信頼性・妥当性の検討　心身医学, 46, 301-308.

井野めぐみ（2015）．夢フォーカシングではどのように夢とかかわるのか―応答分類による研究―　Psychologist：関西大学臨床心理専門職大学院紀要, 5, 63-71.

石原早苗（2011）．漢字表現法の応用―関西大学を言い表す―　関西大学文学部卒業論文

伊藤研一・小林孝雄（2014）．自主企画：フォーカシングによるスーパーバイザー体験の吟味（指定討論者：吉良安之）日本人間性心理学会第33回大会（南山大学）発表論文集, 50-51.

伊藤研一・山中扶佐子（2005）．セラピスト・フォーカシングの過程と効果　学習院大学人文科学研究所紀要人文, 4, 165-176.

神野綾子（2005）．コラージュ・フォーカシング・マニュアル（グループ法）村山正治（監修）福盛英明・森川友子（編）マンガで学ぶフォーカシング入門　誠信書房　pp.102-103.

加藤大樹（2011）．コラージュ療法・ブロック技法における研究の動向と今後の展開　金城学院大学論集　人文科学編, 8（1）, 1-10.

河﨑俊博（2010）．フォーカシング的態度の測定：インタビュー法による試み　関西大学大学院社会学研究科修士論文

河﨑俊博・青木　剛（2008）．体験過程尊重尺度（FMS）に関する研究と現状の課題　日本人間性心理学会第27回大会発表論文集, 136.

河﨑俊博・池見　陽（2014）．非指示的心理療法の時代に観られるCarl RogersのReflectionという応答　Psychologist：関西大学臨床心理専門職大学院紀要, 4, 21-30.

河﨑俊博・前出経弥・岡村心平（2013）．漢字フォーカシング　村山正治（監）日笠摩子・堀尾直美・小坂淑子・高瀬健一（編）フォーカシングはみんなのもの　創元社　pp.84-85.

吉良安之（2002a）．フォーカシングを用いたセラピスト自身の体験の吟味：「セラピスト・フォーカシング法」の検討　心理臨床学研究, 20（2）, 97-107.

吉良安之（2002b）．主体感覚とその賦活化―体験過程療法からの出発と展開―　九州大学出版会

吉良安之（2005）．セラピスト・フォーカシング　伊藤義美（編著）　フォーカシングの展開　ナカニシヤ出版　pp.49-61.

吉良安之（2010）．セラピスト・フォーカシング―臨床体験を吟味し心理療法に活かす―　岩崎学術出版社

吉良安之（2015）．セラピスト・フォーカシングの紹介とその実践の拡がり　日本フォーカシング協会（編）日本フォーカシング協会ニュースレター, 17（4）, 10-11.

Klein, M. H., Mathieu-Coughlan, P. L., & Kiesler, D. J. (1986). The experiencing scales. In Greenberg, L., & Pinsof, W. (Ed.). *The psychotherapeutic process: A research handbook*. New York: Guilford Press. pp.21-71.
小林孝雄・伊藤研一 (2010). スーパービジョンにセラピスト・フォーカシングを用いることの有効性の検討　人間性心理学研究, 28 (1), 91-102.
Koch, A. (2009). Dreams: Bringing us two steps closer to the clients perspective. *Person-Centered and Experiential Psychotherapies*, 8 (4)(Special Issue: Person-centered therapy with children and adolescents), 333-348.
小牧　元・前田基成・有村達之・中田光紀・篠田晴男・緒方一子・志村　翠・川村則行・久保千春 (2003). 日本語版The 20-item Toronto Alexithymia Scale (TAS-20) の信頼性, 因子的妥当性の検討　心身医学, 43 (12), 839-846.
公益財団法人日本漢字能力検定協会ホームページ〈http://www.kanken.or.jp/〉
前出経弥 (2011). 漢字一字で言い表す―フォーカシングワークを通して―　Psychologist：関西大学臨床心理専門職大学院紀要, 1, 51-59.
前出経弥 (2013). 漢字表現グループの試みとその意義―グループによる漢字フォーカシングと不戦を用いることの意味―　日本人間性心理学会第32回大会発表論文集, 155-156.
丸山　明 (2013). 思春期選択性緘黙症事例の心理療法過程における自己イメージの変化　心理臨床学研究, 31 (5), 810-820.
増井武士 (1995). 治療関係における間の活用　星和書店
増井武士 (2007). こころの整理学―自分でできるこころの手当―　星和書店
松田英子 (2010). 夢と睡眠の心理学　風間書店
松村太郎 (2006). フォーカシングを用いた教師の子ども認知変容に関する研究　武庫川女子大学大学院臨床教育学研究科臨床教育学専攻平成18年度修士論文
三上智子・弥園祐子・玉木登志枝・池見　陽 (2008). フォーカシング的発想に基づいたメンタルヘルス研修の効果：FMSを用いて　日本人間性心理学会第27回大会発表論文集, 93.
三村尚彦 (2012). 追体験によって, 何がどのように体験されるのか―ディルタイとジェンドリン―　関西大学文学論集, 62 (2), 27-48.
三坂友子・村山正治 (1995). フォーカシング的体験様式の日常化に関する研究：アンケート調査による　九州大学教育学部紀要, 40 (1 , 2), 83-89.
三宅麻希・松岡成行 (2007). セラピスト・フォーカシングにおけるケース理解の体験過程様式―対人援助職とのフォーカシング・パートナーシップの1セッションからの考察―　関西大学文学部心理学論集, 1, 59-71.
宮本真衣 (2009). 高校生におけるフォーカシング的態度の測定：大学生との比較　関西大学文学部卒業論文
森川友子 (1997). フォーカシング的体験様式の日常化に関する因子分析的研究　心理臨床学研究, 15 (1), 58-65.
森川友子 (編著) (2015). フォーカシング健康法：こころとからだが喜ぶ創作ワーク集　誠信書房

森川友子・永野浩二・福盛英明・平井達也（2014）．FMS（The Focusing Manner Scale）改訂版の作成および信頼性と妥当性の検討　九州産業大学国際文化学部紀要, 58, 117-135.

森田　慎（2009）．芸術家を志望する自己愛の問題をもつ青年との面接　心理臨床学研究, 27（3）, 266-277.

森谷寛之（1990）．心理療法におけるコラージュ（切り貼り遊び）の利用─砂遊び・砂箱・箱庭・コラージュ─　日本芸術療法学会誌, 21（1）, 27-37.

村山正治（監修）福盛英明・森川友子（編）（2005）．マンガで学ぶフォーカシング入門　誠信書房

村山正治（監修）日笠摩子・堀尾直美・小坂淑子・高瀬健一（編）（2013）．フォーカシングはみんなのもの　コミュニティが元気になる31の方法　創元社

村山正治・中田行重（2012）．新しい事例検討法　PCAGIP入門　創元社

小川俊樹（1999）．夢分析　中島義明・安藤清志・子安増生・坂野雄二・繁桝算男・立花政夫・箱田裕司（編）　心理学辞典　有斐閣　p.8.

永野浩二・福盛英明・森川友子・平井達也（2015）．日常におけるフォーカシング的態度に関する文献リスト（1995〜2014）　追手門学院大学心理学部紀要, 9, 57-68.

中垣美知代（2007）．日常生活におけるフォーカシング的態度の研究：FMSとCMI, EQS, EXPとの関連　神戸女学院大学大学院修士論文

中田行重（2005）．問題意識性を目標とするファシリテーション：研修型エンカウンター・グループの視点　関西大学出版部

中田行重（2013）．Rogersの中核条件に向けてのセラピストの内的努力：共感的理解を中心に　心理臨床学研究, 30（6）, 865-876.

中谷隆子・杉江　征（2014）．日常的フォーカシング態度尺度の開発およびその信頼性・妥当性の検討：内的プロセスモデルの検証　心理臨床学研究, 32（2）, 250-260.

西田裕紀子（2000）．成人女性の多様なライフスタイルと心理的well-beingに関する研究　教育心理学研究, 48, 433-443.

岡村心平（2013a）．なぞかけフォーカシングの試み─状況と表現が交差する"その心"─　Psychologist：関西大学臨床心理専門職大学院紀要, 3, 1-10.

岡村心平（2013b）．なぞかけフォーカシング　村山正治（監）日笠摩子・堀尾直美・小坂淑子・高瀬健一（編）フォーカシングはみんなのもの　創元社　pp.82-83.

岡村心平（2015）．Gendlinにおけるメタファー観の進展　Psychologist：関西大学臨床心理専門職大学院紀要, 5, 9-18.

大前玲子（2012）．コラージュ療法における認知物語アプローチの導入　コラージュ療法学研究, 3（1）, 29-41.

押江　隆（2014）．問題意識性とフォーカシング的態度，自己実現との関連の検討　心理臨床学研究, 32（4）, 483-490.

Rappaport, L. (2009). *Focusing-oriented art therapy: Accessing the body's wisdom and creative intelligence.* London: Jessica Kingsley Publisher.（池見　陽・三宅麻希（監訳）(2009)．フォーカシング指向アートセラピー：からだの知恵と創造性が出会うとき　誠信書房）

Rappaport, L. (2013). *Mindfulness and the arts therapies: Theory and practice.* London: Jessica Kingsley Publishers.

Rogers, C. R. (1942). *Counseling and psychotherapy: Newer concepts in practice.* Boston, MA: Houghton Mifflin.

Rogers, C. R. (1942/1989). The use of electrically recorded interviews in improving psychotherapeutic techniques. In H. Kirschenbaum, & V. L. Henderson (Eds.), *The Carl Rogers reader.* Boston, MA: Houghton Mifflin. (サイコセラピー技術の改善における電気録音面接の利用　伊東　博・村山正治（監訳）池見　陽（訳）(2001). ロジャーズ選集（上）　誠信書房）

Rogers, C. R. (1951). *Client-centered therapy: Its current practice, implications and theory.* Boston, MA: Houghton Mifflin.

Rogers, C. R. (1957). The necessary and sufficient conditions of therapeutic personality change. *Journal of Consulting Psychology,* **21**, 95-103.

Rogers, C. R. (1959). A theory of therapy, personality and interpersonal relationships, as developed in the client-centered framework. In S. Koch (Ed.), *Psychology: A study of a science, Study 1*. Vol. 3. New York: McGraw Hill. pp.184-256.

Rogers, C. R. (1961). *On becoming a person.* Boston, MA: Houghton Mifflin. （諸富祥彦・保坂　亨・末武康弘（訳）(2005). ロジャーズが語る自己実現の道　ロジャーズ主要著作集第3巻　岩崎学術出版社）

Rogers, C. R. (1980). *A way of being.* Boston, MA: Houghton Mifflin.

Rogers, C. R. (1986). Reflection of feelings and transference. In H. Kirshenbaum, & V. Henderson (Eds.), *The Carl Rogers Reader.* New York: Houghton Mifflin. pp.127-134.

Rogers, C. R. (1986/1989). Reflections of feelings and transference. In H. Kirschenbaum, & V. L. Henderson (Eds.) *The Carl Rogers reader.* Boston, MA: Houghton Mifflin Company. （伊東　博・村山正治（監訳）池見　陽（訳）(2001). 気持ちのリフレクション（反映）と転移　「ロジャーズ選集（上）」　誠信書房）

Rome, D. (2014). *Your body knows the answer: Using your felt sense to solve problems, effect change and liberate creativity.* Boston, MA: Shambhala Publications.

斎藤恵子（2009）. 大学生における内的対象の想起とフォーカシング的態度の関連について　関西大学心理相談室紀要, **11**, 49-56.

佐野友泰（2007a）. コラージュ療法研究の展望と課題Ⅰ—事例研究の動向—　日本芸術療法学会誌, **38**(2), 6-16.

佐野友泰（2007b）. コラージュ療法研究の展望と課題Ⅱ—基礎研究の動向—　日本芸術療法学会誌, **38**(2), 17-29.

島本裕美子（2014）. 夢類型の比較からみた治癒の夢に関する研究　心理臨床学研究, **32**(1), 16-27.

高沢佳司・伊藤義美（2009）. 構造拘束度尺度の作成および妥当性・信頼性の検討　心理臨床学研究, **27**(5), 603-611.

田村隆一（1987）. Floatability：フォーカシングの成功に関わるフォーカサー変数　人間

性心理学研究, 5, 83-87.
田村隆一（1990）．フォーカシングにおけるフォーカサー：リスナー関係とfloatabilityとの関連　心理臨床学研究, 8（1）, 16-25.
田村隆一（1997）．夢フォーカシングの意義と方法　池見　陽（編）　フォーカシングへの誘い　サイエンス社　pp.128-141.
田村隆一（1999）．フォーカシングと夢分析―臨床上の有効性と留意点―　現代のエスプリ　382, 122-130.
田村隆一（2002）．フォーカシング・セッションにおける治療関係フェーズとフォーカシング技法の機能―理論的構造化の試み―　福岡大学臨床心理学研究, 1, 15-20.
田村隆一（2005）．夢のフォーカシングにおける治療関係と技法上の特徴　伊藤　義美（編）　フォーカシングの展開　ナカニシヤ出版　pp.149-163.
田村隆一（2013）．夢フォーカシング／小グループ夢フォーカシング　村山正治（監）フォーカシングはみんなのもの　創元社　pp.90-93.
Thich Nhat Hanh (1975). The miracle of mindfulness. Boston, MA: Beacon Press.
Thich Nhat Hanh (2008). Breath, you are alive: The sutra on the full Awareness of breathing. Berkeley, CA: Parallax Press.
徳田完二（2009）．収納イメージ法　創元社
土江正司（2008）．こころの天気を感じてごらん　コスモス・ライブラリー
辻　平治郎（2004）．自己意識と自己内省―その心配との関係　甲南女子大学研究紀要, 40, 9-18.
筒井優介（2015）．夢PCAGIPの試み―グループにおける相互作用の活用―Psychologist：関西大学臨床心理専門職大学院紀要, 5, 73-81.
植中祐至（2009）．大学生におけるフォーカシング的態度の推移　関西大学文学部卒業論文
上西裕之（2009）．日常生活におけるフォーカシング的態度の構造についての一考察．人間性心理学研究, 21（1, 2）, 69-80.
上西裕之（2010a）．日常生活におけるフォーカシング的態度とAlexithmia傾向の関連：FMS-RとTAS-20を用いて　関西大学心理相談室紀要, 12, 57-64.
上西裕之（2010b）．日常生活におけるフォーカシング的態度と曖昧さへの態度の関連：FMS-Rと曖昧さへの態度尺度を用いての検討　関西大学心理臨床カウンセリングルーム紀要,創刊号, 9-20.
上西裕之（2011）．日常生活におけるフォーカシング的経験の構造：フォーカシング経験尺度の開発とその構造の分析　関西大学心理臨床カウンセリングルーム紀要, 2, 91-100.
上西裕之（2012）．日常生活におけるフォーカシング的経験と構造拘束度との関連　関西大学心理臨床カウンセリングルーム紀要, 3, 65-73.
牛尾幸世（2009）．緩和ケアに携わる看護師に対する心理的援助―セラピスト・フォーカシングを活用した看護師の感情体験を支える方法の試み　福岡大学大学院人文科学研究科教育・臨床心理専攻平成20年度修士論文
Wood, A. M., Linley, P.A., Maltby, J., Baliousis, M., & Joseph, S. (2008). The authentic

personality: A theoretical and empirical conceptualization and the development of the authenticity scale. *Journal of Counseling Psychology,* **55**(3), 385-399.

山梨正明（2012）．認知意味論研究　研究社

山下良道（2014）．青空としてのわたし　幻冬舎

山﨑　暁・内田利広・伊藤義美（2008）．フォーカシング的態度と自己注目が抑うつに与える影響　心理臨床学研究, **26**(4), 488-492.

安田一之（2012）．コラージュ作品における余白部分の形に関する一考察―余白に投影された心理的意味―　コラージュ療法学研究, **3**(1), 57-67.

安田一之（2013）．自死遺族の会でのコラージュ療法―作品に表現された内面―　コラージュ療法学研究, **4**(1), 15-26.

安田一之（2014）．父と友人の自死の衝撃からの回復―八つ切り画用紙から模造紙へ―　コラージュ療法学研究, **5**(1), 17-29.

矢野キエ（2010）．体験過程流コラージュワークと意味の創造　人間性心理学研究, **28**(1), 63-76.

人名索引

青木　剛　　207-208, 211-214
青木智子　　184
阿刀田高　　193
アリストテレス（Aristotle）　10

飯森眞喜雄　181
池見　陽（Ikemi, A.）　20, 41, 51, 56, 67, 72-73, 83-84, 86-88, 92, 114, 119-120, 122, 127-128, 132, 134-135, 137, 143, 147-148, 157, 162, 181, 183-184, 189-190, 192, 197, 200, 202, 204-206, 209, 214, 220
石原早苗　　192
伊藤研一　　197, 200
井上リサ　　181
井野めぐみ　170, 174-175, 177
今津芳恵　　212

ウィトゲンシュタイン（Wittgenstein, L. J. J.）　9
ウィリアムズ（Williams, J. M.）　37
植中祐至　　213
上西裕之　　207, 210-211
ウォルピ（Wolpe, J.）　34
牛尾幸世　　197, 200
ウッド（Wood, A. M.）　212
ヴント（Wundt, W.）　32

エーベル（Ebel, R. L.）　68
エリス（Ellis, A.）　31, 34, 171

オヴィディウス（Ovidius Naso, P.）　88, 90
大前玲子　　184
大森健一　　181
岡村心平　　62, 65, 170, 190, 195-196
小川俊樹　　171

押江　隆　　214
小野京子　　181-182

ガードナー（Gardner, M.）　194-195
加藤大樹　　184
カトナー（Katonah, G.）　127
カバット＝ジン（Kabat-Zinn, J.）　37-38, 61, 145
神野綾子　　184
河﨑俊博　　166, 190, 212, 214
河田悦子　　200

キースラー（Kiesler, D. J.）　72
北山　修　　61
ギッブス（Gibbs, R. W.）　63
キャロル（Carroll, L.〈Dodgson, C. L.〉）　194
吉良安之　　72, 197, 199-200, 205-206
ギルフォード（Guilford, J. P.）　68

久保田進也　67
クライン（Klein, M. H.）　67, 72, 112, 214
クライン（Klein, J. P.）　181
クリス（Kris, E.）　16
クリッカ（Krycka, K.）　72, 220
グレイ（Gray, L.）　147

ケネディ（Kennedy, J. F.）　20

コーネル（Cornell, A. W.）　62, 114, 165, 208
ゴールドバーグ（Goldberg, D. P.）　210
コッホ（Koch, A.）　171
小林孝雄　　200
コペルニクス（Copernicus, N.）　18
小牧　元　　210

人名索引

斎藤恵子　213
佐藤信夫　60
佐野友泰　184

シーガル（Segal, Z. V.）　37
ジェンドリン（Gendlin, E. T.）　i-ii, 40-41, 47, 53-55, 57-58, 64, 67, 75, 79, 82, 86-87, 91-92, 95, 99-100, 107, 109-115, 127, 131-133, 140-143, 161, 163, 165-168, 170-172, 174-175, 184, 187, 189, 192, 194, 197, 199, 204-205, 219
島本裕美子　170
釈尊　145-146
シュミット（Schmid, P. F.）　92
ショーペンハウアー（Schopenhauer, A.）　18
ジョンソン（Johnson, M.）　60

杉江　征　211
スキナー（Skinner, B. F.）　33
スティーヴンス（Stevens, R.）　9, 18
ストット（Stott, S.）　61
スピルバーグ（Spielberg, S.）　20

関　則雄　181

ダーウィン（Darwin, C.）　18
高沢佳司　211
田中秀男　53, 57, 169
タミニオー（Taminiaux, J.）　18
田村隆一　72, 170, 173-174, 177, 208-209

近田輝行　182

辻　平治郎　211
土江正司　65, 169
筒井優介　167, 170, 172, 178

ティーズデール（Teasdale, J. D.）　37
ディオニソス（Dionȳsos）　18

ティク（Thich, Nhat Hanh）　146
ディルタイ（Dilthey, W.）　53-54, 91, 131
ド・シェイザー（de Shazer, S.）　61
土井晶子　72
トールネケ（Törneke, N.）　61
トールマン（Tolman, E. C.）　33
徳田寛二　120
徳田良仁　181

ナウムブルグ（Naumburg, M.）　181
中井久夫　181
中垣美知代　214
中谷隆子　211
中田行重　27, 73, 137, 178, 214
永野浩二　212
仲本康一郎　63
ナルキソス（Narkissos）　88-90
ニーチェ（Nietzsche, F.）　18
西田裕紀子　212

バーカー（Barker, P.）　61
パートン（Purton, C.）　62
パールズ（Perls, F.）　107
ハイデガー（Heidegger, M.）　48
パヴロフ（Pavlov, I. P.）　31-33
羽田野映子　148, 183-184
バンデューラ（Bandura, A.）　34

日笠摩子　182
平井達也　212
平石賢二　210
平野智子　163, 197, 200, 202, 206
ヒンターコップ（Hinterkopf, E.）　208

フィンク（Fink, B.）　61
深田　智　63
福島伸康　27, 134
福盛英明　209-210, 212

藤田一照　　　147, 169
冨宅左恵子　　200
フッサール（Husserl, E.）　　9, 48
ブラジエ（Blazier, D.）　145
ブルック（Bruch, M.）　　36
フロイト（Freud, S.）　　7, 9-19, 22, 24,
　　31, 61, 87-88, 96, 171-172, 180
ブロイヤー（Breuer, J.）　　7, 9-10

ベイトマン（Bateman, A.）　　171
ベック（Beck, A.）　　31, 35
ヘンドリックス（Hendricks, M. H.）　62, 72
ホームズ（Holmes, J.）　　171
ボンド（Bond, F. W.）　　36

前出経弥　　190, 192
増井武士　　120
松岡成行　　72, 200
松田英子　　170
松村太郎　　197, 200
丸山　明　　170

ミアンズ（Mearns, D.）　92
三上智子　　213-214
三坂友子　　209
三村尚彦　　ii, 86, 184
三宅麻希　　67-68, 72-73, 128, 181, 200
宮本真衣　　213
三脇康生　　181

武藤　崇　　38
村山正治　　145, 171, 178, 182, 209

森川友子　　145, 209-210, 212
森田　慎　　170
森谷寛之　　183

保田一之　　184
矢野キエ　　165, 188
山崎　暁　　213
山下良道　　147, 169
山中扶佐子　　197, 200
山中康裕　　181
山梨正明　　60, 193

ユング（Jung, C. G.）　　170, 180

ラカン（Lacan, J.）　61
ラパポート（Rappaport, L.）　128, 146, 181
　　-183, 208
リクール（Ricoeur, P.）　9
リチャーズ（Richards, I. A.）　60
レイコフ（Lakoff, G.）　60
レイナー（Rayner, R.）　33
レニー（Rennie, D. L.）　62
ローム（Rome, D.）　146
ロジャーズ（Rogers, C. R.）　4, 19, 21-27,
　　29-30, 53-54, 66, 75-76, 85, 91-92, 99-
　　100, 104, 107, 112, 132-134, 136-143, 178,
　　208, 218-219
ロジャーズ（Rogers, N.）　181-182

ワーグナー（Wagner, W. R.）　18-19, 21
ワースレイ（Worsley, R.）　62
ワイスハー（Weishaar, M.）　35
ワトソン（Watson, J. B.）　32-33

事項索引

欧文

ABCモデル　35
acceptance　28, 136
active listening　75, 99
carried forward was　93, 95
clearing a space　118
comprehension　54
concept of self　26
conditons of worth　136
congruence　27, 134
crossing　64, 92
direct reference　54
distortion　26-27
empathic understanding　29
Erleben　54
experiential listening　75, 99
EXPスケール　66-68, 73
floatability　209
FMS　209-215
genuineness　27, 134
intentionality　48
listening　29, 75, 99
PCAGIP法　170, 178-179
personal resonance　92, 176-177
presence　164-165
psychothrapy　3
reflecting mode of consciousness　86
reflective listening　75, 99
self　21-22
self-concept　136
self-structure　136
sensory and visceral experiences　136
significant others　25
space presencing　122, 147
S-R理論　32-33
S-O-R理論　33
structure of self　25
Studies on Hysteria　7
TFM　199-200
thinking at the edge　192
unconditional positive regard　28, 136
valuing process　26

ア行

アートセラピー　146, 180-182
アイデンティティ　96
青木版体験過程尊重尺度　211
青空心理療法　168
青空フォーカシング　145, 147-149, 153-154, 162, 165-170, 219
　　　──振り返りシート　148-149
青空瞑想　147, 163, 169
アクセプタンス&コミットメントセラピー　32, 36-38, 61
暗在（的）⇒明在（的）　40-42, 50, 57-58, 92, 103-104, 119, 141, 163, 185, 193, 198
　　　──な意味　41-42, 103, 141, 192-193, 198
言い表し　40
意志　18, 203-204
意識　i-ii, 2-3, 10, 13-15, 17, 27, 32, 36, 38, 48, 82-84, 87-88, 94, 97, 119, 136-137, 141-142, 148-149, 171, 182-183
イド　12
意味ある他者　25
意味の根源　142
インテーク面接　80
受け取る　115, 131, 192
エディプス・コンプレックス　12
エロス　14

オノマトペ　63-64, 128
オペラント条件づけ　31, 33-34

カ行

我　122, 126, 147, 154, 159, 163, 167-169
解釈学　53, 87
解釈学的循環　131-132
快楽原則　13
解離性障害　10
学習理論　19, 31-32, 34
家族療法　61
価値過程　26
からだ　37, 44-47, 64, 118, 126, 141, 180, 204
　　　——の感じ　45-46, 118, 128, 136, 140, 150-151, 155, 157, 167, 172, 182, 191, 196, 199
含意　40
考える　45-46, 80, 122
官感的内臓的経験　136, 142
感じ　16, 25, 39-45, 48-51, 53-59, 62-67, 72-73, 79, 99-100, 104-105, 108, 118-120, 122-123, 126-129, 136-140, 172, 185, 194-196, 215
　　　——と言葉　53-54, 58, 62
　　　——と理屈　46
漢字フォーカシング　189, 190-193, 219
感情　29, 39-43, 46-47, 85, 96, 105-107, 112, 119, 171, 199, 211
　　　——の反射　85
感じられた意味　103, 141-142, 184
感じる　ii, 16, 25, 39-51, 112, 136, 140, 142, 149, 166, 174, 198, 205-206, 215, 218
聴くと聞く　81
逆転移　172
共感的理解　27, 29, 104, 134, 137-138, 140-141, 219
教示法としてのフォーカシング　100, 107, 112-115, 145
去勢不安　12

クライアント中心療法　19, 25, 29, 39, 79, 133, 138-139
クリアになった空間　127
クリアリング・ア・スペース　38, 107, 114-122, 126-128, 157, 165
　　　セラピスト介在型——　122, 126
　　　標準的な——　126
ケースフォーミュレーション　36
傾聴　i-ii, 24, 29-30, 73, 75-76, 81, 99-143
　　　——アップデート　139
　　　——教育　72
　　　——の中でのフォーカシング　99-100, 113, 129
　　　——理論　133
　　　積極的——　75, 99
　　　絶対——　101, 104-105, 108, 131, 141
　　　体験過程的——　75, 99
ゲシュタルト療法　38, 107, 170
決定論　17
現実原則　13
口愛期　11
　　　——サディズム　11
交差　64-66, 91-94, 104, 151-152, 178-179, 187, 189-195, 205-206
　　　言葉と状況の——　64, 190
口唇期　11
行動主義　3, 19, 30, 32-33
行動療法　2-3, 19, 30-38
肛門期　11
呼吸瞑想　121, 146
心の鏡　84
こころの整理学　120, 127
個人的な意味　103, 140-141
個人的な響き　92
言葉とからだ　180
言葉の力　61
コラージュワーク　183-184, 219
根拠⇒メタファー　60
コンテンツ　43-44, 93-94

246　事項索引

サ行

再帰性　86-87, 102
催眠　10, 15
雑念を手放す　120
3大オリエンテーション（心理療法）　2-3, 30
自我　12
　　――のための退行　16
時間　15, 95
　　二重の――　15
自己　21-22, 25-26, 136-137
　　――一致　27, 134, 139-140
　　――概念　26, 136
　　――の構造　25, 136
　　本当の――　21-25
志向性　48
事実関係　76, 79-81, 198
実現傾向　22-23
自動思考　35-36
慈悲　148, 152, 163, 165, 168-170
社会的学習理論　34
尺度（質問紙）
　　EXPスケール　66-68, 73
　　Floatabilityに関する尺度　209
　　青木版体験過程尊重尺度　211
　　体験過程スケール　62, 66
　　体験過程尊重尺度　209
　　体験過程尊重尺度改訂版（FMS-R）　210
　　体験過程尊重尺度改訂版（FMS-18）　211
　　日常的フォーカシング的態度尺度　211
　　日常生活におけるフォーカシング的体験尺度　210
趣意⇒メタファー　60
自由意志　18-19, 21
収納イメージ法　120, 127
自由連想法　10, 15
初回面接　50, 80, 120-122
シンキング・マインド　147
身体表現性障害　10
心的装置　13

心理療法　1-4, 26, 39, 42-43, 46-47, 58-61, 75, 95, 99, 112, 119, 134, 167, 171, 183, 194
　　――の中核条件　27, 29, 99
　　――の歴史　19, 39, 76
　　――面接　29, 55, 76, 79-80, 82, 139, 166, 198, 200
　　――理論　1, 39
　　古典的――　1, 39, 170-171
推進された過去　93, 95
スキーマ　36
スペース・プレゼンシング　122, 157
誠実さ　24, 27-28, 101, 134-136, 139-140, 133-135
精神の力動　15
精神病理　16
精神分析　2, 4, 61
精神療法　3
生成の過程　22
積極的傾聴　75, 99
絶対傾聴　101, 104-105, 108, 131, 141
セラピスト　27, 57-58, 72, 75-76, 197
　　――・フォーカシング　197-198, 200, 202, 205-207
　　――介在型クリアリング・ア・スペース　122, 126
　　――支援　197, 200, 206
　　――の応答　56-57, 77, 198
前概念的　46-48
前言語的　47-48
前反省的意識　82, 148
前反省的覚知　183
相互作用　36, 59, 64, 101, 110-111, 147, 186-187, 204
存在価値の条件　136

タ行

第3勢力　19
体験　i-ii, 16, 25-27, 47-48, 50-51, 53-54, 82, 86-87, 91-92, 94-96, 103-104, 109

－110, 130－132, 136, 142, 147－148, 172, 182
　　－184, 196－197, 199, 204－207, 209
　　　　　──に開かれる　　25
　　　　　──の暗在的側面　　103－104
体験過程　　53－54, 65, 112－114, 132, 141－
　142, 179, 183－184, 189, 198, 200
　　　　　──スケール　　62－66
　　　　　──尊重尺度　　209
　　　　　──尊重尺度改訂版（FMS-R）　　210
　　　　　──尊重尺度改訂版（FMS-18）　　212
　　　　　──的傾聴　　75, 99
　　　　　──と意味の創造　　54
　　　　　──様式　　66, 73, 113
　　　　　──理論　　67, 168
　　　　　──レベル　　62, 105
体験過程スケール　　62－66
体験過程尊重尺度　　209
体験過程尊重尺度改訂版（FMS-R）　　210
体験過程尊重尺度改訂版（FMS-18）　　212
体験過程様式　　56, 66, 73, 113
体験過程理論　　67, 168
体験過程流コラージュワーク　　183－184, 219
退行　　14, 16
　　　自我のための──　　16
タナトス　　14
男根期　　12
チェンジス　　111, 113
注意スイッチング機能　　177
中核3条件　　27, 29, 99, 133, 138－139
超自我　　12－13
直接のレファレンス　　54
治療関係　　26
追体験　　91－95, 97, 104, 121, 127, 150－151,
　158, 164, 167, 177, 179
抵抗　　15
徹底操作　　15
転移　　15, 24, 172
転換性ヒステリー　　10
問いかけ　　115, 129－131, 152, 165, 172, 178－
　179, 182, 187, 191, 195, 201

凍結された全体　　47
洞察　　15, 17, 24, 39
トラウマ　　95－96

ナ行

なぞかけ　　65, 107, 130, 189, 193－197
　　　　　──フォーカシング　　193, 195－196
二重の鏡　　88, 102
二重の時間　　15
二重のリフレクション　　88
日常生活におけるフォーカシング的体験尺度
　　210
日常的フォーカシング的態度尺度　　211
二律的運動　　148－149, 183
人間性心理学　　2, 4, 19
認知行動療法　　32, 34, 36, 39, 61, 170
認知療法　　31－32, 34－38, 145

ハ行

把握　　54
パーソン・センタード・アプローチ　　19,
　62, 79, 171, 178, 182
バイアスコントロール　　174, 177
媒体⇒メタファー　　60
反射的意識　　84
　　　　　──の様式　　84, 86－87
反省的意識　　83, 87－88, 148－149
反省的覚知　　183
ハンドル表現　　107, 115, 128－130, 132, 150
　－152, 201－203, 205－206
　　　　　──を響かせてみる　　115
ヒステリー研究　　7, 9
標準的なクリアリング・ア・スペース　　126
病理　　16, 23, 181
フェルトシフト　　130－131, 152, 129－130,
　194
フェルトセンス　　40－46, 54, 85, 104－108,
　115, 118－119, 127－128, 132, 140－141, 147,
　171－183, 186, 190－191, 197－209
フェルトミーニング　　40－41

248　事項索引

フォーカシング　130-132, 140, 142-143, 145, 149, 152-153, 162-163, 165-172, 174-182, 184, 189-200, 202, 206-215, 218, 220
　　──簡便法　ii, 99, 113-115, 118, 127-129, 143, 191, 195
　　──指向アートセラピー　146, 181-182
　　──的態度　207-215
　　──という過程　99-101, 104-105, 108, 112-113, 140
　　教示法としての──　100, 107, 112-115, 145
　　なぞかけ──　65, 167, 189, 193-197
　　夢──　170-172, 174-179
　　フォーカシング簡便法　113-115
　　漢字──　190-191
　　なぞかけ──　195
フォーカシング指向アートセラピー　146, 182-182
フォーカシング指向心理療法　163, 181, 213, 220
仏教瞑想　145
振り返って観る　83, 87, 95, 97, 135, 149, 183, 185, 198
プロセス　43-44, 54, 84, 112, 151-152, 163, 169-170, 178, 180-188, 195-197, 202, 208-209, 212
　　──スケール　66-67
Floatabilityに関する尺度　209
防衛機制　14, 61, 87
本当の自己になっていくこと　25

マ行

マインドフルネス　3, 32, 36-38, 61, 145-147, 170
　　──認知療法　32, 36-38, 61, 145
間を置く　119, 127, 210
認めること　28
未来志向　49, 51
無意識　2-3, 8-11, 13-19, 24, 39, 93-97
　　──の発見　9

無条件の肯定的な眼差し　27-28, 133, 136-137
無尽蔵（体験の）　53, 58
明在（的）⇒暗在（的）　40-43, 53, 57-58, 88, 92, 110-111, 198, 204
瞑想　37-38, 120-122, 146-147, 158-159, 163, 165-166, 169
　　呼吸──　121, 146
　　仏教──　3, 120, 145, 147, 168-169
メタファー　54, 58-66, 78, 96-97
　　感じと──　62
　　心理療法と──　60
面接法　29
モデリング　34

ヤ行

夢PCAGIP　170, 178-179
夢解釈　170-172, 174, 177-178
夢の質問　187
夢フォーカシング　170-172, 174-179
夢分析　15, 24, 61, 171
幼児性健忘　12
抑圧　10, 21, 96-97, 171

ラ・ワ行

理解　90-91, 97, 100-103, 179
リスニング　ii, 75-76, 80-81, 84-90, 92, 97, 99-100, 104, 108, 133, 136, 139, 166, 177, 196, 218
　　リフレクティヴ・──　99
リスニング（傾聴）の手引き　75, 99-100, 104, 112-114, 139, 141
リビドー　11-12, 14, 18, 22
リフレクション　77-78, 82, 84-90, 102-103, 108, 141, 175-178
　　二重の──　88
リフレクティヴ・リスニング　99
レスポンデント条件づけ　31, 33
歪曲　26-27

執筆者紹介 （*は編者）（執筆順）

池見　陽（いけみ・あきら）*〈第1章1，2節；第2章；第4章；第5章；第6章1，2，3節〉
University of Chicago, Graduate Division of Social Sciences（1980）
医学博士（産業医科大学　1989）
現在，関西大学大学院心理学研究科臨床心理専門職大学院教授
著作に，
『心のメッセージを聴く』講談社（1995）
『僕のフォーカシング＝カウンセリング：ひとときの生を言い表す』創元社（2010）
『アート表現のこころ：フォーカシング指向アートセラピー体験etc.』誠信書房（共著 2012）など多数
臨床心理士

河﨑俊博（かわさき・としひろ）〈第1章3節；第6章3節〉
関西大学大学院社会学研究科博士課程前期課程修了（2010）
現在，追手門学院大学心理学部心理学科特任助教
著作に，
『フォーカシング指向アートセラピー：からだの知恵と創造性がであうとき』誠信書房（共訳 2009）
『フォーカシングはみんなのもの：コミュニティを元気にする31の方法』創元社（共著 2013）他
臨床心理士

田中秀男（たなか・ひでお）〈第3章1節；第6章3節〉
関西大学大学院文学研究科哲学専修博士課程前期課程修了（2014）
関西大学大学院心理学研究科博士課程後期課程修了（2018）
現在，四天王寺大学非常勤講師
著作に，
『ロジャーズ主要著作集1：カウンセリングと心理療法』岩崎学術出版社（共訳 2005）
『ジェンドリンの初期体験過程理論に関する文献研究：心理療法研究におけるディルタイ哲学からの影響（上・下）　明治大学図書館紀要，8，56-81＆9，58-87』（2004-5）
『「一致」という用語にまつわる問題点とジェンドリンによる解決案　人間性心理学研究，33（1），29-38』（2015）
『フォーカシング創成期の2つの流れ：体験過程尺度とフォーカシング教示法の源流　Psychologist：関西大学臨床心理専門職大学院紀要，6，9-17』（共著 2016）
『"この感じ"という直接参照：フォーカシングにおける短い沈黙をめぐって　人間性心理学研究，35（2），209-219』（2018）他
哲学修士，心理学博士

岡村心平（おかむら・しんぺい）〈第3章2節；第6章3，6節〉
関西大学大学院心理学研究科心理臨床学専攻専門職学位課程修了（2011）
現在，神戸学院大学心理学部講師
著作に，
『なぞかけフォーカシングの試み　Psychologist：関西大学臨床心理専門職大学院紀要，3，1-10.』（2013）
『フォーカシングはみんなのもの：コミュニティを元気にする31の方法』創元社（共著 2013）
『Gendlinにおけるメタファー観の進展　Psychologist：関西大学臨床心理専門職大学院紀要，5，9-18.』（2015）他
臨床心理士

三宅麻希（みやけ・まき）〈第3章3節〉
関西大学大学院文学研究科博士課程後期課程修了（2008）
博士（文学）
現在，四天王寺大学人文社会学部講師
著作に，
『アート表現のこころ：フォーカシング指向アートセラピー体験etc.』誠信書房（共著 2012）
『フォーカシング指向アートセラピー：からだの知恵と創造性がであうとき』誠信書房（監訳 2009）他
臨床心理士

筒井優介（つつい・ゆうすけ）〈第6章3，4節〉
関西大学大学院心理学研究科心理臨床学専攻専門職学位課程修了（2014）
現在，関西大学大学院心理学研究科博士課程後期課程在籍
なにわ生野病院心療内科大阪メンタルヘルス総合センター心理相談員
著作に，
『夢PCAGIPの試み：グループにおける相互作用の活用　Psychologist：関西大学臨床心理専門職大学院紀要，5，73-81.』（2015）他
臨床心理士

矢野キエ（やの・きえ）〈第6章3，5節〉
関西大学大学院文学研究科博士課程後期課程修了（2011）
博士（文学）
現在，大阪キリスト教短期大学幼児教育学科教授
著作に，
『体験過程流コラージュワークと意味の創造　人間性心理学研究, 28（1），63-76.』（2010）
『クライエントの自己理解が生まれ，生が進展するプロセス：暗在的理解が言葉になるということ　心理臨床学研究, 30（5），609-620.』（2012）
『フォーカシングはみんなのもの：コミュニティを元気にする31の方法』創元社（共著　2013）他
臨床心理士

平野智子（ひらの・ともこ）〈第6章3，7節〉
関西大学大学院社会学研究科博士課程前期課程修了（2010）
現在，関西医科大学医学部非常勤講師
関西大学大学院心理学研究科博士課程後期課程在籍
著作に，
『フォーカシング指向アートセラピー：からだの知恵と創造性がであうとき』誠信書房（共訳　2009）
『対人援助職支援としてのフォーカシングの有益性の検討：産業保健師を対象として　心身医学, 52（12），1137-1145.』（2012）他
臨床心理士

青木　剛（あおき・つよし）〈第6章，8節〉
関西大学大学院心理学研究科博士課程後期課程修了（2016）
博士（心理学）
現在，南山大学人文学部心理人間学科講師
著作に，
『FMS ver. ajの妥当性と信頼性の検討　Psychologist：関西大学臨床心理専門職大学院紀要, 2，33-41.』（2013）
『フォーカシングとフォーカシング的態度　心理相談研究：京都橘大学心理臨床センター紀要, 創刊号，3-9.』（2015）他
臨床心理士

傾聴・心理臨床学アップデートとフォーカシング
感じる・話す・聴くの基本

2016年 3月20日　初版第1刷発行　（定価はカヴァーに表示してあります）
2019年12月25日　初版第3刷発行

　　　　　編　者　池見　　陽
　　　　　発行者　中西　　良
　　　　　発行所　株式会社ナカニシヤ出版
　　　　　〒606-8161　京都市左京区一乗寺木ノ本町15番地
　　　　　　　　　　　　　Telephone　075-723-0111
　　　　　　　　　　　　　Facsimile　075-723-0095
　　　　　　　　Website　http://www.nakanishiya.co.jp/
　　　　　　　　Email　iihon-ippai@nakanishiya.co.jp
　　　　　　　　　　　郵便振替　01030-0-13128

装幀＝白沢　正／印刷・製本＝西濃印刷株式会社
Printed in Japan.
Copyright © 2016 by A. Ikemi.
　Update Your Listening and Therapy with Focusing: The Fundamentals of Sensing, Speaking and Listening.
ISBN978-4-7795-1045-8 C3011

◎本書のコピー，スキャン，デジタル化等の無断複製は著作権法上での例外を除き禁じられています。本書を代行業者等の第三者に依頼してスキャンやデジタル化することはたとえ個人や家庭内の利用であっても著作権法上認められておりません。